多维人文学术研究丛书

清代赋税法律制度研究

（1644年~1840年）

尚春霞｜著

中国书籍出版社
China Book Press

图书在版编目（CIP）数据

清代赋税法律制度研究：1644 年～1840 年/尚春霞
著.—北京：中国书籍出版社，2020.1
　ISBN 978－7－5068－7705－3

　Ⅰ.①清…　Ⅱ.①尚…　Ⅲ.①赋税制度—研究—中国
—1644-1840　Ⅳ.①F812.949

中国版本图书馆 CIP 数据核字（2019）第 291024 号

清代赋税法律制度研究：1644 年～1840 年

尚春霞　著

责任编辑	姚　红　李雯璐
责任印制	孙马飞　马　芝
封面设计	中联华文
出版发行	中国书籍出版社
地　　址	北京市丰台区三路居路 97 号（邮编：100073）
电　　话	（010）52257143（总编室）　　（010）52257140（发行部）
电子邮箱	eo@ chinabp. com. cn
经　　销	全国新华书店
印　　刷	三河市华东印刷有限公司
开　　本	710 毫米×1000 毫米　1/16
字　　数	227 千字
印　　张	15.5
版　　次	2020 年 1 月第 1 版　2020 年 1 月第 1 次印刷
书　　号	ISBN 978－7－5068－7705－3
定　　价	95.00 元

序　言

　　清朝是中国封建社会的末代王朝，经历了 260 余年由盛到衰的历史发展过程。在这期间，封建经济取得了超越前代的发展，相对应的经济立法也在前朝的基础上有了更进一步的完善和发展，既有革除明制旧弊之处，也有改革创新之举，不仅扩大了调整的范围，增加了调整的内容，而且形成了较为严整的经济法律体系。其中最为突出的表现莫过于清代赋税法律制度的构建和完善。赋税是一个国家得以正常运转的基本经济来源，清政府自入关之初就深刻地认识到了这一点，不仅及时废止了导致明末农民大起义的"三饷"加派，而且仿明制颁行了《赋役全书》，为赋役征派和地方政府的财政收支提供了统一遵行的法律根据。同时清朝在康雍时期完成了从"滋生人丁永不加赋"到"摊丁入亩"的赋税制度改革，不仅简化了征税标准，减轻了劳动人民的负担，而且以法律的形式废除了行之已久的人丁税，放松了国家对农民的人身束缚，为工商业的发展提供了自由的劳动力，在中国赋税史上具有划时代的历史意义。因此，研究清代赋税法律制度对于我们全面了解中国封建时代的赋税制度，为今天的税制改革寻求可资借鉴之处还是大有裨益的。

　　本书是作者在博士论文的基础上修改而成的，对于清代自 1644 年入关到1840 年鸦片战争爆发之前的赋税法律制度做了全面而细致的研究，不仅对清代赋税制度的重大变革、赋税法律制度的框架结构进行了分析和梳理，而且从赋税立法、赋税执法和赋税监督三个方面对清代赋税法律制度的完备性和弊病进行了分析，这在近年来的相关著作中还是不多见的，是对清代经济立法研究的有益尝试。尚春霞同志是我的 2006 届博士生，其治学的态度还是比较严谨的，希望她的这本小书能够为清代经济法史的研究做出一定贡献。同时也希望她能够再接再厉，对这一问题继续进行更为深入的研究，在学术上取得更多的成绩。

目 录
CONTENTS

导　言

一、选题的理论意义和现实意义

（一）理论意义

赋税是社会经济发展到一定阶段的产物，是伴随着阶级和国家的产生而产生的。当社会分裂为统治阶级和被统治阶级之后，统治阶级为了维护自己的统治地位，对内镇压被统治阶级的反抗，对外抵御外来入侵，就需要建立维护其统治的国家机器，而赋税则是维持这个国家机器正常运转的最主要的经济来源。正如恩格斯所说："为了维持这种公共权力，就需要公民缴纳费用——捐税。捐税是以前的氏族社会完全没有的。"① 但捐税作为一种国家强制行为，并非公民的自愿行为，它需要依靠国家强制力来保证实施，于是相应的赋税法律制度也从无到有，逐步建立、发展和完善起来。中国是世界文明古国之一，早在公元前 21 世纪就建立起了第一个奴隶制国家——夏，赋税法律制度也随之建立起来。在其后的四千多年的时间里，中国社会从奴隶社会发展到封建社会，赋税法律制度也经历了漫长的发展与完善过程，到清王朝达到了中国古代赋税法律制度发展的顶端，成为维持社会政治、经济秩序良性运转的有力手段。

清代作为中国封建社会的终结王朝，专制集权达到了极端，也正是这种

---

① 《马克思恩格斯选集》第四卷，人民出版社 1972 年版，第 167 页。

极端导致了它的衰败与没落。但从另一个角度而言，它也是中国封建制度的集大成者，完成了中国封建社会各项制度的最终定型。同时，它作为离今世最近的封建王朝，也为我们留下了最完整和翔实的历史资料。因此，对清代制度的研究始终是史学界的热点。而重修《清史》项目的启动又掀起了新一轮清史研究的热潮。对于清代赋税制度的研究，近些年也出版了一些专著，如陈支平的《清代赋役制度演变新探》（厦门大学出版社，1988）、庄吉发的《清世宗与赋役制度的改革》（台湾学生书局，1985）、何平的《清代赋税政策研究：1644—1840年》（中国社会科学出版社，1998）、陈锋的《清代盐政与盐税》（中州古籍出版社，1998）等。但这些研究大多是从经济学或史学角度出发来研究清代赋税的，虽然其中不可避免地会涉及一些法律制度方面的问题，但也只是寥寥几笔。2002年出版的《中国财政法律史》（傅光明等著，经济科学出版社）作为法律史方面的专著，较为全面地介绍了清代的赋税法律制度。但由于这本书是一本通史，而且篇幅也不是很多，因此不可能很详尽地就清代赋税法律制度进行研究分析，至多是一种制度介绍。但是赋税法律制度是封建社会最主要的经济来源——赋税征收的基本保障，对于其做深入细致的研究还是很有必要的，而清代的赋税法律制度无疑是最具有代表性和研究性的。因此，就清代赋税法律制度进行全面系统的研究还是很有意义的。

（二）现实意义

税收作为国家财政收入的重要来源，对于任何一种制度下的国家都是十分重要的。马克思认为："赋税是政府机器的经济基础，而不是其他任何东西。"[①] 因此赋税自产生以来始终是每个国家重视和建立的基本制度之一，而为了保证这项制度的顺利实施，就必须建立相应的税收法律来加以规范。我国也不例外。在经历了"文化大革命"的动荡之后，全国自上而下对依法治国的重要性有了更深刻的认识。宪法更明确地将"依法治国，建立社会主义法治国家"写入了国家根本大法。实行税收法治是贯彻建设社会主义法治

---

① 《马克思恩格斯全集》，第19卷，第32页。

国家方略和目标的必然要求。1988 年下半年，在全国税务工作会议上，国务院明确提出了税收法治的指导思想和原则。以后国务院、全国人民代表大会常委会、全国人民代表大会、党中央批准的有关报告和决议都充分肯定了这个思想和原则。1994 年实施的新税制改革方案中又明确规定了统一税法、集中税权、依法征税是税制改革的重要指导思想之一。税制改革中所取得的成绩是有目共睹的，但是我们也应该看到存在的问题也是很多的。就税收法律体系而言，其中存在相当的不完善之处。如，宪法中有关税收的内容相当单薄，尚无税收基本法，税收实体法的法律级次普遍不高，关于税收程序法方面的规定更是不足，对税收征管程序、税务代理、纳税人权利等或没有规定，或规定得不够明确和详尽，缺乏可操作性。①

我们知道，法是具有继承性的，即使在不同的制度之间，可咨借鉴与吸取的地方也是很多的。尤其作为一种文化的延续，即使制度已经消亡了，其所形成的文化传统仍会在相当长的时间影响继起的国家或制度。这就是一个国家特有的国情。清代作为中国封建制度的集大成者，其所建立的各项制度融汇了中国封建社会两千多年的发展精华，是中国封建制度最为完备的阶段。而清代也是距离我们最近的封建制国家，它对我们今天社会的影响仍无处不在。所谓"以史为鉴，可知兴替"，研究清代的法律制度对于我们今天建立法治国家的目标实现还是有很大的借鉴意义的。就赋税法律制度而言，清代对赋税法律的重视程度和赋税法律体系的完备程度都是前朝所无法比拟的。而在其两百多年的统治中，清代始终坚持了因地制宜、因时制宜的基本原则，适时调整赋税法律制度以适应社会政治、经济的转变和发展。这确保了清代经济的复苏和繁荣，成就了"康乾盛世"，实现了中国封建社会最后的辉煌。

第一，重视赋税法律制度的建立。清代统治者在入关之初，就将赋税法律制度的建立提到了议事日程之上。清军初入关，亟待解决的问题很多，一方面是连年战乱留下的满目疮痍，地荒人亡，赋税无征，另一方面是完成统

---

① 樊丽明，张斌等著：《税收法治研究》，经济科学出版社，2004 年，第 43 页。

一大业需要大量的人力、物力，这样的矛盾促使清王朝早早地就开始着手赋税制度的重建工作。据《清朝文献通考》记载，顺治元年（1644 年），就有官员纷纷上书主张修订《赋役全书》。顺治三年（1646 年），摄政王多尔衮谕户部曰："国计民生首重财赋，明季私征滥派，民不聊生。朕救民水火，蠲者蠲，革者革，庶几轻徭薄赋，与民休息。而兵火之后，多藉口方册无存，增减任意，此皆贪墨官胥恶，害已而去籍，使朝廷德意无由下究。特遣大学士冯铨与公英俄尔岱往尔部，彻底察核。在内责成各该管衙门，在外责成抚按，将钱粮数目原额严核详稽，汇造赋役全书，封进御览。"① 顺治十四年（1657 年），《赋役全书》正式编纂完成，其后又多次修订。《赋役全书》作为清代依法征税的重要依据，其制定与颁布标志着清王朝对赋税法律制度的重视程度。

第二，严格赋税征管程序。清前期的赋税制度，基本上承继了明代的"一条鞭法"。朝廷几度刊行修订《赋役全书》，明确章法条令，采取有效办法催促课税，

制止乱行摊派。如承继了明代的"易知由单法"，创行了"自封投柜法""截票法""联单法"，发展成所谓的"催课四法"。同时，朝廷还就防止官吏乱行摊派、增收耗羡、贪污挪用等，建立了一套张榜公布税收标准、百姓纳粮自行概量、官吏共同监督税银税粮入库和解送国库等措施。这种力求公开、公平的利民、便民的做法，在中国古代赋税史上是不多见的。

第三，因时立法，因地立法。随着社会经济条件的不断改善，有清一代的赋税法律制度始终在发展之中。清初，为稳定民心，保证国家赋税收入，时任摄政王的多尔衮颁布了"废除明季三饷"的谕令，规定："自顺治元年始，凡正额之外一切加派，如辽饷、剿饷，练饷及召买米豆尽行蠲免。"② 随着社会的稳定和经济的发展，至康熙五十一年，颁布了"滋生人丁永不加赋"的诏令。到雍正元年，开始在全国推行"摊丁入亩"制度，彻底改变了

---

① 《清世祖实录》，卷二五，顺治三年四月壬寅。

② 《清世祖实录》，卷六，顺治元年七月壬寅。

中国古代对人征税的历史，是中国古代税制史上一次里程碑式的改革。在因时立法的同时，清代对不同地域的征收措施亦有所不同。总的原则是"西北赋轻而役重，东南赋重而役轻"，针对不同地域规定了相适应的赋税征收办法，保证了赋税征收的可行性。

第四，严格审计监督机制，依法治吏。清代的赋税审计监督体系主要包括会计审计制度与官吏考成制度。会计审计主要是通过严格对包括《赋役全书》、赤历册、流水簿、奏销册、循环簿、粮册等会计账簿的审核来完成的。在官吏考成方面，清代始终将赋税征收作为官吏黜陟的重要因素，考成的内容也十分全面，从正赋钱粮到耗羡、杂赋、奏销，每一个环节都有相应的考成制度，可谓面面俱到。值得注意的是，清代秉承了中国古代"明主治吏不治民"的传统，在依法纳税方面，也更多注意的是防止官吏贪污，加强监督考成，严法治贪。这在封建专制制度下，是十分必要和可行的，因为被牢牢束缚于土地之上的农民是无力同官府相抗衡的，抗粮不纳的情形是比较少见的。而在"官本位"思想的作俑下，官吏的贪污行为却屡禁不止，尤其在财政收入相对单一的封建制度下，赋税收入自然是贪官污吏不可能放过的肥肉。只有严法治吏，从源头上卡住贪污，方能确保国家赋税的稳定征收，从而确保国家的长治久安。

当然，我们在借鉴清代赋税法律制度的优点之时，也应该看到作为封建集权制国家，清王朝所采取的各项措施都是为了保证其专制集权制度的顺利运转，因此是不可能从根本上改变人民被压迫、被奴役的状况的。如顺治年间，朝廷又开征"练饷"，表明连清初政府引为"功德"之举的罢除明末"三饷"也没有真正做到。这是专制集权的必然结果，也是我们所应摒弃和批判的。

二、本书研究的对象与内容

就清代的历史而言，一般将其分为三个阶段。1616 年～1644 年为第一阶段，史称"清朝前史"，乃为清王朝的初创时期。此时的清王朝尚作为一个地方王朝而存在。1644 年～1840 年为第二阶段，史称"清代前期"。在这一时期，清王朝定鼎中原，南征北战，建立了大一统的封建制国家并完善了各项制度，成就了"康乾盛世"，是清王朝稳定发展的阶段。1840 ~ 1911 年为第三阶段，史称"清代后期"。1840 年的鸦片战争打破了清王朝封闭却自主的发展格局，清王朝被迫沦为半封建半殖民地社会，最终以 1911 年的清帝退位而草草收场。1644 年前的清朝尚未建立起完善的封建制度，各项制度仍带有很深的奴隶社会的痕迹，而且现存资料亦不是十分全面，故未列入本书的研究范畴。而清代后期，由于关税自主权的丧失，清朝对赋税的管理已趋于瓦解。加之巨额赔款和还贷的压力，清朝其他赋税的征收也基本被帝国主义国家所控制，已无法谈及法律制度的执行与实施了，因此也不作为本书的研究范畴。1644 年~1840 年的清代前期是清王朝各项制度由初创到逐步定型化、法律化的阶段。在近二百年的时间里，清王朝全面确立了封建专制主义中央集权的政治制度，并在总结前朝，尤其是明朝兴亡经验教训的基础上，建立了一整套更为完善、更为严格的封建法律体系。赋税立法作为经济立法的重要组成部分，也取得了较前朝更为突出的成就。同时，这一阶段也是清王朝不受外界干扰，独立自主发展的阶段。虽然清朝初期的频仍战争在一定程度上扰乱了赋税法律制度的建立与实施，但随着战争的结束和清王朝有利于社会生产的一系列政策、措施的推行，社会经济秩序逐步恢复，到康熙朝开始有了明显的起色，会同雍正、乾隆两朝造就了所谓的"康乾盛世"。在经济发展的基础上，赋税法律制度亦逐步趋于系统化。而随着中央集权制度的巩固与强化，赋税法律制度的实施也逐步规范化。因而，对这一阶段赋税法律制度的研究还是能够比较全面地反映清代赋税法律制度的基本状况的。这正是本书选取这一阶段作为研究重点的原因所在。

　　清代的赋税体系是中国封建史上最为完备的，其内容极其细密和庞杂，与之相适应的法律规范亦是非常复杂。但是清代的赋税法律体系又不能如我们今天清晰地做出税收基本法、税收程序法、税收实体法的划分，往往在一部法典中，既有税收基本原则的规定，亦有程序与实体方面的规定，因此在界定清代赋税法律体系时，我们只能依据其法律的表现形式来进行分类。而谈到一个国家或朝代的税收法律制度时，必然要分为立法、执法与司法三部分，立法中亦有总则与分则之区分。总则是有关税法基本原则、税法体系、税收体系等基本问题的，分则则是有关具体税收种类的法律规定。由于篇幅和能力的限制，本书在立法上将主要从税法总则方面的问题出发来进行研究，对于具体税收种类的法律规定虽有所涉猎，但并不作详细介绍。而对执法与司法方面的问题，也将根据清代赋税法律制度的实际情况分别进行介绍，就不作细致区分了。

全书主体分作三部分。

第一篇：清代赋税法律制度的背景分析。之所以写这篇内容是基于以下两点考虑。第一，中国古代法制的因袭性。张晋藩先生曾明确指出"中国古代法制史就是一部纵向比较法制史"①，在中国四千余年从未间断的法制历史中，可以清楚地看到它的内在联系与因革关系，因此我们研究任何一个朝代的法律制度，都不能脱离整个中国历史而孤立地去研究。所以本篇第一章为"中国古代赋税法律制度的沿革"，正是为研究清代赋税作一良好的铺垫。第二，赋税制度作为清代社会经济运行的重要保证，其制度变革与社会经济发展状况有不可分割的联系，因此有必要对清代的经济发展过程作一简单分析。同时，正是经济的发展才导致了赋税制度的重大变革。故在本篇第二章将这两个问题放在一起介绍。虽然赋税改革也是法律制度的重要组成部分，但为了使读者更一目了然，亦使后面的内容更为系统，就将其作为背景之一来介绍了。

第二篇：清代赋税法律制度之框架结构。分为五章：第三章，赋税法律思想与赋税法律体系；第四章，赋税体系；第五章，赋税管理机构；第六章，赋税征收原则与征收方法；第七章，赋税减免制度；第八章，赋税监督制度及奖惩制度。本篇是论文的次重点，主要是通过对清代基本法典、部门性法规、赋税单行性法规以及关于赋税征收的诏谕令等法律规范的梳理，构建出一个完整的清代赋税法律制度的框架结构，使读者全面了解清代赋税法律制度的内涵和结构。在拟定清代赋税法律制度的构架时，既借鉴了传统法

---

① 张晋藩：《中国法律的传统与近代转型》，法律出版社，1997 年，第 202 页。

制史所研究的视角，也参考了现代税法所囊括的内容，希望能够通过对清代赋税法律制度架构的分析为今天的税收法制建设提供有益的借鉴。

第三篇：清代赋税法律制度的总体评价。分为两章：第九章，清代赋税法律制度的完备性；第十章，清代赋税法律制度的弊病及其分析。

本篇为全书的重点。在对清代赋税法律制度的结构有了整体的把握之后，对其进行分析评价，以为当今税收法律制度的建设提供历史借鉴才是写作本书的重中之重。清代作为封建法律的集大成者，其制度的完备性是前朝无法比拟的，无论是在赋税立法、执法还是监督方面都充分吸取了前朝的经验，并结合本朝的特点做出了积极的修订和完善。为赋税征收的顺利开展创造了坚实的法制后盾。因此在本篇的第一章将重点分析清代赋税法律制度的完备性。但是清代毕竟是中国封建社会的没落期，由于专制集权制度的极端化，其所制定的制度从制度设计本身到具体实施都不可避免地存在着缺陷和弊病，因此本篇第二章将分析清代赋税法律制度的弊病及原因。

第一篇 01

清代赋税法律制度的背景分析

任何一个法律制度的产生与发展都有其深刻的时代和历史背景，尤其是对因袭性很强的中国古代法制而言，这一点更为明显。赋税法律制度也是如此。清代作为一个后起的边外少数民族政权，其在各项制度的构建上都远远落后于中原汉王朝，继承与借鉴前朝的立法经验无疑是其快速发展的捷径。因此我们在探讨清代赋税法律制度的时候，就有必要对中国古代赋税法律制度的沿革做一梳理，以便更清晰地了解清代赋税法律制度构建的基础。而对于赋税征收，社会经济的发展状况自然是最直接的影响因素，清代重大的赋税变革正是基于社会经济的发展态势而进行的，而这些变革对中国古代赋税法律制度的定型化起着举足轻重的作用。

第一章

中国古代赋税法律制度的沿革

第一节　明代以前的赋税法律制度

一、萌芽时期：夏、商、周

赋税制度是伴随着国家的产生而产生的，因此谈到中国古代赋税制度的产生必然要追溯到先秦三代，即夏、商、周时期。由于这一时期，国家在政治体制上实行的基本是分封制①，因此贡赋成为主要的赋税形式。《史记·夏本纪》说："自虞夏时，贡赋备矣。"而《通典·食货四·赋税上》则言："尧命禹理水，因别九州岛，遂定贡赋。虞舜之化，及夏禹革命，不闻改作，盖因也。"可见贡赋在原始社会末期已然推行，乃为夏所因袭。其后的商、周也基本以此为主要国家收入。除贡赋外，先秦三代对于直接掌管的公田亦征收田税。孟子曰："夏后氏五十而贡，殷人七十而助，周人百亩而彻"②，所记述的即是三代的田税征收情况。夏、商的赋税种类尚为单一。到西周后期，随着经济的发展和奴隶主阶级欲望的扩大，已开始征收关税、市税、山

---

① 根据《史记》所载，夏、商立国之后皆采取分封制，用国为姓，故有后世之姓氏。（《史记·夏本纪》："禹为姒姓，其后分封，用国为姓，故有夏后氏、有扈氏、有男氏、斟寻氏、彤城氏、襃氏、费氏、杞氏、缯氏、辛氏、冥氏、斟戈氏。"《史记·殷本纪》："契为子姓，其后分封，以国为姓，有殷氏、来氏、宋氏、空桐氏、稚氏、北殷氏、目夷氏。"）而《荀子·儒效》则称："周初立七十一国。"

② 《孟子·滕文公上》。

泽税和军赋，赋税种类已有所增加。

随着赋税体系的逐步确立，赋税法律制度也应运而生。虽然这一时期的各项制度还有待进一步考证，但从现存的数据中，我们还是可以对这一时期的赋税法律制度有一些基本的了解。《尚书·禹贡》开宗明义地说："禹别九州岛，随山浚川，任土作贡。"可见夏之初就已经设立了相应的税法制度。《禹贡》中更详细列明了各州之所产及土地的肥瘠程度，并根据百姓距王城远近的不同而规定了不同的纳贡物，所谓"百里赋纳总，二百里纳铚，三百里纳秸服，四百里粟，五百里米"，为确保国家赋税收入提供了现实的可行性。而成书于战国时期的《周礼》则为我们展示了更为完善和系统的中国奴隶制下的赋税法律制度的框架。

1. 赋税体系

《天官·冢宰》中记述大宰之职规定有"以九赋敛财贿""以九贡致邦国之用"，此处的"九赋"与"九贡"就构成了周代赋税的基本框架。

所谓"九赋"，"一曰邦中之赋，二曰四郊之赋，三曰邦甸之赋，四曰家削之赋，五曰邦县之赋，六曰邦都之赋，七曰关市之赋，八曰山泽之赋，九曰币余之赋"。前六项为地税，是以距离国都的位置而定的。邦中为国都城中及周边，四郊为距国百里的四郊六乡，邦甸为距国二百里的六遂公邑，家削为距国三百里的公邑，邦县为距国四百里之地，邦都则为距国五百里之地。六类地区的税率，自内而外变重。《地官·司徒·载师》云："国宅无征，园廛二十而一，近郊十一，远郊二十而三，甸稍县都皆无过十二，唯其漆林之征，二十而五。"后三项分别为关市税、山泽税和币余税①。而"九贡"则指祀贡、嫔贡、器贡、币贡、材贡、货贡、服贡、斿贡、物贡等九种不同贡赋。②

2. 管理体系

《周礼》本身就是一部职官管理法，它对官吏职掌的详尽记述也为我们

---

① 币余税是指对官府法用所余之财征收的赋税，由职币之官征收。
② 祀贡（牺牲包茅之类）一年一贡；嫔贡（皮帛之类）二年一贡；器贡（宗庙之器）三年一贡；币贡（绣帛）四年一贡；材贡（木材）五年一贡；货贡（珠贝）六年一贡；服贡（祭服）；斿贡（羽毛）；物贡（各地特产）。

展示了周代完整的赋税管理体系。

周代国家财政总管是冢宰，其下设立大宰、小宰等以掌"九贡""九赋"之事。负责具体赋税征管工作的则是地官司徒。大司徒之下有小司徒以及载师、闾师、县师、遂师等职，分别掌管全国土地、物产、人民、六畜、车辆之数，制定各地赋税等级，规定赋税征收办法，按时征收赋税。市税则由泉府征收，关税由司关职掌，山泽税分别由羽人和掌葛职掌。分工可谓缜密。

3. 审计监督体系

周代已设立了严格的会计审计制度。天官中设立司会主管会计、出纳和审核工作，根据冢宰制定和颁布的财政制度和法规，"掌国之官府、郊野、县都之百物财用。凡在书契、版图者之贰，以逆群吏之治而听其会计。以参互考日成，以月要考月成，以岁会考岁成，以周知四国之治，以诏王及冢宰废置。"同时天官下设司书之职以考计群吏，监督官吏的赋税征收情况。"三岁，则大计群吏之治，以知民之财、器械之数，以知田野、夫家、六畜之数，以知山林、川泽之数，以逆群吏之征令。凡税敛，掌事者受法焉。及事成，则入要贰焉，凡邦治考焉。"确保了赋税征收的顺利实施。

4. 科罚条例

周代在对官吏进行监督的同时，亦规定了相应的科罚措施，如《地官·质人》规定质人"犯禁者，举而罚之"。对于赋税缴纳者，同样有科罚条例，《地官·司徒·司关》规定"凡货不出于关者，举其货，罚其人"。尤其值得一提的是，《周礼》对不事劳作者规定了征纳标准，以鼓励耕作，"凡宅不毛者，有里布。凡田不耕者，出屋粟。凡民无职事者，出夫家之征，以时征其赋"①。

二、转型时期：春秋战国时期

春秋战国时期是中国古代由奴隶制社会向封建制社会过渡的时期，伴随着社会思想和制度的重大变革，赋税制度也掀开了崭新的一页。其中最突出

---

① 《周礼·地官·载师》。

的莫过于田赋制度的变更。我们知道，奴隶制社会实行的是绝对的土地公有，即王有制度，所谓"普天之下，莫非王土"，只有国王有权将土地赐给诸侯百官，而接受封赐的诸侯只有土地的使用权，没有所有权。其时的田赋征收皆是平民耕作公田所应缴纳的赋税，而在更多时是一种劳役支出。① 春秋时期，随着铁制工具的广泛应用，生产力迅速提高，使得一家一户为单位的小生产成为可能。但是由奴隶主贵族垄断土地、山林、川泽、渔场，以及对大量劳动力的奴隶式占有，严重束缚了劳动者的积极性，阻碍了新的生产工具的应用，已无法适应生产力的发展步伐。同时新兴地主阶级的崛起亦使国家的统治结构发生了巨大的变化。在他们的推动下，一场轰轰烈烈的大变革运动展开了。公元前645年，晋国"作爰田"，把田地赏给国人，迈出了土地私有化的第一步。鲁宣公十五年（前594年），鲁国颁布"初税亩"，承认私田的合法性，规定不论公田私田，也不论土地占有者为何种身份，一律计亩征税，从而改变了奴隶社会租税合一的赋税征收形式，开始形成独立的田赋征收。在"初税亩"之后四年，鲁成公又"作丘甲"，按一定的土地亩数——"丘"负担军役和军赋。至鲁哀公十二年（前484年），又实行计田而出军赋的办法，即所谓"用田赋"，将对生产者不定期征收的军赋，进一步固定化和田赋化，这在实质上已经和封建时代的赋税制度很相似了。其后各国纷纷进行了赋税改革，如楚国"书土田""量入修赋"，郑国"作封洫""作丘赋"，奴隶社会的井田制逐步被打破，封建制的土地私有逐步确立，赋税制度也走上了封建化的历史进程。尤其值得一提的是，公元前536年，郑国执政子产铸刑书，是中国首次公布成文法，以法律形式确认了新的赋税制度，实现了赋税制度的法律化。这是中国古代赋税法律制度史上一次里程碑

---

① 《孟子·滕文公上》言："殷人七十而助，周人百亩而彻。"助者，藉也，是一种借助耕种者的劳动力耕种公田的赋役制度。而对彻的理解，目前尚存在争议，有学者认为它同商朝一样，是一种劳役支出；也有学者认为是一种缴纳实物的赋税形式。而《孟子·滕文公上》在解释彻法时称："诗云：'雨我公田，遂及我私。'惟助为有公田。由此观之，虽周亦助也。"因此在这里我们倾向于彻法亦同助法一样，是一种劳役支出。

式的成就。①

战国时期经过春秋时期的兼并和战争，形成了齐、楚、燕、韩、赵、魏、秦七国并峙争雄的局面。为了巩固已形成的封建经济，增强争霸的实力，各国继续任用锐意改革的政治家执掌国政，开展了一系列以经济变革为中心的变法运动。而在这些变法运动中，最具代表意义的莫过于秦国的商鞅变法。其中涉及赋税法律制度的内容主要有四个方面。

第一，废井田，开阡陌，民得买卖。《汉书·食货志》称："秦孝公用商君，坏井田，开阡陌，急耕战之赏，虽非古道，尤以务本之故，倾邻国而雄诸侯。"通过废井田，开阡陌从法律上确认封建的土地所有制和土地买卖的合法性，并鼓励耕战，根据军功和耕作分配土地，从而为赋税制度的封建化奠定了基础。也正是基于此，才成就了秦国之后的霸主地位。

第二，打破井田和私田的界限，所有土地都按统一的标准征税。井田制的被打破为统一征税创造了条件。《史记·商君列传》载："为田开阡陌封疆而赋税平。""封疆"是指各级贵族所占有的井田界限，这些界限是用土堆、沟地、树木等联结而成的；而"阡陌"就是井田中间与灌溉管道相连的纵横道路。商鞅变法彻底破坏了井田的"阡陌封疆"，为统一征税扫清了障碍。

第三，通过赋税手段鼓励耕战。为了发展封建性的农业经济，保证国家的财源、兵源，商鞅规定："僇（努）力本业，耕织致粟帛多者复其身（即免除徭役）；事末利及怠而贫者，举以为收孥（官奴隶）。宗室非有军功论，不得为属籍。"同时在秦孝公三年，颁布《分户令》，规定："民有二男以上不分异者，倍其赋。"秦孝公十三年又"令民父子兄弟同室内息者为禁"，即

---

① 成文法的公布改变了三代以来贵族擅断罪与罚的旧传统，由此招来了保守士大夫的强烈抨击，如叔向抨击子产的铸刑书、孔丘抨击晋国的铸刑鼎。但从其抨击中，我们也可看出成文法公布的目的就是为了维护新的生产关系，用法律推动封建经济制度的形成。如《左传·昭公六年》记载叔向致书子产言："……今吾子相郑国，作封洫，立谤政，制参辟，铸刑书，将以靖民，不亦难乎。"而叔向则反驳说，其制定和公布成文法的目的在于"吾以救世也"，即以成文法的形式将以"作丘赋"为中心的社会改革公之于众，巩固改革成果。

父子兄弟都必须分家立户。① 通过分户制度扩大土地的耕种，以增加国家的赋税收入。

第四，通过统一度量衡来统一税制。商鞅对度量衡的作用十分重视，他说："先王县权衡，立尺寸，而至今法之，其分明也。夫释权衡而断轻重，废尺寸而意长短，虽察，商贾不用，为其不必也。"② 在权衡尺寸不统一的情况下，官府实时察看得再紧，对于商贾也是无用的。因此，秦孝公十八年（前343年），商鞅在改革中统一了度量衡，规定了标准的尺度重量。统一的度量衡制定后，用诏书颁行天下，违制者以法律制裁。这对统一税制起到了有利的作用。

商鞅变法虽然在时间上迟于东方各国，却吸收了东方各国变法的经验，加上秦国旧势力的基础薄弱，因此实行得比较彻底。变法使秦由一个政治经济落后的国家一跃成为当时最强盛的国家，并为以后的统一六国奠定了重要的基础。

经过春秋战国时期的改革与变法，奴隶制度彻底被否定，封建制度在轰轰烈烈的变法运动中逐步确立并稳定下来，中国历史由此拉开了长达两千多年的封建社会的大幕，赋税法律制度也从此走上了封建化的发展道路。

三、构建与初步发展阶段：秦汉、三国两晋南北朝

战国时期秦国所进行的商鞅变法，使秦具备了统一全国的政治、经济、军事条件。公元前221年，秦始皇先后吞并六国，建立了中国历史上第一个统一的中央集权制的封建大帝国。春秋、战国以来诸侯割据称雄的时代从此结束，中国历史开始进入一个新的历史时期。秦为了实现全国统一，为了巩固统一的成果，建立了相当完善的法律制度。于1975年出土的《云梦秦简》为我们展示了这一时期法制的成就。其中涉及赋税制度的主要有：规定户籍的《傅律》，规定徭役与戍边的《徭律》《戍律》，规定农业和土地管理的《垦草令》《田

---

① 《史记·商君列传》。
② 《商君书·修权第十四》。

律》，规定关市与贸易的《关市律》，规定货币与税赋的《金布律》，等等。通过这些律令我们可以看出秦国（朝）已经将赋税征收纳入法律的体系之中，并通过颁布成文法律将其公之于众，以确保国家赋税的稳定征收。同时秦国（朝）还通过颁布规范官吏行为的《为吏之道》，要求官吏们对于国家征发的赋税、徭役、兵役"因而征之，将而兴之"，借以维护庞大的国家机器。而对于逃避徭役及赋税的行为，法律也规定了相应的处罚办法。如对征发徭役失期者要处以斩刑，《史记·陈涉世家》载："谪戍失期，法皆斩。"

秦国（朝）崇尚法家的严刑峻法，法律规定苛繁，而终秦一代都在大兴土木，筑长城、修宫殿，耗费了大量的人力和财力，不得不加重赋税征收，董仲舒在与汉武帝的对策中说："赋敛亡度，竭民财力，百姓散亡，不得从耕织之业，群盗并起。"① 这正是秦王朝二世而亡的根本原因。以致汉在建立之初，财政府库空虚，贫乏虚弱，"自天子不能具醇驷，而将相或乘牛车"②。这迫使汉初推行休养生息之策，在赋税制度上"约法省禁，轻田租，什五而税一，量吏禄，度官用，以赋于民。而山川园地市肆租税之入，自天子以至封君汤沐邑，皆各为私奉养，不领于天下之经费。又令贾人不得衣丝乘车，重租税以困辱之"③。通过推行重商税轻田税的重农抑商政策，鼓励耕种以扩大国家赋税收入。同时，通过对成年人征收人头税保障军备开支。④为确保各项政策的顺利实施，汉初便积极开展立法活动，在借鉴《法经》与《秦律》的基础上创制了《九章律》，其中新增加的《户律》《兴律》就涉及赋税、徭役征发，可见汉代对赋税征收的法定化还是十分重视的。在《九章律》的基础上，汉代还颁布了一些单性法规来规范赋税征收，如有关农田管理、征收田赋和畜牧业管理方面的《田律》《厩律》，有关徭役征发的《徭律》，有关工商管理的《工律》《关市律》，等等。

---

① 《汉书·董仲舒传》。
② 《汉书·食货志》。
③ 《通典·食货四·赋税上》。
④ 《通典·食货四·赋税上》载汉高祖"四年八月，初为算赋。"并注释："汉仪注：'人年十五以上至五十六出赋钱，人百二十为一算，为治库兵车吗。'"算赋之征从此开始，成为国家确定的一项正式赋税。

代汉而起的三国、两晋、南北朝时期是中国历史上长期分裂、割据、混战的时期，朝代更替频仍，社会长期处于动荡不安的状态中，生产遭到严重破坏，人民流离失所，租调收入①成为这一时期赋税收入的主要来源。而由于各国分立、战乱不止，货币又无法统一，因此实物征收在赋税征收过程中占据了主导地位。虽然实物比货币更直接、更实用，但较之汉代的货币征收而言，无疑是经济上的一大退步。同时，为满足长期征战及统治者的欲望所需，各国无一例外地加重赋税征收，且征收无定，基本上无制度可循，造成税制杂乱、名目繁多、徭役苛重的局面，人民苦不堪言。如《隋书·食货》记述："魏自永安之后，政道陵夷，寇乱实繁，农商失业。官有征伐，皆权调于人，犹不足以相资奉，乃令所在迭相纠发，百姓愁怨，无复聊生。"其时之情形可见一斑。但是从法制建设的角度而言，三国两晋南北朝时期又是中国封建时代起承前启后作用的时代，其时颁布的《魏律》《晋律》《北魏律》《北齐律》都对后世产生了深远的影响。在律之外，还有令、格、式等多种法律形式，如西晋所颁布的《占田令》和《户调式》都是与赋税有关的法律规范。而在这一时期形成的三省制度，在尚书省之下设立度支尚书管理赋税收入更为后代所继承，成为税收管理机构上的重要革新。

四、发展与成熟阶段：隋、唐、宋、元

隋朝的建立结束了此前三百七十多年的分裂状态，再次将中国统一起来，此次统一造就了其后的大唐盛世，中国封建经济发展到空前的鼎盛时期，赋税制度也得到了较大的发展和完善。

隋朝法制上承魏晋，下启唐宋，博取南北立法之所长，具有承前启后的重要地位。如在行政管理体制上，创立三省六部二十四司的管理模式，一直为后世所沿袭。其中的民部逐步演变成后世的户部，成为管理国家赋税收入的主要机构。在税收制度上，隋朝实施的依旧是租庸调法，规定一夫一妇纳粟三石，

---

① 据《三国志·武帝纪》记载，建安九年（公元204年），曹操颁布了租调令，规定："其收田租亩四升，户出绢二匹、绵二斤而已，他不得擅兴发。"始创按亩征收田租，按户交纳绢绵的租调制，以后各代都相继因袭沿用。

并将丁男服役的年龄由十八岁改为二十一岁，每年服役由一月减至二十天，调绢由四丈减到二丈。① 为了确保国家赋税收入，防止人民逃避租赋，公元 583 年，隋文帝下令"州县大索貌阅，户口不实者，正长远配，而又开相纠之科。大功已下，兼令析籍，各为户头，以防容隐"②。整顿户籍的结果，新查实壮丁四十四万三千人，新编入户籍的一百六十四万一千五百口。同时，隋文帝又采纳高颎的建议，实行"输籍法"，即于每年正月初五，县令出查，令百姓五党或三党为一团，定户等上下，确定应纳税额。经过隋初赋税制度的调整，至隋炀帝时，已是"户口益多，府库盈溢"了，于是"除妇人及奴婢部曲之课。男子以二十二成丁"，③ 足见其成效。然而，隋炀帝即位后不久，就大兴土木，兴建东都、开凿运河，建造龙舟游幸江都，又远征高丽，以致"租赋之人益减"，国库渐空，民不聊生，最终爆发了全国性的农民大起义，一举推翻了隋朝的统治，使得这个被古代史学家称之为"古今称国计之富者，莫如隋"④ 的朝代只经历了短短的三十几年的时间就戛然而止了。

唐朝建立之后，鉴于隋末的赋役混乱，在推行均田制的过程中也着手改革赋役制度。武德七年（624 年）颁布租庸调法，规定"每丁岁入租粟二石。调则随乡土所产，绫、绢、絁各二丈，布加五分之一。输绫、绢、絁者，兼调绵三两；输布者，麻三斤。凡丁，岁役二旬。若不役，则收其佣，每日三尺。有事而加役者，旬有五日免其调，三旬则租调俱免。通正役，并不过五十日"⑤。租、庸、调均有一定的完纳日期："诸庸调物，每年八月上旬起输，三十日完纳，就月上旬各发本州岛"，"诸租准州土收获早晚，酌量路程险易、远近，此地分配。本州岛收获迄发遣，十一月起输，正月三十日

---

① 《隋书·食货志》曰："开皇三年正月，帝入新宫。初令军人以二十一成丁。减十二番每岁为二十日役。减调绢一疋为二丈。"
② 《隋书·食货志》。
③ 《隋书·食货志》。
④ 《文献通考》卷二十三《国用》。
⑤ 《旧唐书·食货志》。

内纳毕"。① 对违期不纳及逃避课役者，均依法惩处。② 至唐中后期，租庸调法渐坏，据《新唐书·食货志》所载："租庸调之法，以人丁为本。自开元以后，天下户籍久不更造，丁口转死，田亩卖易，贫富升降不实。其后国家侈费无节，而大盗起，兵兴，财用益屈，而租庸调法弊坏。"于是自代宗起，开始以亩定税，并分夏秋两季收敛。到德宗时，在宰相杨炎的倡导下，于建中元年（780年）制定两税法，"夏输无过六月，秋输无过十一月。置两税使以总之，量出制入。户无主、客，以居者为簿；人无丁、中，以贫富为差。商贾税三十之一，与居者均役"③。从而改变了过去"以丁身为本"的赋税征收方法，按田亩和资产的多少来征税，在一定程度上均平了纳税负担，有利于调动劳动者的生产积极性，因而为后世所沿用。在赋税管理上，由户部总管全国户口、土地、赋税、钱粮、财政收支，下辖户部、度支、金部、仓部四司。在具体征收时，则因事设职，"有转运使、租庸使、盐铁使、度支盐铁转运使、常平铸钱盐铁使、租庸青苗使、水陆运盐铁租庸使、两税使，随事立名，沿革不一"④。

　　唐末农民起义最终导致中国大地再度陷入了分裂状态，这种分裂使得已经建立起来的较为完善的税制体系又进入了一个杂乱不堪的状态。苛捐杂税层出不穷，如后梁规定农民除完纳正税外，还得交纳省耗。而后唐更为出奇，正税之外还得交纳"鼠雀耗"。这些，都是前代所未闻的。⑤ 不过，五代十国还是延续了历代建国必先制定律令的传统，在各自短命的统治期间纷纷制定了相应的律令，其中也不乏赋税方面的规定，如后周广顺二年所制定的《禁私盐曲法》，对盐、曲的制作、买卖作出了详尽的规定，对后世盐法的发展具有重大影响。⑥

　　两宋时期是中国古代工商业高度发达的时期，因此工商业赋税收入在赋

---

① 《通典·食货六·赋税下》。
② 参见张晋藩：《中华法制文明的演进》，中国政法大学出版社，1999年版，第293页。
③ 《新唐书·食货二》。
④ 《旧唐书·食货志》。
⑤ 殷崇浩主编：《中国税收通史》，光明日报出版社，1991年，第97页。
⑥ 张晋藩：《中华法制文明的演进》，中国政法大学出版社，1999年版，第314页。

税中的比重大大超过前代，到天禧末年（1021 年）甚至超过了田赋二税收入，这在重农抑商的中国古代还是很特别的。与此相适应的商业税收制度也日渐完善，形成了相当统一、详备的商业税则。据《宋会要·食货》记载，太祖"开基之岁，首订商税则例，自后累朝守为家法"。而"常税名物，令有司件析颁行天下，揭于版，置官署屋壁，俾其遵守"。① 宋朝田赋沿用两税法，分夏秋两次征收，是为正税，"其输之迟速，视收成早暮而宽为之期"②。但由于两宋与辽、金、西夏等少数民族政权并存，战事频仍，军费浩大，再加上统治者的日益奢靡，造成了宋代赋税除正税外，附加繁多，如"支移""折变""加耗""杂变"等，虽历经裁撤，仍不能杜绝。而且征收方法各异，税制多变。就盐科而言，既有计口授盐、计税敷盐、计产敷盐、常平盐，又有入中法、钱盐法、钞盐法、交引法等，另外在财疲力穷中又独创了免役钱、免行钱、经总制钱等一些竭尽罗掘的什项税课。③ 终使宋王朝连江南一隅都无法保有，被逐渐强大起来的蒙古族政权——元替代。但是宋朝在赋税管理方面的制度还是相当完备的，尤其在立法方面已趋于专门化，建立了较为完善的上供钱物法、帐籍管理法、财政监督法，在一定程度上起到了支撑宋朝的作用。④

继宋而起的元朝作为第一个统一全中国的少数民族政权，在政治上实行了严格的等级制度，各民族差别对待，因此在赋税制度上也形成了南北差异，各民族的负担数目、税种等各不相同的特点。

第二节　明代的赋税法律制度

明代是中国封建社会逐步走向没落的时期，随着封建专制的日趋极端

---

① 《宋史·食货下八》。
② 《文献通考》卷四，《田赋》（四）。
③ 王志端主编：《中国赋税史》，中国财政经济出版社，1998 年，第 103 页。
④ 王志端主编：《中国赋税史》，中国财政经济出版社，1998 年，第 363 页。

化，各项制度的构建也更加集权化。如在政治上，废除了丞相之职，只以六部（吏、户、礼、兵、刑、工）分任朝政，而总其权于皇帝，使皇帝的权力更加集中。在赋税征收方面亦显示了进一步的中央集权，对征课所得，大部分集中于京师，存留于地方的较少。例如孝宗时，税粮存留者一千一百七十六万石，而起运者达二千五百零三万石；马草，存留者一千一百七十六万束，起运者达二千一百八十五万束；绢，二十七万匹；布，五十七万匹；花绒，三十七万两，均属起运。① 为确保这种专制集权制度的顺利运作，明代对赋税征收这一国家收入的主要来源给予了充分的重视，建立了一整套较之前朝更为严密的赋税征收体系，并通过制定相应的法律制度加以保证实施，逐步实现了赋税征收的制度化与法律化。

一、赋税体系

明和历代一样，仍是以农业为主的经济，农业税——田赋是国家最大的财政进项，辅之以丁赋——差役。同时随着工商业的进一步发展，工商杂税也在国家赋税体系中占据了相当的地位。

（一）田赋及附加

1. 田赋征收及"一条鞭法"

明朝初年，为保证政府的财政收入，对全国大部分地区的户籍、土地状况进行了清查，编造了记载户籍的"黄册"和记载土地状况的"鱼鳞图册"，作为征收赋税的依据。田赋的交纳制度，基本上仿唐、宋两税法进行，分为夏税与秋粮两种，对土地所有者按土地面积、土质等级征收田赋，一般按收获量的十分之一征收。田赋征收实物，称"本色"，包括粮食、丝、麻、棉等农作物；折为钱、银等货币形式，称"折色"。对人户则征发"职役"，对16~60 岁的男丁征发"均徭"；出劳动力者称为"力差"，出钱、物代替力役者称"银差"，还有为官府提供种种劳役的"杂泛"。税收的基础形式仍然是按土地、户、丁征收钱物和征发差役。

---

① 周伯棣，《中国财政史》，上海人民出版社，1981 年版，第 366 页。

明代的土地分为官田与民田两种，其税率也分别确定。据《明史·食货志》记述：

初，太祖定天下官、民田赋，凡官田亩税五升三合五勺，民田减二升，重租田八升五合五勺，没官田一斗二升。惟苏、松、嘉、湖，怒其为张士诚守，乃籍诸豪族及富民田以为官田，按私租簿为税额。而司农卿杨宪又以浙西地膏腴，增其赋，亩加二倍。

经过明初的整顿，尤其是黄册和鱼鳞册的编造，明代的赋役制度基本上走入正轨，为稳定国家社会和经济秩序起到了良好的促进作用。但到了明中叶以后，由于豪强逃避赋役，官吏取贿浮收，百姓逃亡严重，原有的赋税制度日渐失效，严重影响国家收入。为此，自嘉靖十年（1531 年）起，推行"一条鞭法"的赋役改革，将各种赋役尽可能归并为几项货币税，以征收货币代替征收实物和征发差役。其主要内容是以土地为主要征税对象，以征收白银代替实物的征收；以县为单位统计差役、杂役所需人力、物力的总额，平摊到全县土地税中，作为土地税一起征收白银；另外将各种"均徭"改为按人丁数征收白银，称为"丁银"，由官府自行征收解运代替原来的"民收民解"。① 一条鞭法是中国古代赋役制度的一次重大改革，它以货币税代替实物税，结束了历代以来以镇守实物为主的国家税收方式，废除了古老的直接役使农民人身自由的赋役制度，使人身依附关系有所松弛；以资产计税为主代替原来以人头为主的税收制度，有利于税赋的合理分担。该法的推行反映了明商品经济发展的要求，反过来又促进了商品经济的发展。

2. 田赋附加

明代的田赋，于正课之外，常有加派，亦即田赋附加税。在明前期，田赋加派只是因事偶尔所为，但到了明后期，即变为常年性的"岁额"，主要

① 据《明史·食货二·赋役》记载："一条鞭法者，总括一州县之赋役，量地计丁，丁粮毕输于官。一岁之役，官为佥募。力差，则计其工食之费，量为增减；银差，则计其交纳之费，加以增耗。凡额办、派办、京库岁需与存留、供亿诸费，以及土贡方物，悉并为一条，皆计亩徵银，折办于官，故谓之一条鞭。立法颇为简便。嘉靖间，数行数止，至万历九年乃尽行之。"

是"三饷"，即辽饷（因辽东战事所需的兵费不足而增加的田赋附加）、剿饷（用于镇压农民起义而加征的田赋）、练饷（为了镇压农民起义而增练额兵和专门训练地方民兵的军费）的加征。

明代加派始于正德九年（1514年），为复建乾清宫，全国加派田赋一百万两。嘉靖三十年（1552年），因鞑靼酋长进犯京师，又加派一百二十万两。嘉靖末年（1567年），行额外提编，仅江南即达四十万两。但这些加派均属临时性的，事毕即止。但是明末的"三饷"加派，却变成了永久性的岁额。并且，名为加派，实际上其负担超过了正赋，"一年而括二千万以输京师，又括京师二千万以输边"①，实为前所未有。

（二）漕运

漕运从严格意义上讲亦属于田赋的一种，但由于其地位的特殊性，历代均给予了高度的重视，《明史》中特将其列为单独的一卷来记述。明代漕运由于京师的易地发生了几次重大的变革："太祖都金陵，四方贡赋，由江以达京师，道近而易。自成祖迁燕，道里辽远，法凡三变。初支运，次兑运、支运相参，至支运悉变为长运而制定。"②

1. 支运

支运是指在淮安、徐州、临清等地设仓，各地漕粮由民运交就近仓口后，即由官军分为淮安到徐州、徐州到德州、德州到通州等段，节节接运。每年四次，运粮三百余万石。

2. 兑运

因江南人民运粮于诸仓，往返几乎需要一年时间，多误农业，故于宣德六年（1431年）规定各地人民可运粮到附近府、州、县水次，兑与卫所，由官军运往京师，民给予路费耗米，是为兑运。

3. 改兑

"改兑"亦称"长运"，是于成化七年（1471年）开始实施的一种漕运

---

① 《续文献通考》卷二，《田赋》。
② 《明史·食货三·漕运》。

方式。宣德年间所行兑运法规定：江南粮户运粮到瓜州、淮安，河南粮户运粮到小摊，山东粮户运粮到济宁等仓交兑。施行后，官军既多勒索，粮户仍要自运。因此，于成化七年，罢瓜淮兑运，里河官军，雇江船于江南水次，交民过江之费，视远近为差。

漕粮本来是运输实物，至英宗正统元年（1436 年），规定亦可将一部分漕粮改折为货币缴纳，每岁以百万为额。孝宗弘治年间（1488～1505 年），更定折漕之制。时苏松诸府连年荒歉，民买漕米，每石费银二两，故权宜折银缴纳；灾重者每石折七钱，稍轻者一两，后遂推行于诸府，而以水次仓"支运"之粮充数。①

（三）工商杂税

明代的工商税收主要包括盐税、茶税、矿税、商税等。

1. 盐税

明代继承宋元制度，通过盐引专卖来收取。盐专卖的形式主要有民产、官收、商人运销，政府向运销食盐的商人征收盐课，向食盐消费者收取户口盐钞。洪武三年（1370 年），实行开中法，由盐商按国家规定到指定的边境或京师地区缴纳实物或货币，并由官府发给引票，然后凭引就场支盐贩卖。万历四十五年（1617 年）实行商专卖法，商人可以直接向灶户购盐而只向官府按引纳银，随后自由运往其他地方进行销售。

2. 茶税

明代的茶法比唐宋严密，有官茶、商茶之分。官茶，就是官府通过征收、储备大量的茶以用于与西北边民换取马匹等；商茶，就是茶商向官府交纳实物或银钱取得茶引，凭引向茶户或茶仓买茶，这是民制、官储或官管、商运商销的专卖制度。

3. 矿税

明代矿税称为矿冶之课，主要是对金、银、铜、铁、铅、汞、朱砂、青绿等产品的课税。明初，开矿极少，矿冶征课亦不受重视，直至万历以后

---

① 《明史·食货三·漕运》。

（1573年~1602年），矿税才成为明政府赋税收入的主要来源之一。当时矿冶征课制度相当混乱，且矿冶成为朝廷聚敛金银财货的重要渠道，税率普遍偏高，再加上官吏的横政暴敛，民不聊生。时任河南巡按的姚思仁就指出了"开采之弊，大可虑者有八"，列举出矿监之征，造成矿夫残害、强科民物、逼迫流亡、农桑失业等种种弊端。[①]

4. 商税

明代的商税主要包括市税、关税和舶税三种。关税，又称通过税，是指在商人必经交通要道设关立卡，征收通过税。明初洪武、永乐年间曾两次规定，对于军民嫁娶、丧祭之物、舟车、丝布之类，皆勿税；对于舟车载运自己货物、农用之器、小民挑担蔬菜、民间常用竹木蒲草器物、常用杂物、铜锡器物等，也一概免征，但至宣德年间（1426年~1435年）开始在水道上设立关卡，征收船料费，按船之大小长阔，定其税额。神宗万历年间（1573年~1620年）以后，关卡增多，税目四出，商税增重，使商业大受破坏。

市税。明初市税基本上按三十取一和"凡物不鬻于市者勿税"的原则征收，但到明仁宗洪熙元年（1425年）施行钞法，商市从门摊向市肆发展，才课税于门肆门摊。明宣宗宣德四年（1429年），大规模增加营业税，凡京省商贾聚集地，市肆门摊税课"增旧凡五倍"。以后，税率杂派不断增加。

舶税。明初对各国舶货免征舶税，至明穆宗隆庆年间（1567~1572）驰海禁后，才实行舶税制。征税方法分三种：一是以船的长度计算征税，称为水饷，由船商承担；二是按货物多少，计值征税，由铺商交纳，称为陆饷；三是加征去吕宋贸易回来只载白银的船只，每船加征白银一百五十两，称为加增饷。

二、赋税管理机构

明代实行中央集权的赋税管理模式，税收政策仍由国家统一制定，但其税收管理还是由中央到地方各级政府或专职机构负责执行。

---

① 《明史·食货五·坑冶》。

（一）中央管理机构

明初，政承元制，后废中书省，不设丞相，六部直接向皇帝负责。赋税管理主要由户部实行。户部设尚书一人，左右侍郎各一人。分掌全国户口、田赋之政令与稽查版籍、岁会、赋役实征之数。

户部开始时下辖四个清吏司，后分十三清吏司，分管各省赋税，兼领所分两京、直隶贡赋，及诸司、卫所禄俸，边镇粮饷，并各仓场盐课、钞关。每清吏司以原民部、度支、金部、仓部四清吏司名为四科：民部主管土地、户口、物产等；度支主管会计和各种经费；金部主管市舶、渔、盐、茶钞税课及赃罚之收折；仓部主管漕运岁课、军储出纳科粮。

同时，明政府还具体规定了个清吏司所管辖的具体范围、职责以及监管的中央所设的盐、茶等专卖机构与地方税课专职机构。如：山东司带管在京锦衣、大宁中、大宁前三卫及辽东都司，两淮、两浙、长芦、河东、福建各盐运司，四川、广东、海北、云南黑盐井、白盐井、安宁、五井各盐课提举司，陕西灵州盐课司、江西南赣盐税。①

（二）地方管理机构

明代虽已改行中书省为承宣布政使司，但在习惯上仍称行省。当时除两京直辖地区外共有十三布政使司。各省以承宣布政使司主管赋税，以布政使或参政专职分掌户口、土地、田赋、工商税、专卖税等。由中央户部设于各地的专卖派出机构虽分隶行省，但主要由中央直接控制。

各行省以下是府级行政区划。府设知府，掌一府之政。下设专管帐籍、赋役、仓库等吏。同时专设税课司主管税收，如河泊所专管渔课，铁冶所专管冶铁之课、批验所专管检查及审核盐、茶等课。

府下设县。县之长官为知县，掌一县之政。以县丞、主簿分掌粮马等事，以典史掌文移出纳。知县职责包括赋役征派、黄册登造、会计审核、报告当地物产等。县设有税课司，河泊所、铁冶所、批验所亦按实际需要设置，职责同府。

---

① 《明史》卷七二，《职官》。

同时，明有州一级政权，或隶于省同府，或隶于府同县。其赋役管理机构亦分别同府或县。

县以下的基层组织为里、甲。凡一百一十户为一里，设里长，里下为甲，设甲首一人，负责地方民政、教化、赋税、争讼等事。在里甲制度的基础上编制赋役黄册，作为征收赋税的依据，后又推行粮长制，即鱼鳞图册按"随粮定区"原则，以税粮万石为一编造单位，称一区，各州县以征收租税单位为区，每一区设粮长四人，挑选纳粮多的富户充当粮长，负责征收该区税粮。

三、审计监督制度

明代审计监督制度可分为会计审计与监察机制两方面。

（一）会计审计制度

明朝的会计制度较前代有所发展，并日趋完善，不仅能反映国家的财政收支状况，而且还可以通过对账目的管理与青茶等方法对财务、税收、官吏起一定的监察作用。

明代中央管理会计的组织是度支，《明史·职官》中记载："度支主会计夏税、秋粮、存留、起运及赏赍、禄秩之经费。"地方上，省、府、县各级地方政府都设有主管会计的官吏，负责税收的作账、抄送、核算报表等项工作。

明代制定了统一的账簿格式，颁行全国，规定每天登记，定期选官送到部里。这种账簿称"印信文簿"。除这种总账外，中央各部门、地方府、县又设置专项分类账簿，诸如盐院的"红字簿""钞关文簿"等。账簿的记录以金额为主，这是会计核算上的新方式。账簿的登记或以货币度量，或登记实数，又登记此数量折银或钱的金额，这在前代是没有定制的。[1]

（二）监察机制

明初监察机关沿用唐宋旧制，中央设御史台。至洪武十五年（1382年），扩大监察机关，改御史台为都察院，并充实了机构，加强了职权。都察院下设有十三道监察御史，以一布政司为一道，其职权是"纠内外百司之官"，其中

---

[1] 殷崇浩：《中国税收通史》，光明日报出版社，1991年，第241页。

在京城巡视仓场、内库，出使地方巡查盐茶马政、漕运、关税、审计钱粮等为其重要职责之一。他们的权力很大，"大事奏裁，小事立断"，甚至"巡按则代天子巡狩"，① 或是直接上书皇帝，对监察各级官吏、纠正和处理违法行为都起到了重要作用。洪武年间（1368~1398年），都御史邓文铿等察川、陕私茶，驸马都尉欧阳伦因走私茶叶被处死，可见监察权力之大，执法之严。

四、赋税立法及相关规定

明代对赋税立法是非常重视的，在税收方面制定了相当完备的法令，各类赋税均有条例可循，特别是盐、茶等专卖中严禁走私的法令尤其具体。明代最根本的大法《大明律·户律》中有多条是涉及赋税征收的，如户役中有赋役不均、丁夫差遣不平、隐蔽差役、逃避差役等条，田宅有欺隐田粮等条，仓库中有多收税粮斛面、隐匿费用税粮课物、揽纳税粮等条，都是为保证国家赋役制度而设立的。特别是在课程一门中，详细规定了盐税、茶税等专卖制度，显示了明代对赋税法律的重视。

明律还对匿税者规定了刑事责任。《明律·户律》规定："凡客商匿税及卖酒醋之家不纳课程者，笞五十。物货酒醋一半入官，于官物内以十分为率，三分付告人充赏。"此外，明律要求承办茶盐专卖的商户年终纳齐商税，若"年终不纳齐足者"，以不足数额的多寡，分别给予笞四十至八十的处罚，并强制完税纳官。明朝不但重视国内税收立法，而且对外商载货入境也做了严格规定。《大明律·户律》规定："凡泛海客商舶船到岸，即将物货尽实报官抽分，若停塌沿港土商牙侩之家不报者杖一百，虽供报而不尽者罪亦如之，物货入官。"此规定维护了大明王朝的关税主权，但在一定程度上限制了对外贸易的发展。明朝由于经济关系的发展和复杂化，因而明律中关于调整经济关系的法律规范有所增加，这反映了明政府对社会经济干预的加强。这些法律规范的目的在于保护封建的经济基础，因此在客观上限制了资本主义生产关系萌芽的发展。

---

① 《明史》卷七三，《职官》。

第二章

清代社会经济发展状况与赋税制度的重大变革

清初基本沿用明代旧制，在赋税制度上亦采纳明代的"一条鞭法"。但随着社会的逐步稳定和经济的发展，旧的赋税征收体制已不能适应社会形势的发展，于是在康熙年间和雍正年间赋税制度进行了重大的变革，从而完成了中国古代赋税制度的最终定型。

第一节　清初经济与"废除明季三饷"

1644 年 5 月，多尔衮率领清军进驻北京，从而拉开了清王朝对古老中国二百多年统治的大幕。清军初入关，既要应对统一全国的军事征战，又要解决庞大的军费开支及国用开支。而此时的中国大地却因明末的苛征暴敛和频仍战乱而满目疮痍，是一片颓废之势。顺治元年（1644 年）时任真定巡按的卫周允在其《痛陈民苦疏》中称："慨自赋役烦重，民失生全，突遭寇祸，逃亡倍多……巡行各处，一望极目，田地荒凉；四顾郊原，社灶烟冷。"① 正是当时的真实写照。

面对如此的内忧外患，如何稳定已被征服地区的民心，尽快恢复生产，支持统一战争成为清王朝亟待解决的问题。如同历朝开国之初，首要废除前

① 卫周允：《痛陈民苦疏》，载于《皇清奏议》卷一；另见《清世祖实录》，卷一二，顺治元年十二月庚辰。

朝苛征，显示体恤民情、施政以仁之意一样，顺治元年（1644年）七月，摄政王多尔衮颁布谕令，废除明末三饷加派及召买米豆。谕令称：

至于前朝弊政，厉民最甚者，莫如加派辽饷；以致民穷盗起，而复加剿饷；再为各边抽练，而复加练饷。惟此三饷，数倍正供，苦累小民，剔脂刮髓，远者二十余年，近者十余年，天下嗷嗷，朝不及夕。更有召买粮料，民为当官平市，实则计亩加征，初议准作正粮，既而不与销算。有时米价腾贵，每石四五两不等，部议止给五分之一。高下予夺，惟贿是凭。而交纳衙门，又有奸人包揽，滑胥抑勒。明是三饷之外，重增一倍催科，巧取殃民，尤为秕政。……自顺治元年为始，凡正额之外一切加派，如辽饷、剿饷、练饷及召买米豆尽行蠲免。各该抚按即行所属各道府州县军卫衙门，大张榜示晓谕通知。如有官吏朦胧混征暗派者，查实纠参，必杀无赦。倘纵容不举，即与同坐。①

顺治帝进入北京之后，颁布即位诏书，再次重申了这一意旨。②

所谓"三饷"，乃万历末年户部尚书李汝华所倡加之辽饷和崇祯初年杨昌嗣所加之练、剿二饷，计前后加赋二千万，民不堪其苦。当时的有识之官也已深刻认识到三饷的危害，上疏请停。御史卫周胤言："嗣昌流毒天下，剿练之饷多至七百万，民怨何极。"御史郝晋亦言："万历末年，合九边饷止二百八十万。今加派辽饷至九百万。剿饷三百三十万，业已停罢，旋加练饷七百三十余万。自古有一年而括二千万以输京师，又括京师二千万以输边者乎？"但此时的明朝已是岌岌可危，"疏语虽切直，而时事危急，不能从也"③。

清朝定鼎中原，"定经赋""议国用"是摆在统治者面前的第一道难题。对于这个曾以游牧为主的少数民族政权来说，如何建立一套以田赋征收为主体的赋税征收体制无疑是个全新的课题。顺治二年（1645年）闰六月初七日，多尔衮召见满汉大学士议论军国大事，当绥远巡抚赵兆麟谈及钱粮奏销

---

① 《清世祖实录》，卷六，顺治元年七月壬寅。
② 《清世祖实录》，卷九，顺治元年十月上甲子。
③ 《明史·食货二·赋役》。

事宜，多尔衮便插话称："钱粮事宜只须咨会户部奏缴，何必一一奉告。"①可见其对赋税的作用尚不很重视。但清王朝能够以边外一小国而力吞中原，建立起庞大的封建制帝国，倚重汉臣，倡导满汉一家是其成功的关键因素之一。在赋税制定方面，汉臣再次起到了重要的作用。顺治元年（1644 年）五月，清军入关不久，御史曹溶、给事中刘昌、巡抚方大猷等官员就纷纷上疏，请求尽早"定经赋""议国用"。② 而在赋税征收标准的确立上，大学士范文程针对"有司欲以明末练饷为标准"指出："明代酷苛小民，激成流寇，岂可复蹈其误？"遂"以万历中征册为准，岁减数百万两"。③ 正是在汉臣的积极倡导下，促使清统治者下诏废除三饷。

在废除三饷之外，清王朝还颁布了一系列蠲免政策，以鼓励民归田地，促进生产恢复。据《大清会典事例》记载，顺治年间曾多次下诏蠲免赋役。

顺治元年定：京师遭明末寇贼蹂躏之后，迁徙之家免赋役三年；房舍被毁者免一年。大兵经由地方，田禾被践者，免本年租税之半。河北府州县卫租赋屯粮免本年三分之一。

二年定：山西省地方初复，免本年田税之半。

三年覆准：江南省各府漕米折价于恩诏外再免三分之一。江阴漕白二粮亦如之。潜山、太湖、英山、霍山等四县尽予蠲免。

五年覆准：湖广省岳州等处大兵经过，附郭钱粮免半，余免三分之一；衡永等处大兵驻扎颇久，辰靖等处残破，附郭免十分之七，余免半。

十一年，豁免顺治六七两年直省积欠在民之地丁本折钱粮。

十三年，豁免顺治八九两年直省积欠在民地丁本折钱粮。又题准：蠲荒流抵，恐民间不得实惠，令百姓亲填布政使司原簿，以禁滥征。

十八年覆准：江南省之江都、如皋、海州三州县修理烽墩马路，各免一年差徭。④

---

① 《多尔衮摄政日记》，顺治二年闰六月初七日。
② 《清世祖实录》，卷五。
③ 《清稗类钞》：《范文肃定赋税》。
④ 光绪《大清会典事例》，卷二百六十五，《户部·蠲恤·赐复一》。

同时清王朝还积极倡导垦荒、屯田，"以荒地无主者，分给流民及官民屯种；有主无力者，官给牛种，三年起科"①。后又将起科年限放宽至六年，"其六年以前，不许开征，不许分毫金派差徭"②。为保证这一法令的推行，还规定以招徕流民与开垦荒地数量的多少作为评定官吏政绩的一项重要标准，年终考核，赏优罚劣。顺治十四年（1657年），又进一步制定《官吏督垦荒地劝惩则例》，规定总督、巡抚在一年之内，垦至六千顷以上者，加升一级；道、府垦至二千顷以上者，加升一级；州、县肯乃至三百顷以上者，加升一级。明确了以垦荒多少作为考核官吏的标准，同时也对谎报政绩，"开垦不实，及开过复荒"的官员，俱分别治罪。③

在清初所采取的一系列积极政策的推动下，清王朝的经济发展和赋税征收逐步走上正轨，到顺治八年，终于对一盘散沙的赋税征收有了初步统计。根据《清世祖实录》的记载，正是从这一年起，清朝才开始对全国的地丁钱粮有了基本的统计数字。

第二节　康熙盛世与"滋生人丁永不加赋"

清初经济虽然在顺治年间得到了一定程度的恢复，但由于统一战争的继续，庞大的军费开支使得国家的财政长期处于入不敷出的窘境，这使得清初所致力于的赋税征收的秩序化和法律化往往流于形式。如顺治年间，虽三令五申除正项之外免一切加派，但终顺治一代，加派之弊仍无法杜绝。顺治十五年（1658年），工科都给事中史彪古就奏言："今之州县，每有一项正供即有一项加派"④，以至于相关的政策也无法正常推行。顺治十八年（1661年），巡按河南御史刘源濬言："三年起科虽有定例，开种之初，杂项差役仍

---

① 《清世祖实录》，卷七，顺治元年八月乙亥。
② 《清世祖实录》，卷四三，顺治六年四月壬子。
③ 《清世祖实录》，卷一〇九，顺治十四年四月壬午。
④ 《清世祖实录》，卷一二一，顺治十五年十月癸巳。

不能免，此官虽劝垦，而民终裹足不前。"①因此，到康熙即位时，清朝的经济状况仍不容乐观，财政上不仅没有积蓄，而且缺饷 400 万两。② 为了扭转这种不利局面，康熙年间，清王朝颁布了一系列有利于生产的政策法令，为稳定和扩大国家赋税收入起到了良好的保障作用，最终促成了康熙五十年"滋生人丁永不加赋"政策的形成。

一、政策的调整与完善

（一）加强垦荒力度

顺治年间虽力推垦荒政策，但在战事频仍的情况下成效并不显著。顺治十八年（1661 年）康熙即位，其时全国的耕地面积，民田约为 5493576 顷，若加官庄、屯田等，耕地面积约为 570~580 万顷，较之明朝万历年间少 150~200 万顷。③ 再加之清初"考成法"十分苛严，一些地方官员急于升迁，捏报开垦数字，造成"田不加辟而赋日增"的病态现象，加重了普通百姓的赋役负担及生活压力，不利于经济发展和社会稳定。④ 针对这种情况，康熙朝一方面加大力度劝垦田地，另一方面也议定法令严禁捏报开垦数目，违者议处，并通过严格科征官吏的考成制度以期达到扩大开垦亩数，增加赋税的目的。光绪《大清会典事例》之《田赋·开垦一》中记述：

康熙元年题准：荒地未经开垦，捏报垦熟者，督抚、道府、州县等官分别议处。又题准：凡官员有将熟地称为新垦地者议处；督抚、布政使司失察，一并议处。

三年题准：同知、通判不与知府同城自劝民开垦者，照州县例议叙。

七年题准：四川招民垦荒，准予议叙。

十四年覆准：江南、浙江、江西有田存丁绝及田多丁稀者，招同里甲之

---

① 《清文献通考》，卷一，《田赋一》。
② 《清圣祖实录》，卷三六。
③ 何平：《清代赋税政策研究（1644~1840 年）》，中国社会科学出版社，1998 年，第 10 页。
④ 赵德馨主编：《中国经济通史》，第八卷（上册），湖南人民出版社，2002 年，第 233 页。

户耕种，承纳钱粮。又议准：地方官希图议叙，虚报开垦者，照例议处。

十五年议准：开垦田亩，征粮全免，取结题报者，随奏销一同具题，迟误者照例议处。由议准：各省报垦、劝垦荒缺田地，按照年限分数并起科年分（水田六年、旱田十年）及额粮数目，统于岁终造册题报，仍俟升科之年将新增地亩并额征银粮草束按年分析造报奏销，以凭覆对。又题准：招垦荒田不照例起科，先期勒征或过期不征，或私减地亩定额钱粮者，分别议处。

二十二年覆准：免征暂荒田地，俟百姓归耕之年起科。

二十六年奏准：盛京地方旷土甚多，令发遣之人屯种。

二十七年奉旨：嗣后民间若有出首开垦田亩，不必拘定年限，均自出首之年征收钱粮，该管官亦免其议处。又议准：私垦之田，实系无主给余原垦之人起科；若有主，给还原主起科。如有不肖官役藉端扰民，不给原主，或有豪强霸占，该督抚题参治罪。

二十九年议准：川省荒地甚多，流寓之人情愿在川居住垦荒者，将地亩永给为业。

三十二年议准：陕西招民垦荒，准予议叙。又题准：云南明代功庄田地照老荒地招垦，免其纳价。又题准：陕西西安、凤翔二府自西北至东二千里，遭荒流散，今招民垦种，每顷给牛具银五两；每亩谷种七合，计银一分四厘；每顷人工四名，给银八钱八分，均动支库项。饬令一年之内，将荒地垦种全完，流民招回复业。

四十一年覆准：山东荒废明藩基地，民人情愿纳价者，每亩纳银五两，给以印帖，守为恒业。

四十三年覆准：天津附近荒地开垦万亩，以为水田，将江南、闽粤等处水耕之人，出示招徕安插，计口授田，给予牛种，限年起科。又议准：各省垦荒田地，如有地方官隐匿入己，该抚不行严察，止据各州县捏报具题者，该督即行题参，并将不稽查之司道府官一并参处。

四十四年覆准：湖广、湖北所属荒地愿垦者，准其开垦，无力者本省文武官捐给牛种招垦，将垦过亩数具题议叙。

（二）延长起科年限

顺治年间，对开垦荒地的起科年限就曾从三年调整至六年，但由于战事吃紧和重建工作的紧迫，户部往往不按六年起科的规定执行，"原荒之田三年后起科，原熟而抛荒之田一年后供赋"①，并没有起到充分调动起农民垦种的积极性的作用。康熙七年（1668年），敕部议垦荒事宜，云南道御史徐旭龄言："国家生财之道，垦荒为要，乃行之二十余年而未见成效者，其患有三：一则科差太甚，而富民以有田为累；一则招徕无资而贫民以受田为苦；一则考成太宽而有司不以垦田为职。诚欲讲富国之效，则向议一例三年起科者非也。田有不等，必新荒者三年起科，积荒者五年起科，极荒者永不起科，则民力宽而垦者众矣。"②足见有识官员对起科年限的重要性还是很看重的。基于此，康熙年间对起科年限做了积极的调整。康熙十年（1672年）在三年起科的基础上准再宽一年，翌年令宽至六年，到康熙十二年（1673年），甚至敕谕户部，将起科年限放宽至十年。

十二年，谕户部：自古国家久安长治之模，莫不以足民为首务，必使田野开辟，盖藏有余，而又取之不尽其力，然后民气和乐，聿成丰亨豫大之休。现行垦荒定例，俱限六年起科。朕思小民拮据开荒，物力艰难，恐催科期迫，反致失业，朕心深为轸念。嗣后各省开垦荒地，俱再加宽限，通计十年起科。③

（三）扩大蠲免范围

清代蠲免之制自顺治年间起实行，一直是清王朝施行仁政的重要举措之一。而到康熙年间，这一制度得到了康熙帝的充分重视，据《清史稿》记载："圣祖尝读汉文帝蠲民田租诏，叹曰：'蠲租乃古今第一仁政，穷谷荒陬，皆沾实惠。然非宫廷力崇节俭，不能行此。'故在位六十年中，屡颁恩诏，有一年蠲及数省者，一省连蠲数年者，前后蠲除之数，殆逾万万。"康熙年间，始创巡行蠲免与普免之典，使蠲免范围与数目都大为增加。清人王

---

① 《清朝通典·田制》。
② 《清朝文献通考》，卷二，《田赋二》。
③ 《清朝文献通考》，卷二，《田赋二》。

庆云在其《石渠余纪》中讲述道：

康熙十年圣祖东巡，免跸路所经今年租。是为巡幸蠲免之始。……二十四年免河南、湖北今年租及来年之半，又免直隶、江南今年秋冬明年春夏之应纳者。二十五年免直隶、四川、贵州、湖广、福建明年额赋及今年赋之未入者。次年江苏、陕西亦如之。三载之内，布惠一周。后来普免之典，实肇于此。①

康熙朝规模最大的普免，当推康熙四十九年（1710 年）至五十一年（1712 年）间所推行的蠲免政策，其时的蠲免钱粮涉及所有的 19 个省区，共免 3206 万 4 千余两，近乎全国一年的总收入。终康熙一朝，全国共有 20 余省获免税粮、丁银、逋赋 545 次，总数不下 1 亿 4000 万两。②

二、"滋生人丁永不加赋"政策的出台

在一系列积极政策的推行下，康熙年间的垦荒数目及人丁增长都有了极大的提高。在人口方面，顺治十八年（1661 年），会计天下民数，有一千九百二十万三千二百三十三口。到康熙五十年（1711 年），已增加到二千四百六十二万一千三百二十四口。③ 而田土，顺治十八年（1661 年）总计天下田土共 549 万 3576 顷 40 亩，到康熙二十四年（1685 年）增加至 607 万 8430 顷 1 亩有奇。④ 同时，战争也逐渐结束，国家的稳定为各项措施的实施创造了有利的环境，人民也得以休养生息。

但是人口的激增与田土增加的缓慢形成了鲜明的对比，康熙四十八年（1709 年）十一月庚辰日，康熙对当时的形势进行了分析。

本朝自统一区宇以来，于今六十七八年矣。百姓俱享太平，生育日以繁庶。户口虽增，而土田并无所增，分一人之产供数家之用，其谋生焉能给

---

① 王庆云：《石渠余纪》，卷一，《纪蠲免》。
② 张研：《清代经济简史》，中州古籍出版社，1998 年，第 593 页。
③ 《清史稿·食货一·户口田制》。
④ 《清朝文献通考》，卷一、卷二，《田赋一》《田赋二》。

足。孟子曰：无恒产者无恒心，不可不为之筹也。①

可见，康熙帝对于国计民生之认识还是十分深刻的，虽然田土较顺治年间有很大幅度的增加，但尚不能满足日益增长的人口的需求，而一切赋役之征均由土地收入支出，丁银之征无疑是农民的沉重负担。同时，清初为了扩大赋税收入，在人口普查方面制定了严格的规范，隐匿、脱漏都要受到法律的制裁。② 而人丁的增加就意味着丁银额的增加，地方官的征收压力无形中就增大了，因此在户口的申报中，虽三令五申，仍不能杜绝地方官的隐匿。针对这种情况，康熙五十一年（1712 年），下谕：

朕览各省督抚奏编查人丁数目，并未将加增之数尽行开报。今海宇承平已久，户口日繁，若按现在人丁加征钱粮，实有不可。人丁虽增，地亩并未加广，应令直省督抚，将现今钱粮册内有名丁数，毋增毋减，永为定额。嗣后所生人丁，不必征收钱粮。编审时止将增出实数察明，另造册奏报。朕凡巡幸地方，所至询问，一户或有五六人止一人交纳钱粮，或有九丁十丁亦止一二人交纳钱粮。诘以余丁何事？咸云蒙皇上宏恩，并无差徭，共享安乐，优游闲居而已。此朕之访问甚晰者。前云南、贵州、广西、四川等省，槽叛逆之变，地方残坏，田亩抛荒，自平定以来，人民渐增，开垦无遗，山谷崎岖之地已无弃土。由此观之，民之生齿实繁。朕故欲知人丁之实数，不在加征钱粮也。今国帑充裕，屡岁蠲免，辄至千万。而国用所需，并无不足之虞。故将现征钱粮册内有名人丁，永为定数，嗣后所生人丁，免其加增钱粮。但将实数造册具报。岂特有益于民，亦一盛事也。直隶各省督抚及有司

---

① 《清圣祖实录》，卷二四〇。

② 据光绪《大清会典事例·户部六·户口》记载："顺治五年题准：三年一次编审天下户口。顺治十一年覆准：每三年编审之期，逐里逐甲查审均平，详载原额、新增、开除、实在、四柱、每名征银若干，造册报部，如有隐匿捏报，依律治罪。顺治十三年覆准五年编审一次。十四年定州县官编审户口，增丁至二千名以上，各予纪录。十五年议准：各省编审人丁，五年一次造册具题，于编审次年八月内到部，如不照限题报者，经管官照违限例议处；府州县编审年分，借名造册科派者，从重治罪，督抚不行参究，一并议处。康熙二年定州县增丁二千名以上者，督抚、布政司及道府俱准纪录。二十五年定：编审原限一年八个月，限期过宽，嗣后限一年岁底造报，州县将新增之丁隐匿不报者，照例参处。"

自编审人丁时，不将所生实数开明具报者，特恐加征钱粮，是以隐匿，不据实奏闻。岂知朕并不为加赋，止欲知实数耳。

可以说，康熙帝的此道谕令既是在经济发展的前提下所实施的仁政措施，亦是对当时人多地少和户口脱报现象的无奈选择，既然按丁征收已不可能，不如不去征收，既能笼络人心，又能解决弊政，可谓一举两得。

其后在康熙五十二年（1713 年），正式下诏：

嗣后编审增益人丁，止将滋生实数奏闻，其征收办粮但据五十年丁册，定为常额，续生人丁，永不加赋。

五十五年（1716 年）又出台了人丁抵补的办法。五十六年（1717 年）下达对滋生人丁的科派禁令。

五十五年覆准：新增人丁，钦奉恩旨永不加赋，令以新增人丁补足旧缺额数。除向系照地派丁外，其按人派丁者，如一户之内开除一丁，新增一丁，则以所增抵补所除。倘开除三丁，本户抵补不足，即以亲族之丁多者抵补。又不足，即以同甲同图之粮多者顶补。其余人丁归入滋生册内造报。

五十六年题准：续增人丁既不加赋，将增丁之州县官员议叙停止。又题准：如由州县将滋生人丁私行科派者，该督抚即行题参。①

至此，"滋生人丁永不加赋"的法令全面启动。虽然这一举措在当时有无奈之意，但我们还是无法否定它的积极作用。一方面它使丁银定额化，在一定程度上减轻了农民的负担，亦使州县官压力减轻，不致通过苛派完成增税。而更重要的是，它为"摊丁入亩"政策的推行创造了可行性。通过"滋生人丁永不加赋"政策的实施，丁税被固定下来，不再随人丁的增减而变化，完全可以随地征收，而随地征收则更为便利。雍正四年（1726 年），河南巡抚田文镜在题请本省摊丁的奏疏中说："丁、粮同属朝廷正供，派之于人与摊之于地均属可行，然与其派在人而多贫民之累，孰若摊在地而使赋役之平？况盛世人丁永不加赋，则丁银亦有一定之数，按地均输更易为力。"②

---

①　光绪《大清会典事例》，卷一五七，《户部六·户口》。

②　田文镜《抚豫宣化录》卷 2《题请豫省丁随地派疏》。转引自史志宏《论清代的摊丁入地》。

第三节　雍正整改与"摊丁入亩"

康熙在位六十一年，采取的是较为宽松的政治理念。这种政策虽在一定程度上缓解了社会矛盾，但也滋生了严重的腐败现象。据《清史稿·食货志》记述："圣祖在位六十年，政事务为宽大。不肖官吏，恒恃包荒，任意亏欠，上官亦曲相容隐，勒限追补，视为故事。"雍正即位前，就深知其弊，一即位，便开始了大刀阔斧的整改："谕户部、工部，嗣后奏销钱粮米石物价工料，必详加覆实，造册具奏。以少作多、以贱作贵、数目不符、覈估不实者，治罪。并令各督抚严行稽查所属亏空钱粮，限三年补足，毋得藉端掩饰，苛派民间。限满不完，从重治罪。"① 而此时距离康熙颁布"滋生人丁永不加赋"的政令已有十年之久，其弊病也日益显现。康熙五十五年（1716年），御史董之燧上疏称：

续生人丁永不加赋，皇上轸念民生高厚之恩，真有加无已！但现在人丁尚多偏苦，各省丁制亦有不同，有丁随地起者，丁从人起者。丁从地起者其法最善，而无知愚民每每急求售地，竟地卖而丁存。至丁从人起者，凡遇编审之年，富豪大户有嘱里书隐匿不报，而小户贫民尽入版册，无地纳税，亦属不堪，一切差役，俱照丁起派。田连阡陌坐享其逸，贫无立锥身任其劳。既役其身，复征其税，逃亡者有所不免。一遇逃亡，非亲族赔累，则国课虚悬，现在人丁之累也。嗣后既不增额，则有定数可稽，臣请敕部行文直隶各省地方官，确查各县地亩若干，统计地丁、人丁之银数若干，按亩均派。②

在这篇上疏中，董之燧提出了一个将对中国赋税制度产生极大冲击的改革方案，即推行"摊丁入亩"政策。据学者考证，"摊丁入亩"政策肇始于

---

① 《清史稿·食货二·赋役仓库》。
② 乾隆《江南通志》，卷六八，《食货》。转引自赵德馨主编：《中国经济通史》第八卷（上册），湖南人民出版社，2002 年 12 月，第 295 页。

明朝推行"一条鞭法"之后，乃为各地方政府解决丁役无着所采取的权宜之计。① 清初沿用明朝的"一条鞭法"，对丁银的征收也规定了严格的征收办法，然而编审制度的推行不利促使康熙颁布了"滋生人丁永不加赋"的政策，以期稳定丁银收入。但正如董之燧所言，这丝毫没有减轻普通小民的负担，反倒是"既役其身，复征其税"，仍无法制止逃亡的出现。清人王庆云在其《石渠余纪·纪丁随地起》中也称：

丁口之输赋也，其来旧矣。至我朝雍正间，因各疆吏奏请，以次摊入地亩，于是输纳征解，通谓之地丁，或曰丁随地起。是古来夫布之征，口率之赋，一切取之农夫。而户册所谓富民、市民者，拥资千万，食指千人，不服田亩，即公家一丝一粟之赋无与焉。臣以为此势之所趋，不得已也。昔杨炎并租调为两税，而丁口之庸钱并入焉。明嘉靖后行一条鞭，均徭里甲与两税为一，丁随地起非权舆于今日，亦曰通其变，使民不倦而已。我朝丁徭素薄，自康熙五十年定丁额之后，滋生者皆无赋之丁。凡旧时额丁之开除既难，必本户适有新添可补，则转移除补易至不公。惟均之于田，可以无额外之多取，而催科易集。其派丁多者，必其田多者也。其派丁少者，亦必有田者也。保甲无减匿，里户不逃亡，贫穷免敲扑，一举而数善备焉。

可见推行"摊丁入亩"政策乃是形势所趋，不得不为之。据光绪《大清会典事例·户口·清厘丁役》中记载："康熙五十五年议准：买卖地亩，其丁银有随地起者，即随地征丁。倘有地卖丁留，与受同罪。"这一法令的出台正是为了解决董之燧所提出的"地卖而丁存"问题。并于同年"议准：广东所属丁银，就各州县地亩分摊，每地赋银一两均摊丁银一钱六厘四毫有奇"②，从而拉开了清代"摊丁入亩"的大幕。

雍正元年（1723年），新皇帝即位不久，问题再一次被提出来。是年六月，山东巡抚黄炳以丁银不均，穷民"无力输将"为由，上折请求援照浙江一些州县"丁银俱随地办"之例，于山东仿行，"并请通饬北五省一体遵

---

① 参见郭松义《论"摊丁入地"》，载《清史论丛》第3辑，1982年。
② 光绪《大清会典事例》，卷一五七，《户部·户口·丁银摊征》。

行"。① 七月，直隶巡抚李维钧也上折请求摊丁，同时具题请旨。对这种变更祖制的请求，雍正帝一开始是持否定态度的，黄炳折即遭到了他的严厉申斥。但到李维钧上折，他的态度有了变化，不再坚决反对，只是说"此事尚可少缓。更张成例，似宜于丰年暇豫、民安物阜之时，以便熟讲利弊，期尽善尽美之效"②。嗣后，户部据李维钧之奏议覆请准。为昭慎重，再下九卿廷议。但九卿之议支吾其词，这激怒了雍正帝，下旨"照户部议行"。③ 这样，经过一番曲折，改革决定终于做出。当年十月，李维钧拟定了具体办法并得到批准。次年，直隶全省摊丁。

从雍正二年（1724 年）起，改革在全国展开。到雍正七年（1729 年），福建（二年）、山东（三年奏准，四年实行）、云南（三年奏准，四年实行）、浙江（四年）、河南（四年奏准，五年实行）、陕西（四年奏准，五年实行）、甘肃（四年奏准，五年实行）、四川（四年奏准，五年实行）、江西（五年）、广西（五年奏准，六年实行）、江苏（五年奏准，六年实行）、安徽（五年奏准，六年实行）、湖南（六年奏准，七年实行）、湖北（七年）等省继广东、直隶之后，也相继奏准并实行了摊丁，"地丁合一"基本上成了全国统一的赋税制度。以后，乾隆十二年（1747 年），福建台湾府丁银匀入官庄田园内征收。乾隆四十二年（1777 年），贵州仍丁地分征的贵阳等二十九府、厅、州、县一例改行"按亩摊征"。最后剩下的山西省，于雍正九年（1731 年）开始改革，以州县为单位分别进行，断断续续一直延续到光绪朝，虽步履蹒跚，终于完成。④ 边外的吉林、奉天等地，也在光绪年间实行。

在各地摊丁的过程中，除民丁银外，屯丁银、灶丁银及某些地方仍然征于人口的匠班银等人口税也都同时或稍后，摊入了地亩。此后，法令上不再有人口之征。当然各地仍存在着一些地方性、临时性的差役征发，但这只是

---

① 雍正《朱批谕旨》第 9 册，雍正元年六月初八日黄炳奏折。
② 雍正《朱批谕旨》第 5 册，雍正元年七月十二日李维钧折后朱批。
③ 《清世宗实录》，卷一一，雍正元年九月戊戌。
④ 山西摊丁改革的过程和情况，参见史志宏《山西省地丁合一完成的年代》，载《清史论丛》第 3 辑，1982 年；《山西摊丁入地若干问题辨析》，载《历史档案》1984 年 3 期。

徭役制度的残余形态。清代对于各种名目的差徭征调，历朝不断进行整理、改革，总的精神是裁革冗差、改力役为雇役、改差役折银向户丁或丁、粮派征为一律向地亩田赋派征，即实行赋役合并。摊丁入地以后的地方性差役，原则上都按地亩征派。

随着摊丁入地的实行，原来五年一举的人丁编审再没有意义，"徒滋小民繁费"。雍正四年（1726 年），直隶总督李绂上疏请改编审行保甲。乾隆五年（1740 年），命"停编审，以保甲丁额造册"，开始了基于保甲册报的"全国大小男妇"人口统计，于各朝实录每年的末尾附载其数。但是当时个别省份尚有"盐钞征派"，故编审并未全停。到乾隆三十七年（1772 年），因李翰之请，再次发布上谕，终于在全国停止了编审造册，"自是惟有漕卫所丁四年一编审而已"①。这样，封建国家束缚农民人身自由的丁役制度的最后一个标志，也从法律制度上消失了。

"摊丁入亩"政策的推行是中国赋税史上的一次质的飞跃，具有极大的进步意义。首先，"摊丁入亩"彻底打破了在中国历史上延续了两千多年的对人头征税的传统模式，有利于广大农民摆脱封建国家的人身束缚。同时，由于在法律上规定不再按丁派役，取消了征收丁役的户丁编审制度，广大农民具有了相对的人身自由，从而有利于资本主义雇佣关系的萌芽和发展，有利于提高农民对农业生产的积极性，并为工商业的发展提供了可靠的劳动后备军。而且实行地丁合一之后，人头税并入田亩，在法律上规定无地的农民和工商业者不再负担丁赋，亦在客观上有利于工商业的发展。其次，"摊丁入亩"按土地的单一标准收税，即以土地占有和占有多少作为赋税征收的依据，"田多则丁多，田少则丁少"，基本上取消了绅衿地主优免丁银的特权，对于均平赋税、减轻自耕农和一般无地贫民的负担，起到了一定作用。同时简化了税收的程序，相对减少了官吏对农民的剥削、掠夺和骚扰，减轻了农民的负担。再次，"摊丁入亩"对稳定国家赋税收入，促进社会经济发展起到了一定的积极作用。据史料记载，实行地丁银合并征收以后，国家赋税收

---

① 王庆云《石渠余纪》，卷三，《纪停编审》。

入大量增加，仅雍正二年（1724 年）的地丁银数即达到了 26，362，541 两，比顺治十八年（1661 年）的地丁银数增加了近五百万两；而乾隆十八年（1753 年）的地丁银数则上升到 29，611，201 两，粮食征缴达 8，406，422 石，分别比顺治十八年增加了八百多万两和二百多万石。① 农业生产的发展促进了人口的大量增加。据《清实录》统计，顺治十八年，清朝人丁数是 19，130，000，康熙五十年（1711 年）增为 24，620，000。这虽只是人丁数，不是人口总数，但人口的增加是非常明显的。乾隆六年（1741 年），按新的方法统计，全国人口总数达到一亿四千三百四十一万；至乾隆五十九年（1794 年），又增加到三亿一千三百二十八万，人口增长的速度是很惊人的。

　　"摊丁入亩"政策作为中国古代赋税史上的一个里程碑，它的起源虽然并非清代，但作为一项经济制度被以法律的形式确立下来却是在清代完成的。这既是当时社会经济发展状况的必然产物，亦体现了清王朝统治者的改革魄力。有学者称：　"从一条鞭法到摊丁入亩，应是中国古典税制的终结。"② 可见"摊丁入亩"的意义重大了。

---

① 《清朝文献通考》，卷一、卷三、卷四，《田赋考》。
② 郑仲兵：《中国古代赋税史料辑要·纪事篇》，中国税务出版社，2004 年，第 592 页。

第二篇

02

清代赋税法律制度的框架结构

清代的赋税法律制度起初基本沿袭明朝旧例，但随着时势的变迁，清代的赋税法律制度也随之发生了变化，在赋税征收的各个层面都有了自己独特的法律构建，从而形成了中国封建史上最为完备的赋税法律制度。在这一篇中，我们将就清代赋税法律制度的整体框架作一全面介绍。

第三章

赋税法律思想与赋税法律体系

清代统治者对赋税法律制度的重视比之前朝有过之而无不及，这不仅因为赋税在国家经济政治生活中有重要地位，更是因为清代作为一个后起的少数民族政权更善于总结前朝经验，无论在思想还是制度上都更注重取其精华，去其糟粕，从而制定了中国封建史上最为完善的赋税法律制度。

第一节　赋税法律思想

完善的立法需要正确的法律思想作指导，清代前期的统治者，尤其是顺治、康熙、雍正、乾隆四代，都十分注重赋税立法，在赋税法律思想上也形成了较为完善的体系，对赋税立法起到了良好的指导作用。

一、重视赋税立法

清入关后，面临的是百业凋零，经济一片衰败，赋税征收更因"赋税图籍多为流寇所毁"① 而毫无秩序可言。赋税立法成为清朝重整经济秩序亟待解决的首要问题。顺治元年（1644 年）七月，摄政王多尔衮颁布谕令，废除明末三饷和一切加派。十月初一，在顺治帝进入北京以后颁布的即位诏书中又规定："地亩钱粮俱照前朝会计录原额。自顺治元年五月初一日起，按亩

---

① 《清史稿·食货二·赋役仓库》。

征解。凡加派辽饷、剿饷、练饷、召买等项，悉行蠲免。"① 为清初混乱的赋税征收制定了基本的征收依据。然而由于战乱频仍，明时的赋税图籍大多已荡然无存，官吏征收无所依据，小民缴纳亦不知确切额度，只能听凭官吏肆意妄为。时任巡按御史的柳寅东就曾言："解京钱粮头绪纷杂，有一县正额止三千余两，而条分四十余项。有一项钱粮止一两六、七分钱而加费至二三十两，宜总计各款汇解，以免赔累。"山东抚臣方大猷亦言："钱粮款项宜清，并刻由单。俾熟地粮米实数定为一编，使民易晓。"而御史宁承勋以赋役之制未颁，官民无所遵守请敕所部，于赋役全书外给易知由单，一应无艺之征通行裁革，照恩诏内或全免、免半、免三分之一者刊定册书，令天下识所遵行。② 清初统治者也深刻地意识到赋税立法的不健全对经济发展的制约，顺治三年（1646年）四月，向主管国家赋税征收的户部颁布谕令：

国计民生首重财赋，明季私征滥派，民不聊生。朕救民水火，蠲者蠲，革者革，庶几轻徭薄赋，与民休息。而兵火之余，多藉口方策无存，增减任意，此皆贪官猾胥害已去籍，将朝廷德意何时下究？明季从蠹何时清厘？今特遣大学士冯铨前往尔部，与公英俄尔岱彻底察核，在京各衙门钱粮款项数目原额若干，现今作何收支销算；在外各直省钱粮，明季加派三项，蠲免若干，现在田土民间实种若干，应实征、起解、存留若干。在内责成各该管衙门，在外责成抚按，严核详稽，拟定赋役全书，进朕亲览，颁行天下。务期积弊一清，民生永久，称朕加惠元元至意。③

赋役全书的编纂和修订贯穿于清代整个历史，成为清代最主要的赋税立法，而历代的统治者对赋役全书的修订也表现出了格外的重视。康熙、雍正、乾隆、道光在位期间，均对赋役全书的内容进行了订正和补足。（详见下文"赋役全书的修订"）。在此基础上，清代又在赋税册籍的管理和赋税方法的运用上进行了多次改进，以期通过立法手段既保证赋税的科征，又杜绝乱行征收摊派。《清史稿·食货志》对顺治年间所采取的赋税册籍做了这样

① 《清世祖实录》，卷九，顺治元年十月上甲子。
② 《清朝文献通考》，卷一，《田赋考》。
③ 《清世祖实录》，卷二五，顺治三年四月壬寅。

的记述：

赋税册籍，有丈量册，又称鱼鳞册，详载上中下田则。有黄册，岁记户口登耗，与赋役全书相表里。有赤历，令百姓自登纳数，上之布政司，岁终磨对。有会计册，备载州县正项本折钱粮，註明解部年月。复采用明万历一条鞭法。一条鞭者，以府、州、县一岁中夏税秋粮存留起运之额，均徭里甲土贡雇募加银之额，通为一条，总徵而均支之。至运输给募，皆官为支拨，而民不与焉。颁易知由单于各花户。由单之式，每州县开列上中下则，正杂本折钱粮，末缀总数，于开徵一月前颁之。又佐以截票、印簿、循环簿及粮册、奏销册。截票者，列地丁钱粮实数，分为十限，月完一分，完则截之，钤印于票面，就印字中分，官民各执其半，即所谓串票也。印簿者，由布政司颁发，令州县纳户亲填入簿，季冬缴司报部。循环簿者，照赋役全书款项，以缓急判其先后，按月循环徵收。粮册者，造各区纳户花名细数，与一甲总额相符。奏销册者，合通省钱粮完欠支解存留之款，汇造清册，岁终报部核销。定制可谓周且悉矣。

如果说赋役全书主要是针对田赋征收所颁布的法律条文，那么自乾隆朝开始修订的《钦定户部则例》则是一部较为全面地涉及赋税征收的法典。虽然《户部则例》并非单纯规定赋税征收的法律，但由于赋税征收为户部最主要的职掌之一，因此《户部则例》以非常多的篇幅规定了赋税征收方面的条例，其内容涉及田赋、漕运、盐法、茶法、参课、关税等多项税收，并详细列出了各关税则，从各方面规范了清代的赋税征收。

在清代颁布的其他法典中，如《大清律例》《大清会典》中也都涉及赋税征收。如《大清律例·户律》中对匿税、揽纳税粮、多收税粮、隐匿费用税粮课物等违法行为都做出了处罚规定。而《大清会典》则对赋税体系、赋税管理机构等进行了相应规定。

应当说，有清一代对赋税征收的立法是全方位的，无论是国家大典，还是部门则例，都对其做出了详尽规定，可谓面面俱到，这是前朝所不能比拟的。

二、轻徭薄赋

中国古代的轻徭薄赋思想形成于春秋战国时期。春秋战国时期是中国由奴隶社会向封建社会转变的时期，也是中国古代出现第一次思想大解放的时期，"百家争鸣"的局面成就了思想领域的更新与进步，在逐步认识到民众对国家的重要性后，主张薄赋，反对横征暴敛几乎成为所有开明政治家和思想家的共同主张。在统治者中开薄敛之先河者首推晋文公。《国语·晋语四》载晋文公继位伊始，即"弃责薄敛，施舍分寡。救乏振滞，匡困资无。轻关易道，通商宽农。懋穑劝分，省用足财。利器明德，以厚民性"，从而成就了晋国的称霸诸侯。春秋末年的越王勾践也在越国"轻其赋征，施民所善，去民所恶，身自约也，裕其众庶"①，最终扭转了贫弱的局面，战胜了吴国，成为春秋五霸之一。而儒家创始人孔子则以"苛政猛于虎"② 来抨击横征暴敛，提倡轻徭薄赋。其继承者孟子则提出了较为系统的薄敛主张，指出："易其田畴，薄其税敛，民可使富也。"③ 并提出什一税率乃为最适合之税率，高于这个标准就是"大桀小桀"的暴政，低于这个标准就是"大貉小貉"的貉道，都是必须反对的。④

西汉时期，儒家学说的另一继承者董仲舒成功说服汉武帝"罢黜百家，独尊儒术"，从而成就了儒家思想在中国思想界两千多年的统治地位。董仲舒在赋税征敛上亦坚持轻徭薄赋思想。《汉书·食货志》记载，董仲舒向皇帝进言："古者税民不过什一，其求易共；使民不过三日，其力易足。……薄赋敛，省徭役，以宽民力。然后可善治也。"伴随着儒家思想统治地位的逐步确立，轻徭薄赋思想也成为历朝历代统治者在制定赋税法律时的指导思想。尤其是在开国之初，这一思想通常能够得到很好的贯彻和执行。如汉初所实施的"什五税一""三十税一"，隋唐所实施的赋税减免政策，其所依循

---

① 《国语·吴语》。
② 《论语·檀弓下》。
③ 《孟子·尽心上》。
④ 《孟子·告子下》。

的都是轻徭薄赋的基本思想。轻徭薄赋作为中国古代统治者笼络民心、稳定社会秩序、促进经济发展的重要手段，成为赋税立法的基本指导思想。

清代统治者对前朝，尤其是明朝的统治思想有非常深入的研究，对于其覆灭更有着切身的体会，因此入关之初就颁布了"废除明季三饷"的谕令，以体现宽恤民人的政治主张。在其谕令中明确指出："尝闻德惟善政，政在养民。养民之道必省刑罚、薄赋敛，然后风俗醇而民生遂。"① 在编纂赋役全书的谕令中又再次重申："国计民生首重财赋，明季私征滥派，民不聊生。朕救民水火，蠲者蠲，革者革，庶几轻徭薄赋，与民休息。"② 康熙继位之后，为取得民心，巩固政权，采取了崇尚宽仁的治政方针，他曾明确指出："宽则得众，治天下之道，以宽为本。"③ 而这一政策体现在赋税征收上，不外乎采取宽赋政策。康熙帝在经济方面所实施的几大举措都在一定程度上减轻了农民的赋税负担。如变"藩田"为"更名田"，改变了"藩田"既交租银，又纳田赋的双重纳税局面；对开垦土地课征年限由三年延至十年，提高了农民垦荒的积极性。康熙五十一年更是下诏颁布了"滋生人丁永不加赋"的法令，将人头税固定下来，对人口增长和农民负担的减轻都起到了很好的促进作用。之后的雍正帝更是一位励精图治的帝王，即位之初就在赋税制度上进行了大刀阔斧的整改，清厘亏空，整顿吏治，推行"摊丁入亩"政策，极大地增加和稳定了国家赋税收入。在赋税思想上，雍正也多次强调不得任意苛索，滋扰民众，要以民生为重，实行轻徭薄赋。雍正元年七月，他在给户部的上谕中称，即位之后，"勤于民瘼，事无巨细，必延访体察，务期利民，而于征收钱粮尤为留意，惟恐闾阎滋扰，此念时切于怀"④。而早在雍正元年辛巳日，他就向总督、巡抚、布政司、道员、知府、知州、知县分别发布谕令，要求他们恪尽职守，尤其强调在钱粮征收方面不得任意苛索。⑤

① 《清世祖实录》，卷六，顺治元年七月壬寅。
② 《清世祖实录》，卷二五，顺治三年四月壬寅。
③ 《康熙政要》，卷二。
④ 《清世宗实录》，卷九，雍正元年七月乙丑。
⑤ 《清世宗实录》，卷三。

清代所推崇的轻徭薄赋思想的另一重要体现是蠲免政策的推行。蠲免制度虽是历朝统治者都采取的一种宽赋政策，但其实行的力度和广泛性都远远不及清代。据《清朝文献通考》记载：

世祖章皇帝甫定中原，凡故明加派以及荒阙诸赋，亦既除洗无余矣。圣祖仁皇帝御极之五十二年，诏天下丁赋，据五十年丁册为额，永不加增。世宗宪皇帝念江南之苏、松，浙江之嘉、湖，赋额较重，清厘减免。我皇上善继善述，后蠲除共六十余万两。乃左藏之充盈，嘉民生之悦豫，畅兹偕乐。益茂隆施，则康熙三十五年、五十年，雍正八年，乾隆之十有一年、三十一年、三十五年、四十三年，赐复蠲租，普周四海。他如恭遇国家庆典，銮辂时巡，随地随时，除遣免赋。①

蠲免制度始自顺治朝，为后世所沿用，尤其是在康熙朝、乾隆朝得到广泛运用，不仅延续了前朝的灾蠲、恩蠲，更开展了大规模的普免活动，这是历朝所不能比拟的。难怪《清史稿·食货志》的编纂者这样感慨道："逮康、乾之世，国富民殷。凡滋生人丁，永不加赋，又普免天下租税，至再至三。呜呼，古未有也。"

三、因时立法

中国古代社会虽然处于一个相对封闭的发展空间，但它的发展并不是停滞不前的，伴随着社会生产力的不断进步和发展，经济上的革新始终没有停止过。而作为国家经济主要调节杠杆的赋税法律制度也随之发生着重大的变革。

春秋时期是中国奴隶制社会向封建社会转变的历史时期，生产力水平的迅速提高引发了中国历史上第一轮赋税制度的大变革。齐国的"相地而衰征"，晋国的"作爰田""作州兵"，鲁国的"初税亩""作丘甲""用田赋"，楚国的"书土田""量入修赋"，郑国的"作封洫""作丘赋"等都是对赋税制度所作的重大变革。这些制度通过谕令的形式公布，在各国普遍推

---

① 《清朝文献通考》，卷三九，《国用一》。

行，促进了以井田制为主干的土地国有制的瓦解和封建生产关系土地私有权的确立。而随着成文法的公布，这些赋税制度被以法律形式确认下来，初步完成了封建化的历程。战国时期各国又纷纷开展变法运动，巩固了已建立起来的封建赋税法律制度。

在中国长达两千多年的封建社会发展历程中，法随时变、因时立法始终是立法活动的指导思想之一，在赋税法律制度上表现得尤为突出。历代新建的王朝统治者，在立法之初，通常都会借鉴前朝的经验教训，取其精华，去其糟粕，进行必要的法制改革，建立起更加适应社会发展的赋税法律制度。而在国家经济出现危机、社会出现动荡的时候，各朝首先考虑的亦是改革赋税制度，在保证国家机器正常运转所必需的物资来源的同时，安抚民心，稳定社会经济秩序。从汉初的轻徭薄赋到曹魏推行的"租调制"，再到唐朝的"两税法"、宋朝的"方田均税法"、明朝的"一条鞭法"，或在该朝建立之初，或在立国之后，这些赋税制度的变革年代虽相去甚远，但缘由却大同小异，无非是增加国家收入，促进社会经济发展。经济基础对于一个国家的重要性在以赋税收入为国家主要财政收入的封建社会而言，自然会通过赋税制度的调整表现出来，而这些调整也必然要得到国家法律的支持和保证实施。

清朝立国之初，就以颁布"废除明季三饷"之策拉开了赋税改革的序幕。虽然在赋税征收上，清代基本沿用了明代的"一条鞭法"，但在实际运用上更善于总结和改进。康熙五十一年，随着社会的稳定和经济的发展，康熙帝颁布了"滋生人丁永不加赋"的法令，为解决困扰已久的丁银征收问题打下了良好的基础，到雍正年间推行"摊丁入亩"，将丁银逐步摊入地亩中征收，从而彻底改变了中国古代运行了两千多年的按人头征税的历史。这次改革是中国赋税史上一次里程碑式的改革，也是清代统治者审时度势，顺应历史发展的必然选择。

清代赋税立法因时而变的另一个重要表现是其赋税征收方法的变革。清初的赋税征收方法沿袭的是明代的"易知由单法"，但在实行的过程中难以避免地出现了官吏克扣、借口增减的现象，为了杜绝赋税征收中所出现的不法行为，清代相继创立了"自封投柜法""截票法""联单法""滚单法"等新的催收方法，而每一种方法都是根据时势的变化创立的。如"联单法"的变化就很清晰地说明了这一点。据《清史稿·食货志》记载，各州县催征钱粮先是实行的"二联串票"，由官民分执，但是"不肖有司勾结奸胥，以已完作未完，多征作少征，弊窦日滋"，于是改行"三联串票"，"一存有司，一付役应比，一付民执照"。其后更是推行"四联串票"，"一送府，一存根，一给花户，一于完粮时令花户别投一柜以销欠"。

同时清代对赋税册籍的应用亦凸显了其对时势的审度。如康熙七年停止黄册和会计册的刊行，其原因是"以各省岁终奏报，有奏销册开载地丁款项数目，有考成册开列已完未完数目，又五年编审造送丁口增减册籍，立法已属详尽，其十年一造黄册及每年造会计册繁费无益，并令停止"，既简化了法律程序，又降低了编纂成本，可谓一举两得。

四、严法治吏

严法治吏是中国传统法律思想的一大特色。早在战国时期，法家集大成者韩非子就提出了"明主治吏不治民"的著名论断。儒学大家荀子亦提出了"有治人，无治法""法不能自立，……得其人则存，失其人则亡"① 的观点。历代统治者将这些思想奉为治政之圭臬，在立法时都十分注重治官之法的订立，体现在赋税征收上，则是加重对贪官污吏的惩处力度。正如王安石所指出的："理天下之财者法，守天下之财者吏也。吏不良，则有法而莫守；法不善，则有财而莫理"，② 官吏的腐化会严重破坏国家正常的经济运行秩序，甚至因此而丧国，每一个朝代的覆灭都与官吏腐化、横征暴敛、赋税制度混乱有着密切的关系。因此各朝均以严法惩治贪污，而最为突出的莫过于明太祖朱元璋。《明史·刑法志》记载："太祖开国之初，惩元季贪冒，重绳赃吏，揭诸司犯法者于申明亭以示戒。又命刑部，凡官吏有犯，宥罪复职，书过榜其门，使自省。不悛，论如律。累颁犯谕、戒谕、榜谕，悉象以刑，诰示天下。及十八年《大诰》成，序之曰：'诸司敢不急公而务私者，必穷

① 《荀子·君道》。
② 《王临川全集》，卷三二。

搜其原而罪之.'"《明大诰》是朱元璋御制的以惩治贪官污吏为主要内容的一部法外之法,其中所列的一些酷刑是《大明律》中所不曾提及的,而且量刑均比《大明律》重。如按《明律》:"不枉法赃",罪不至死,但《大诰》中官吏犯"不枉法赃",被凌迟、枭首者极多。再如,按《明律》,收粮违限杖一百,而《大诰》则规定要凌迟处死。然而重法酷刑并不能从根本上根治官吏的贪污现象,明朝末年,官吏苛索,肆意加派,最终激起民怨,导致了明王朝的覆灭。

清继明而起,对明朝的衰败有切身的体会,在废除明季三饷的谕令中就明确规定:"如有官吏朦胧混征暗派者,察实纠参,必杀无赦,倘纵容不举,即与同坐。各巡按、御史作速叱驭登途,亲自问民疾苦。凡境内贪官污吏,加耗受赇等事,朝闻夕奏,毋得少稽。"①而对于官吏在赋税征收上的作用问题,清代统治者也有清醒的认识。雍正帝就曾指出:"治赋在乎得人,除弊方能立政。"②这一思想体现在立法中,主要有两个方面,一是加强对官吏的监督考成力度,一是严惩贪污受贿行为。清代在赋税方面的考成制度可谓详尽而周密,根据《钦定户部则例》的规定,对征税官的考成涉及征收、起解、奏销等各个方面,对每一种税目征收都规定了严格的考成制度。而光绪《大清会典事例》中的《吏部·处分例》中涉及的赋税征收方面的官吏处分例也多达十卷内容。在惩治贪污方面,清朝历代统治者都采取了严刑重法的态度。顺治期间曾多次颁诏严禁官吏肆意加派,苦累人民。康熙帝对于"诈索害民","借端营私"的贪劣官吏,"定行严加处分"③。雍正三年,则定例:"凡侵盗钱粮入己,自一千两以下仍照监守自盗律拟斩,准徒五年;数满一千两以上者,拟斩监候,秋后处决,遇赦不准援免。"④ 乾隆期间,执法惩贪更以严为主。《清史稿·列传一百二十六》称:"高宗谴诸贪吏,身大辟,家藉没,僇及于子孙,凡所连染,穷治不稍贷,可谓严矣。"

---

① 《清世祖实录》,卷六,顺治元年七月壬寅。
② 《清朝文献通考》,卷三,《田赋三》。
③ 《清圣祖实录》,卷二三六。
④ 光绪《大清会典事例》卷七八一。

第二节　赋税法律体系

一、清代赋税法律体系的构成

在现代法律体系中，当我们谈到税法的构成体系时，通常包括税收基本法、税收实体法、税收程序法和税收救济法。税收基本法是税法体系中最重要的法律，规范税收活动的基本问题和基本原则，是税收立法、执法、司法的基本依据。税收实体法是进行税收执法、司法活动，进行具体操作，实施征收管理的依据，通常是以单行法律、法规的形式表现，分门别类地调整各种税收关系。税收程序法是调整税收征收管理关系的法律规范，主要包括税务登记、纳税申报、纳税鉴定、税款征收、账务管理、票证管理、税务检查、违法处理等。税收救济法是调整税务争议和税务纠纷关系的法律规范，主要包括税务行政复议、税务行政诉讼、税务行政处罚和税务行政赔偿等有关的法律、法规。但是在清代赋税法律体系中，我们不可能找到如此明确的体系划分，实体法与程序法往往规定于同一部法律或法规之中。如在《户部则例》中，我们既可以找到赋税征收的具体操作规定，亦可以找到税务检查、违法处理等有关征收程序方面的规定。因此，我们仅能按照赋税法律的表现形式，即法律渊源对其进行归类，而究竟是程序还是实体方面的规范，也只能在具体的法律条文中加以析别了。

（一）规范赋税征收的基本法典与部门性法规

清代有关赋税征收的基本法典除《赋役全书》是完全的赋税征收法则外，其余均为赋税征收中仅作为其中一部分的或行政、或刑事的法典，如《大清律例》《大清会典》等。这些法典均不同程度地规定了与赋税征收有关的税目、税额、征收程序、违法处理、税收监督等内容，既包括税收基本法方面的规范，亦包括税收实体法、税收程序法与税收救济法方面的规范。但我们又不能将其简单地列为是税收基本法或税收实体法，因为在中国古代"诸法合体，民刑不分"的法典编撰形式下，用现代的法律体系划分方法套用显然过于牵强，因此我们在此将其称为规范赋税征收的基本法典。另外清代还针对户部职掌制定了一部部门性法规——《户部则例》，赋税征收是其中很重要的一部分，也是我们在探讨清代赋税法律制度时要重点研究的法律规范。

（二）赋税征收的单行性法规

清代虽制定有赋税征收的基本法则《赋役全书》，但《赋役全书》的内容是以田赋、丁银为主的，虽然也涉及杂税的征收，可规定较为粗糙。因此，清朝历代都出台了一些单行性税法，以调整具体的税收征收关系。这些单行性法律规范主要是针对工商杂税制定的，以补充《赋役全书》的不足。现根据《清朝文献通考》的记载，将其列表如下。[①]

表1　清代赋税征收单行性法规一览表

税目名称	朝代	年代	法规名称
盐税	顺治	元年	长芦盐法十四事
		二年	河南、江北、江南等处盐课征解例
	康熙	二十二年	议修撰漕运、盐法二书
		五十年	定两浙盐差交代之期
	雍正	二年	广西盐法
		五年	滇盐减价增薪之例
		六年	议准福建督臣条奏盐政五事；定浙省玉环各岙征收渔盐税银例；定私枭连坐之法；议准两淮盐场设立灶长、保甲以清盐政；定淮北晒扫余盐商买配运例
		八年	定川省盐引行销分别纳课例
		十三年	议准直省盐法四条

① 《漕运全书》是清代规范漕运的单行性法规，但由于其地位的特殊性，我们将在下文中作具体介绍，这里就不单独列出了。

续表

税目名称		朝代	年代	法规名称
盐税		乾隆	元年	议准浙江盐务四条；定渔户领盐例；定浙江增觔改引例
			七年	定福建盐务归水商办理并定该省行盐引额
			十年	议准两广盐法八条
			十二年	定淮盐运楚限期并建常平仓于汉口镇
			十六年	议准滇省盐政五条
			二十三年	定两广盐务章程
			二十六年	议准筹办河东盐务事宜；议定两淮盐法七条
茶税		顺治	元年	甘肃省定易马例*
			二年	定陕西茶马事例
			七年	定陕西茶引从部颁发例
		雍正	八年	定川茶征税例
矿税		康熙	十四年	定开采铜铅之例
			十九年	定云南铅厂通商之例
关税	常关税	顺治	二年	定芜湖等四关抽分例
			四年	定闽浙收税例
				定张家口等处关口开塞事宜
			六年	严禁各关差收税例外多收
			十八年	定张家口、杀虎口两翼税额
		康熙	五年	议准刊刻关税条例，竖立木榜于直省关口孔道，晓谕商民
		雍正	六年	敕定各关征税则例
		乾隆	元年	定各省税课则例
			九年	定湖南宝庆口岸收税则例
			十三年	定广东太平关收税则例
			十五年	定古北口征收斗税则例

续表

税目名称		朝代	年代	法规名称
关税	海关税	康熙	二十三年	定开海征税则例
			二十四年	酌减洋船丈抽之例
			二十八年	定江浙闽广四省海关征税之例
		乾隆	二十二年	更定浙江海关洋船税例
市税	落地税	雍正	七年	以核实落地税银申饬各省大小臣工
			八年	定征收落地税银搜求溢额议处之例
	当税	顺治	九年	定直省典铺税例
		康熙	三年	当铺征税则*
			十五年	京城行铺征税例*
		雍正	六年	当帖规则*
	牙税	康熙	四十八年	除革私设牙行
		雍正	十一年	饬令各省额设牙帖报部存案
		乾隆	五年	定清厘牙行之例
			六年	革除牙税积弊
			二十五年	定湖广汉口等镇牙行税额
市税	契税	顺治	四年	契尾之法*
		雍正	十三年	禁止契尾契根之法并停征收税课议叙之例
		乾隆	元年	复各省契尾旧例
			十四年	更定税契之法
			三十一年	定税契申送道府直隶州查验之例
芦课		顺治	九年	定芦课五年丈量例
			十八年	清查各省芦政
		康熙	十年	准江南、江西、湖广等省芦课钱粮归并地方官管理
		乾隆	二十年	定芦洲地亩坍户依次拨补之例
渔课		乾隆	元年	定闽省征收渔船课税例

注：以上除标有"*"者摘录于光绪《大清会典事例》外，其余皆摘录自《清朝文献通考·征榷考》。

（三）关于赋税征收的诏谕令

皇帝的诏谕令在封建专制集权的政治制度下一直具有法律效力，甚至在某些时候效力更甚于国家正式立法，这是专制集权主义的必然结果，清代也不例外。清前期的皇帝总体来说还是比较勤政的，因此其所下达的诏谕令对社会政治经济还是起到了一定积极作用，在赋税方面的体现尤为突出。清代历次赋税制度的变革都是通过皇帝颁布诏谕令来完成的。如"废除明季三饷"是摄政王多尔衮的谕令；"滋生人丁永不加赋"来自康熙帝的诏令；而"摊丁入亩"政策的推行也是由雍正帝颁布谕令实现的。皇帝的诏谕令也涉及赋税征收的具体问题。如康熙九年（1670年），两淮巡盐御史席特纳、徐旭龄上疏言两淮积弊有六大苦，掣挚（抽取）有三大弊，揭露各地方官吏层层抽取盐利，敲诈勒索，或官商勾结，虚填夹带，逾额运销。康熙下旨，"禁止两淮运盐，额外私派，及淮盐掣挚弊端"，并定例："凡桥所掣挚，溢斤割没，少者三四斤，多者七八斤，不得逾额。如夹带过多，掣官虚填太重者，商则计引科罪，官则计斤坐赃，则掣验公而国法信。"①并将此例勒石于桥所及经过之关津口岸，成为重要的盐业法规。清朝历代关于赋税征收的诏谕令甚多，充分显示了清统治者对于赋税征收的重视程度。我们在后文具体制度的介绍中还会有所涉及。

（四）宗法族规中有关赋税征收的内容

从严格意义上讲，宗法族规并不能算是国家的立法活动，它只是民间规范本宗族内部事务的习惯性规范而已。然而中国古代特殊的发展进程使得宗法制度这个本属于奴隶社会主要内容的制度在封建制度下非但没有消亡，反而更加兴旺，尤其在两宋时期，宗族制度得到了极大发展，宗法族规也已超越了一族范围，成为封建统治者束缚人民的法外之法。到了清代，族规更加规范化、体系化，在社会生活中作用也远远超出以前各代。因此在这里作一简单介绍。族规作为国家法律的补充，与国家法律的作用基本一致，这不仅表现在通过维持宗族秩序而收维持国家秩序的实效，同时还表现在直接规定

---

① 《清朝文献通考》，卷二八，《征榷三·盐》；另见《清史稿·食货四·盐法》。

宗族成员必须依照国家法律，尽自己编民之义务，否则，行为人于国法追究之外仍得受族规的处罚。国家编户农民对国家应尽义务首要之条为完粮纳税，应役出差。因此各地族规大都设有"急征课""供赋税""重国课""尽输纳"专条，要求族众"科条无犯，钱粮早输"，明确规定，族内成员必须按国家规定的期限、数量、品种和质量，完成课税差役任务，不得延误，否则给以族罚。如香山戴氏宗族规定："钱漕乃天庾正供，凡族中有田亩者，每年夏税秋粮，早为完纳，毋得逋欠致干差追。如有违抗，概治以家法，并速令清完。"[①] 湘潭《陈氏家规》列"尽输纳"为首条："每岁国课尤宜及时早完，饬令输纳。"[②]

二、清代主要赋税法律的沿革与内容

（一）《赋役全书》

1. 《赋役全书》的修订与沿革

《赋役全书》是清代为征收赋税所制定的基本法则，因循自明代，是有清一代征收田赋、丁银最根本的依据。

清代入关之初，百废凋零，社会经济遭到严重破坏，赋税征收更是一盘散沙。其时的有识之官深刻认识到赋税征收对国家正常运转的重要性，纷纷上疏请求"定经赋""议国用"。[③] 而"定经赋"的首要任务就是拟定赋税征收的依据，即编纂《赋役全书》。《赋役全书》始编于明初，当时称为赋役黄册。《明史·食货志·赋役》中记述："（太祖）即位之初，定赋役法，一以黄册为准。册有丁有田，丁有役，田有租。租曰夏税，曰秋粮，凡二等。夏税无过八月，秋粮无过明年二月。丁曰成丁，曰未成丁，凡二等。民始生，籍其名曰不成丁，年十六曰成丁。成丁而役，六十而免。又有职役优免者，

---

① 安徽桐城《香山戴氏家谱》卷首，《计开条规》。转引自张晋藩主编：《中国法制通史》（第八卷·清），法律出版社，1999 年，第 264 页。

② 河南湘潭《白沙陈氏支谱》卷首，《家规》。转引自张晋藩主编：《中国法制通史》（第八卷·清），法律出版社，1999 年，第 264 页。

③ 《清世祖实录》，卷五。

役曰里甲，曰均徭，曰杂泛，凡三等。以户计曰甲役，以丁计曰徭役，上命非时曰杂役，皆有力役，有雇役。府州县验册丁口多寡，事产厚薄，以均适其力。"可见《赋役全书》乃为征收田赋、丁银的主要依据。而这两项收入始终是封建时期的正赋收入，在赋税收入中占据着统治地位。因此赋役全书的编纂无疑是确保国家赋税收入的首要之选。顺治元年（1644年）十一月，山东道监察御史宁承勋上疏指出"赋役之制未颁，官民无所遵守"，应当命令户部"著定书册，刊布海内"，使"州县有司遵照条规，户给易知由单，庶愚民尽晓，而永遵良规矣"。①顺治三年（1646年）四月，摄政王多尔衮正式谕令户部办理赋役全书的编纂事宜："国计民生首重财赋，明季私征滥派，民不聊生。朕救民水火，蠲者蠲，革者革，庶几轻徭薄赋，与民休息。而兵火之后，多藉口方册无存，增减任意，此皆贪墨官胥恶，害已而去籍，使朝廷德意无由下究。特遣大学士冯铨与公英俄尔岱往尔部，彻底察核。在内责成各该管衙门，在外责成抚按，将钱粮数目原额严核详稽，汇造赋役全书，封进御览。"② 而《赋役全书》的内容则以明万历年间为基准。③

《赋役全书》自顺治三年（1646年）开始修订，陆陆续续编纂了数年，直至顺治十四年（1657年）才初见眉目，其间多次订正，不断完善和改进。史载：

（顺治）④ 九年覆准：令督抚各饬所属州县，每岁终造荒田有无开垦，户口有无加增，订入全书，责令布政使司刊造，某项系明末加增应去，某项系原额应存，每州县各发二本，一存户房，备有司查考，一存学宫，俾士民检阅。十一年覆准：赋役全书开载州县田土户口赋役，有关国计民生，由部会同户科酌定，务期永远遵行。十四年题准：订正全书，如地丁先开原额，继开荒亡，地丁既清，次开实征，又次开起存。如起运则分别部寺仓口，存

---

① 《清世祖实录》，卷一一，
② 《清朝文献通考》卷一，《田赋一》。另见《清世祖实录》卷二五。
③ 《清史稿·食货志》："顺治三年，谕户部稽覈钱粮原额，汇为《赋役全书》，悉复明万历间之旧。"
④ 光绪：《大清会典事例》，卷一七七，《户部二六·田赋·赋役全书》。

留则详载款项细数。九厘银原系明时额数，旧书未载，今应补入。宗禄银昔入存留，今改起运。漕白二粮，确稽旧额，运丁行月遵议均平。衬甲盔甲昔解本色，今均改折。南粮本折，昔留南京，今抵军需。官员经费，定有新规，会议裁冗，改归正项。本色绢布颜料银硃铜锡茶蜡等项，已经改折者，照督抚题定价值开列；仍解本色者，照旧载价值，如数办解。务令纲目毕张，总散相符，后有续增地丁，督抚岁终汇题，听部查覈。又覆准：督抚以开垦田地招徕人民，具题续入全书者，将花名亩数备细造报。

　　顺治之后的历代皇帝对赋役全书的修订都非常重视，屡次颁诏更正和补足，使其在内容上更易操作和顺应时代潮流。特别是在康熙二十四年（1685年），还因赋役全书颁布已有二十余年，条目繁多，易于混淆，而下令重修，止载起运存留漕项河工等切要数目，删去丝秒以下尾数，以除吏胥飞洒奇驳之弊。但在二十七年（1688年）编纂完成之后，又因旧赋役全书遵行年久，每年增减地丁银米数目皆有各年奏销册籍可稽，新编全书遂停其颁发。雍正十二年（1734年）奏准：“直省赋役全书悉以雍正十二年为准，凡额征地丁钱粮、商牙课税内，应支官役俸工、驿站料价以及应解本折绢布颜料银硃铜锡茶蜡等项，各分析原额、新增、开除、实在并司府州县卫所总散数目，详细考覈，纂辑成书送部。”乾隆三十年（1765年）奏准：“赋役全书开载额征正杂钱粮及应支俸工料价等项，其不经名目不一而足，最明白简便者莫如奏销一册。前列山地、田荡、版荒新垦，次列三门九则、额征本折、地丁起解留支。一经开册，了如指掌。此书大指，即其张本。嗣后刊刻全书，均以奏销所开条款为式，每逢应修之年，止将十年内新垦新坍各总数添注于下，其余不经名目，一概删除。”道光十四年（1834年）覆准：“直省赋役全书由布政司刊造，各以奏销册现开条款为式，毋得沿载不经名目。每十年修辑一次。至修辑之年，各厅州县卫俟次年奏销办竣起限至十二月底止，陆续造送该管道府直隶州汇齐，限六个月送司。布政司酌量抽换，刊刷送部。如有造送迟延，均照例分别议处。”①

----

① 光绪《大清会典事例》，卷一七七，《户部二六·田赋·赋役全书》。

2. 《赋役全书》的结构与内容

《赋役全书》是清代征收地丁正赋的首要依据，因此在编纂之初对其结构与内容的要求是十分严格的。曾经参与浙江省赋役全书编纂工作的李之芳在其《赋役详稿》中写道："况当开代，百度维新，爰勒全书永昭，令式一成而不可变，故于更始之日必求其详且尽也。"① 但由于《赋役全书》是以省为单位进行编纂的，而省亦是根据所属府州县的上报为依据进行编纂的，因此在编纂的过程中并非如立法所述的那么规范与系统。1918 年，当时的京师图书馆在进行赋役全书底册的清查时曾在按语中写道：②

有清一代赋役全书之编，本禹贡则壤成赋，周官体国经野之遗意，参酌考订，汇辑成书。其凡例首开户口，次及土田正供、杂税、存留起运，一切款项悉载是书。始刊于顺治，再刊于康熙、雍正，自乾隆元年以后每十年敕各省督抚将该省所有户口之增减、土田之沧桑、正供杂税之豁免增减、道府州县之更名易属，详查细核呈报一次。故书之繁复无过，于是册数之多寡年年有异，版本之大小省省不同，编辑方法类于表册。每部开端只载顺治十四年上谕一道，既不载凡例，又不注年月。

而笔者所查阅的雍正十二年（1734 年）所编纂的《山西省赋役全书》和嘉庆二十五年（1820 年）至道光十五年（1834 年）的《河南省赋役全书》体例亦有所不同。由山西大学图书馆影印的一百二十卷的雍正十二年刊刻本《山西省赋役全书》是保存较为完整的赋役全书，由时任山西巡抚的觉罗石麟和布政使王誉纂修，首列编修者奉旨编修的奏折，次列山西赋役司总，再次列各府州县赋役，并未如《清查赋役全书底册》中所言首列顺治十四年上谕一道。在具体到赋役项目时，首列田亩，次列户口。而嘉庆二十五年至道光十五年的《河南省赋役全书》本为六册，现只存四册，亦未查到顺治上谕。在赋役项目的开列中，却是首列人丁，次列田亩了。而各府州县《赋役全书》则更为简单，如《山东沂州府日照县现行简明赋役全书》（年

---

① 李之芳《赋役详稿》之《详议纂修条款文》。
② 《清查赋役全书底册》。

代不详，应为道光年间版本），起首即为人丁数目。嘉庆二十五年至道光十五年《淅州厅赋役全书》亦如此。由其内容来看，《赋役全书》主要是各省征收与清查赋税收入数额的依据，所列明的主要是田土、人丁的数目和所征赋税的额数，以及历代的开除、增补，起运存留数目、杂税数目等，看起来更像是一本会计账簿。而对所征赋税的数目更是细至一尘一埃，令人叹为观止。因此《赋役全书》所注重的是赋税征收的钱粮额数，对征纳人的约束也仅仅局限在简单的数目核对上，尚不能算是一部完善的赋税征收法规。以下我们以河南省河内县于嘉庆二十五年至道光十五年所制定的《赋役全书》为例来了解一下清代《赋役全书》的基本框架结构。

《河南省河内县嘉庆二十五年至道光十五年赋役全书》结构目录

一、丁银

1. 原额人丁、原额丁银　2. 溢额人丁、溢额丁银　3. 旧管人丁、旧管丁银　4. 开除人丁、新增顶补人丁　5. 旧管盛世滋生户口人丁、新收盛世滋生户口人丁　6. 见在征赋人丁（分为九则，上上则、上中则、上下则、中上则、中中则、中下则、下上则、下中则、下下则）　7. 班匠银

以上征收均派于本邑地粮之中。

二、田赋

1. 原额地亩、免科地亩　2. 原额银（分为上地、中地、下地、极下地四种）、加增九厘银　3. 历年开除地亩钱粮　4. 历年新增田亩（包括见种行粮成熟并旧管康熙九年起至雍正十年止劝垦并自首及雍正十三年夹荒入额、康熙八年四月内新收更名田、康熙十六年自首额外临河退滩地等）

三、折色起运

折色连闰原额、除荒实征

内除：1. 径解粮盐道六八、漕折、轻赍、折席等银　2. 教官补额俸银　3. 府县廪生额支廪粮银　4. 各役工食补额银　5. 关夫子祭祀银　6. 府县两学文庙祭祀补额银　7. 文昌帝君祭祀银　8. 孤贫岁支月粮花布银　9. 添办

本色漕豆价银　10. 昭忠祠祭祀银

四、本色起运

原额银、除荒实征

包括：1. 户部本色起运　（1）正兑耗米　（2）改兑本色漕米　（3）改兑耗米　（4）本色粳米　（5）本色粟米

2. 礼部本色起运　（1）地黄　（2）干山药　（3）牛膝

3. 工部本色起运　（1）牛角　（2）本色棉布、颜料

五、存留

原额银、除荒实征；闰月原额银、除荒实征

1. 河工款项　2. 本县驿站款项　3. 历年裁减款项　4. 应支款项　（1）本府知府俸银及衙役工食银　（2）本县知县俸银及衙役工食银　（3）本县县丞俸银及衙役工食银　（4）本县典史俸银及衙役工食银　（5）本县教谕俸银

六、补给

起运项下补给　1. 斋夫、膳夫、门斗、昌黎怀仁书院门子、广济河看闸夫、在城等二十三铺铺司兵等各役工食银　2. 府学文庙春秋二祭

折色项下补给　1. 县学文庙春秋二祭　.2. 虫蜡祠祭祀　3. 演武场春秋阅操祭旗祭品　4. 郡厉坛祭祀　5. 民壮工食银　6. 本府马快喂马草料　7. 本县马快喂马草料　8. 本县教官喂马草料　9. 许鲁斋祭祀　10. 河伯斋祭祀　11. 韩文公祭祀　12. 乡饮　13. 河银款项

以上存留不敷于地丁起运项下补给

七、杂税

1. 活税银　2. 当税银　3. 房地税契银

以上三项原无定额，俟年底解到准额另册报销

4. 老税银　5. 牙行换帖税银　6. 盈余税银　7. 新增税银

以上四项额定数目，按年解司另册报销

（二）《漕运全书》

1.《漕运全书》的修订与沿革

《漕运全书》是清代漕运法规的集大成者，由户部主持编修，是清代一切漕运事务所遵行依据的法律准则。

漕运在清代赋税征收中占有举足轻重的地位，中央官吏及八旗官兵的俸米皆出于此，因此清代十分重视漕运的立法工作。由于整个漕运过程中涉及征收、运输、收贮等多个环节，漕运法规也因之而款项浩繁，条目众多，为便于征收官的征解，早在康熙初年就曾汇编《漕运议单》一书，备官吏翻查检索。但记载约略，漕政又不断变化，于是在雍正十二年（1734 年），经御史夏之芳奏准，纂成《漕运全书》一部，是为漕运法规的集大成者，并定每十年编辑一次，成为清代一切漕运事务所遵行依据的法律准则。乾隆年间，时任漕运总督的杨锡绂编纂《漕运则例纂》，其体例与《漕运全书》大致相同，但较之《漕运全书》更为简洁明晰，亦成为漕粮征收的参考依据。《清史稿》中称："锡绂督漕运，所修举似若琐细，然皆当官之急务也"①，可见，《漕运则例纂》更注重实务的操作。

2.《漕运全书》的结构与内容

《漕运全书》自雍正十二年编纂完成之后，依定例应为十年修订一次，但实际上并未得到严格执行。如道光二十四年（1844 年）十二月编纂完成的《漕运全书》是于道光九年（1830 年）奉旨修订的，其间经历十五年时间方告完成，自然无法依定例做到十年修订一次。而这次修订前的《漕运全书》是于嘉庆十七（1812 年）年纂修成的，距道光九年已是过了十年之限。可见，定例虽严，执行中却难免偏差。《漕运全书》是有清一代漕运法规的汇总，因此其内容涉及漕运征收的方方面面，规定极其庞杂和细密，既有漕粮征收事宜，亦有运输、收贮事宜，更有督运、考成事例。下面，我们就以道光朝所编纂的《漕运全书》为例来了解一下《漕运全书》的基本结构和内容。

———————————

① 《清史稿·列传九十五》。

《钦定户部漕运全书》总目（道光朝）

一、漕粮额征

1. 兑运额数 2. 改征折色 3. 白粮额数 4. 蠲缓升除 5. 改折抵兑

二、征收事例

1. 征收漕粮 2. 随漕杂款

三、兑运事例

1. 运漕脚价 2. 水次派运 3. 交兑军粮 4. 兑开期限 5. 搭运收买

6. 淮通例限 7. 回空例限 8. 沿途备借 9. 沿途冻阻 10. 沿途□运

四、白粮事例

1. 白粮经费 2. 白粮解运

五、通漕运艘

1. 帮船额数 2. 追罚定例 3. 额船裁改 4. 买雇民船 5. 佥造漕船

6. 浅船额式 7. 工料则例 8. 三修则例 9. 留通变卖

六、督运职掌

1. 监理官制 2. 监兑粮官 3. 分省漕司 4. 十三运总

七、选补官丁

1. 卫帮额数 2. 遴委运弁 3. 领随职掌 4. 查佥运丁

八、官丁廪粮

1. 俸廪例款 2. 卫帮额支 3. 行月例款

九、贴费杂款

1. 负重贴费 2. 给丁筛洒 3. 扣追欠款 4. 蠲缓欠款 5. 奖赏丁舵

十、计屯起运

1. 屯田坐落 2. 屯田津租

十一、漕运河道

1. 运河总考 2. 大通河考 3. 白河考 4. 卫河考 5. 会通河考 6. 新河考 7. 伽河考 8. 中河阜河考 9. 淮安运河考 10. 高宝运河考 11. 瓜议运

河考　12. 丹阳运河考　13. 苏州运河考　14. 浙江运河考　15. 上江运道考
16. 江西运道考　17. 湖北运道考　18. 湖南运道考　9. 汶河考　20. 洸河考
21. 泗河考　22. 沂河考　23. 徐吕二洪考　24. 河闸禁令　25. 修建闸坝
26. 卫河挑濬　27. 挑濬事例　28. 险隘处所

十二、随漕解款

1. 轻赍额数　2. 正兑轻赍　3. 改兑易银　4. 席木额数　5. 随漕竹木
6. 征解通例

十三、京通粮储

1. 仓场职掌　2. 京通各差　3. 官役公费　4. 置办运袋　5. 置办官车
6. 仓廒号房　7. 修建仓廒　8. 号房潮湿　9. 建造斛只　10. 收买米石
11. 收受粮米　12. 余米簋美　13. 买余抵补　14. 余米氽变　15. 缓交余米
16. 掣欠事例　17. 粮色参奏　18. 脚价则例　19. 俸甲米豆　20. 支放粮米
21. 仓粮拨赈　22. 发氽仓粮　23. 钱粮事例　24. 偷盗仓粮　25. 征变仓粮
26. 亏缺仓粮　27. 稽查偷漏　28. 扫积抵欠

十四、截拨事例

1. 截留拨运　2. 截拨赈氽

十五、拨船事例

1. 外河拨船　2. 里河拨船

十六、采买搭运

1. 采运米石　2. 仓粮运通　3. 采运麦豆　4. 奉豆奉米　5. 碾动蓟谷

十七、奏销考成

1. 催征考成　2. 仓粮参限　3. 漕粮参限　4. 随漕参限　5. 运粮完欠
6. 仓粮奏销　7. 仓库盘查

十八、辀运失防

1. 风火事故　2. 挂欠处分

十九、通漕禁令

1. 侵盗折乾　2. 搀和霉变　3. 盘诘事例　4. 裁革陋规　5. 严禁抗顽
6. 违禁杂款

二十、盘坝接运

1. 盘运章程 2. 经费出纳

二十一、海运事宜

1. 海洋运道 2. 上洋受兑 3. 沿海会哨 4. 淀津督收 5. 仓场转运

二十二、灌塘渡运

1. 灌运形势 2. 工料奏销

附：杨锡绂编《漕运则例纂》总目

卷之一 漕粮原额

1. 正兑额数 2. 改兑额数 3. 永折米石 4. 灰石改折 5. 改征黑豆
6. 改征麦石 7. 各款条例

卷之二 通漕运艘

1. 漕船额数 2. 卫帮船数 3. 历年裁减 4. 漕船额式 5. 佥造漕船
6. 三修则例 7. 追赔变价

卷之三 白粮事例

1. 白粮额数 2. 白粮经费 3. 白粮解运 4. 白粮收支

卷之四 轻赍则例

1. 各省额例 2. 正兑轻赍 3. 改兑易银 4. 随漕席片 5. 随漕板木
6. 带运毛竹 7. 征解款则

卷之五 督运职掌

1. 监临官制 2. 各省漕司 3. 监兑粮官 4. 押运丞卒 5. 十三总运

卷之六 选补官丁

1. 卫帮员弁 2. 卫帮职掌 3. 遴委员弁 4. 题调繁简 5. 随帮事例
6. 运丁名目 7. 勾佥运丁 8. 逃丁事例

卷之七 计屯起运

1. 屯田津租 2. 屯田坐落

卷之八 征纳兑运

1. 征收漕粮 2. 民折官办 3. 收漕斛斗 4. 漕赠银米 5. 交兑军旅
6. 派兑水次

卷之九　官丁廪粮

1. 督押廪俸　2. 卫帮廪俸　3. 行月事例　4. 各省款则　5. 裁船加给　6. 舵水身工

卷之十　漕运河道

1. 运河全图　2. 大通河考　3. 白河考　4. 卫河考　5. 会通河考　6. 汶河考　7. 泗河考　8. 沂河考　9. 洳河考　10. 徐吕二洪　11. 邳宿运河　12. 淮安运河　13. 高宝运河　14. 瓜仪运河　15. 丹阳运河 16. 浙江运河

卷之十二　漕运河道

1. 河闸禁例　2. 挑濬事例　3. 北河挑濬　4. 卫河挑濬

卷之十三　粮运期限

1. 过淮签盘　2. 重空定限　3. 淮通例限　4. 回空事例　5. 沿途催　6. 沿途短纬

卷之十四　风火挂欠

1. 风火事例　2. 风火案据　3. 挂欠事例

卷之十五　奏销考成

1. 仓漕奏销　2. 仓漕考成　3. 完粮议叙　4. 仓库盘查

卷之十六　通漕禁令

1. 侵盗折乾　2. 搀和霉变　3. 抗顽不法　4. 需索陋规　5. 重运揽载　6. 回空夹带

卷之十七　蠲缓改折

1. 四款事例　2. 四款恩旨

卷之十八　截留拨运

1. 京外截拨　2. 截留事例　3. 裁减行月　4. 截留恩旨

卷之十九　京通粮储

1. 仓场职掌　2. 京通厅差　3. 仓廒号房　4. 剥船口袋　5. 官役廉费　6. 厅仓茶果

卷之二十　京通粮储

1. 收受粮米　2. 支放粮米　3. 掣欠事例　4. 豆麦支放　5. 发籴仓粮

6. 偷盗仓粮　7. 余米簠美　8. 脚价银两

（三）《户部则例》

1.《户部则例》的修订与沿革

《钦定户部则例》是清政府制定的关于户部职掌的行政性法规，其内容涉及户部所管辖的各个层面，是规范户部日常办事行为的基本依据。由于赋税征科之则是户部的主要职掌之一，因此在《户部则例》中我们可以看到大量的关于赋税征收方面的规定。

《户部则例》始修于乾隆四十一年（1776 年），其内容包括例文 516 条，分十六项：户口、田赋、库藏、仓庾、漕运、盐法、茶法、参课、钱法、关税、税则、廪禄、兵饷、蠲恤、杂支、通例。从中我们不难看出，这部则例中涉及大量的经济方面的内容，赋税征收更是其中的重点，因此，《户部则例》已不仅仅是一部行政法规，更兼具经济法规的特性。《户部则例》规定五年续修一次，至光绪朝已是极为庞大。现存的续修户部则例共七部：（1）乾隆四十一年（1776 年）则例，现存 126 卷；（2）道光元年（1821 年）的修订则例，现存 99 卷；（3）道光十一年（1831 年）的修订则例，现存 99 卷；（4）道光十八年（1838 年）的修订则例，现存 15 卷；（5）咸丰元年（1851 年）的修订则例，现存 99 卷；（6）同治四年（1865 年）的修订则例，现存 100 卷；（7）同治十三年（1874 年）的修订则例，现存 101 卷。其中，同治四年、同治十一年修订的《户部则例》，分别由承启、载龄领衔，户部各司主要官员参与修订完成，它汇集了清朝开国至同治时期百年的户部办事则例，完整地体现了清朝经济行政立法的规范，是当时世界上难得的一部经济行政法规大全。①

2.《户部则例》的结构与内容

《户部则例》作为户部的办事章程，其内容主要依据户部的职掌来制定，篇章体例亦按照户部的职责分门别类，逐一规范。如同治四年所修订的《户

---

① 张晋藩主编：《中国法制通史》（第八卷·清），法律出版社，1999 年，第 356 页。

部则例》就包括户口、田赋、库藏、仓庾、漕运、盐法、茶法、参课、钱法、关税、税则、廪禄、兵饷、蠲恤、杂支、通例等十六部分。由于其内容庞杂，我们不能一一摘录，在此仅将其中与赋税征收有关的章节目录摘录如下，以供参考。

《钦定户部则例》涉税部分目录（同治四年）

一、田赋（卷五——卷十一）

1. 直省田额　2. 直省赋额　3. 禁止摊征差额　4. 杂款不准借动地丁
5. 丁银定额　6. 耗羡定额　7. 新疆赋额　8. 回番贡额　9. 分赏田地
10. 免赋田地　11. 开垦事宜　12. 清查旗地章程　13. 吐鲁番满营地租
14. 禁止官垫差垫　15. 盛京等处屯田章程　16. 勘丈事宜　17. 升科定限
18. 坍涨拨补　19. 拨补代征　20. 屯田征租　21. 牧厂征租　22. 滩地征租
23. 房园征租　24. 稽查种植　25. 稽查侵占　26. 稽查私垦　27. 劝课农田
28. 筹备水利　29. 题奏收成　30. 征收事例　31. 钱粮期限　32. 获解钱粮
33. 奏报备拨　34. 造送书册　35. 钱粮考成　36. 杂赋考成　37. 奏销限期
38. 奏销考成　39. 寺院庄田　40. 撤佃条款　41. 出旗带地　42. 存留坟地
43. 置产投税　44. 旗民交产　45. 违禁置买（附押借长租）46. 重复典卖
47. 入官议租　48. 认买认卖　49. 盗卖盗耕

二、漕运（卷十九——卷二十四）

1. 征收漕粮　2. 漕粮正额　3. 改征折色　4. 随漕征耗　5. 随征贴费
6. 轻赍带解　7. 监兑漕粮　8. 派兑输兑　9. 奉天米石　10. 南漕抵兑
11. 佥派领运　12. 押运漕粮　13. 粮运程限　14. 稽查催□　15. 兑拨兵米
16. 兑收事宜　17. 进仓验耗　18. 追赔代运　19. 解通经费　20. 动借银两
21. 脚价夫工　22. 桥坝杂款　23. 造船额式　24. 成造年限　25. 修造料价
26. 造船津贴　27. 船只事故　28. 通州拨船 29. 直隶拨船　30. 山东拨船
31. 江南拨船　32. 黄河拨船　33. 编审佥选　34. 官丁行月　35. 屯田章程
36. 屯租贴运　37. 贴赡杂款　38. 扣留支放　39. 河闸事宜　40. 奏报考成

41. 漕员职掌　42. 官丁奖恤　43. 通漕例禁　44. 严杜转运流弊　45. 严禁偷漏　46. 严禁水手

三、盐法（卷二十五——卷三十一）

1. 正余引票　2. 商民运票　3. 改拨额票　4. 陕省盐票　5. 四川引根　6. 代销正引　7. 引票奏销　8. 长芦贡盐　9. 官庄交盐　10. 按引配盐　11. 溢缺收盐　12. 石堰收盐　13. 行盐地界　14. 额定盐价　15. 加增盐价　16. 堰工加价　17. 场盐定额　18. 盐政考成　19. 运盐加耗　20. 并包运盐　21. 减引并包　22. 商配灶盐　23. 改食池盐　24. 水贩运脚　25. 粤盐海运　26. 潞盐出运　27. 运盐帑本　28. 浙盐事宜　29. 改埠归纲　30. 商运民销　31. 加票章程　32. 铜盐互易　33. 额征引课　34. 额征杂课　35. 包课盐税　36. 滇盐课本　37. 滇盐溢余　38. 台湾盐课　39. 停引摊课　40. 征解银款　41. 引地官租　42. 河东杂款　43. 吉安窝利　44. 井灶课额　45. 灶课报解　46. 余引免课　47. 引票根窝　48. 课款奏销　49. 各省盐政职掌　50. 盐政题奏事件　51. 汇奏盐务期限　52. 查较掣盐砝码　53. 场员收盐考成　54. 各官引课考成　55. 杂款缴引考成　56. 搀和官盐考成　57. 两淮盐务事宜　58. 淮北票盐章程　59. 两浙课税考核　60. 两浙盐务变通章程　61. 山东盐务变通章程　62. 长芦盐务酌改章程　63. 南沙盐务考核　64. 闽省官帮考核　65. 闽省杂款处分　66. 广东盐员考核　67. 稽查遗失引票　68. 稽查土炉饷税70. 稽查盐池畦地　71. 滇员稽核井票　72. 滇员销盐期限　73. 稽查蒙古盐贩74. 稽查贫难盐贩　75. 稽查粮船食盐　74. 稽查盐船事例　75. 稽查商盐事例76. 稽查场灶事例　77. 巡缉私盐事例　78. 巡缉私盐公费

四、茶法（卷三十二）

1. 额颁引目　2. 备销茶引　3. 行销地面　4. 领引纸价　5. 配茶额数　6. 行茶税课　7. 古城茶税　8. 伊犁茶税　9. 余茶息银　10. 办解黄茶　11. 改折官茶　12. 盘验商茶　13. 茶商禁令

五、参课

1. 开采地界　2. 额颁引票　3. 刨夫票数　4. 核收官参　5. 缺参折追　6. 护送商参　7. 局员考成　8. 吉林参务事宜　9. 盛京参务事宜　10. 盛京

变通参务章程　11. 山海关缉私章程　12. 巡查海口参山　13. 刨夫准带食物

六、关税（卷三十八——卷四十二）

1. 严禁关吏诈索　2. 严禁关市弊混　3. 严禁硝觔出境　4. 关税盈余抵补　5. 各省关税不准擅发　6. 各省额外盈余　7. 安南贸易弛禁　8. 运粮小船给照征税　9. 夷船起碇征税　10. 洋船载货征税　11. 洋船珠宝免税　12. 口岸派员征税　13. 粤省海关选商　14. 各关税额　15. 盈余定额　16. 盈余留备　17. 关满盘查　18. 各关口岸　19. 刊刻税则　20. 部印税簿　21. 请簿期限　22. 填簿给单　23. 京城铺税　24. 崇文门平余银两　25. 崇文门查验　36. 崇文门免税　37. 余剩铜铅税　38. 查验各省贡物　39. 查验蒙古贡物　40. 验放各省差船　41. 验放各省商船　42. 米税分别征免　43. 货税分别征免　44. 物料分别征免　45. 官运米谷免税　46. 各关短税著赔　47. 关税盈绌分别赏罚48. 解交盈余期限　49. 赔缴关税例限　50. 追交缺收税额　51. 缺额正额盈余52. 稽查税务　53. 先报后签　54. 巡查偷越　55. 私带参珠　56. 隐匿皮张　57. 出口铁器　58. 漏税罚例　59. 借名查私　60. 铺户包揽　61. 禁止讨关　62. 按限奏咨　63. 按限报解　64. 交代责成　65. 经费考核　66. 书吏更换　67. 商税银两　68. 杂税银两　69. 落地税银　70. 蒙盐税银　71. 天津海口输税　72. 徐关杂粮分别征税　73. 海洋商船验照　74. 洋船携带食米　75. 查验米麦杂粮　76. 盘获粮石给赏　77. 配带缎卷丝斤　78. 私贩丝棉绸缎　79. 稽查火药等物　80. 查验金铜铁器　81. 查禁出洋银两　82. 查禁夷船夹带鸦片烟　83. 澳门民夷交易　84. 夷船货物征税　85. 粤关税课考核　86. 金厂征课87. 银矿征课　88. 铁矿征课　89. 砂厂各课　90. 煤窑抽课　91. 税银抽税　92. 青金石税　93. 各省渔课　94. 当商额税　95. 牙行额税　96. 牙行发帖　97. 朝鲜使臣货物免税　98. 安南使臣购买绸缎　99. 安南贸易商民牌照

七、税则

1. 崇文门税则　2. 左翼税则　3. 右翼税则　4. 山海关税则　5. 张家口税则　6. 杀虎口税则　7. 归化城税则　8. 坐粮厅税则　9. 天津关税则　10. 临清关税则　11. 淮安关税则　12. 江海关税则　13. 浒墅关税则

14. 西新关税则　15. 凤鸣关税则　16. 芜湖关税则　17. 东海关税则 18. 九江关税则　19. 赣关税则　20. 闽海关税则　21. 北新关税则　22. 浙海关税则　　23. 武昌厂税则　24. 夔关税则　25. 打箭炉税则　26. 粤海关税则　27. 太平关税则　28. 浔南厂税则　29. 梧州厂税则

八、蠲恤（卷八十三——卷九十，其中卷八十三、卷八十四涉及赋税征收）

1. 普蠲地赋　2. 普蠲漕赋　3. 永蠲正赋　4. 永蠲杂赋　5. 普免积欠 6. 恩免积欠　7. 蠲免钱粮　8. 恩蠲灾蠲事例　9. 查勘灾赈事例　10. 稽查灾民事例　11. 抚恤冲淹事例　12. 督捕蝗蝻事例

（四）《大清会典》

1.《大清会典》的修订与沿革

《大清会典》是清政府因袭明朝所制定的规范各行政机关职责与职能的行政性法典，其内容广泛，"凡职方、官制、营戍、屯堡、觐享、贡赋、钱币诸大政于六曹庶司之事，无所不隶"①。是有清一代最根本的行政性大法。

《大清会典》始纂于康熙二十三年（1684 年），经内阁会议议定，颁诏组成典馆开始制定法典。历时六年，于二十九年（1690 年）完成，共 162卷，是为《康熙会典》。其后，又相继编纂了《雍正会典》《乾隆会典》《嘉庆会典》《光绪会典》等四朝会典，与《康熙会典》并称"五朝会典"。《雍正会典》的体例基本仿照《康熙会典》，只是续接了康熙二十六年至雍正五年间各部院衙门新制定的条例。乾隆时将典例相分，编成《乾隆会典》一百卷，《乾隆会典则例》一百八十卷，并附有图表。形成了以典为纲，以则例为目的编纂体例。由于会典所载是"经久常行"的大法，所以凡事涉大体者一般不改动，只是适应"时势之推移"增减则例。如同乾隆朝《大清会典凡例》中所说："嗣后如间有因时损益之处，其畸零节目，第于则例内增改。即有关大体者，亦只刊补一二条，无烦全书更动，庶一劳永逸，以便遵循。"

① 乾隆朝《大清会典》卷首《御制序》。

乾隆以后，嘉庆六年（1801年）续修会典，于嘉庆二十三年（1818年）完成会典八十卷，事例九百二十卷，图一百三十二卷。《嘉庆会典》改乾隆会典则例为事例，事例的编纂方式和范围一如则例。光绪朝沿用嘉庆朝的编纂体例，编成会典一百卷，事例一千二百二十卷，图二百七十卷。《光绪会典》在清朝会典中时限最长，篇幅最大，是清会典的最后形态。

2. 《大清会典》的结构与内容

《大清会典》的体例是依照"以官统事，以事隶官"的原则来制定的，详细记述了清代自开国至光绪朝，各级行政机关的职掌、事例、活动原则与有关制度，典例互补，并辅以图说，涉猎极为广泛。其内容以"典章会要为义，所载必经久常行之制。滋编于国家大经，官司所守，朝野所遵，皆总括纲要，勒为完书"①。因此有学者称："《清会典》相当于清帝国之宪法。"②

《大清会典》的结构是以清政府所设行政机关为纲进行编纂的，包括宗人府、内阁、军机处、六部、理藩院、都察院、通正十四、大理寺、翰林院、内务府等部门。会典主要规范各部门的行政编制、官员职责、办事条款，而事例则按年编裁，一事一例，作为会典的辅助，把各部门的沿革损益、行政制度变化情况，都做了详细比照。相比而言，会典具有统辖全局的作用，而事例则更具有实际操作性，其内容较之会典亦更加具体和细致。

《大清会典》中涉及赋税征收的主要为户部，另有工部职掌工关，在吏部处分例中亦有多条涉及赋税征收。

（1）户部：赋税征收、管理是户部的重要职责之一，因此《大清会典·户部》中以较大的篇幅规定了赋税征收的管理。尤其是在《大清会典事例》中，详细记述了历朝历代赋税法令的颁布与实施，其内容包括赋税体系、管理机构、田赋科则、随征耗羡、免科田地、存留起解、催科考成、究追亏空、奏销、蠲免等各个方面，对我们把握清代赋税征收的发展脉络提供了真实可靠的资料来源。

---

① 乾隆朝《大清会典》凡例。
② 张晋藩：《中华法制文明的演进》，中国政法大学出版社，1999年，第530页。

（2）工部：工部职掌一部分竹、木、船钞税的征收，称之为工关。据光绪《大清会典·工部》记载："凡木税各有定额与其赢余，越岁则报解，苇税亦如之。"①

（3）吏部：《大清会典·吏部》在规定吏部职掌的同时，对官吏的违规行为也做出了明确的规范，编纂为《处分例》，其中有很多方面涉及赋税征收。以光绪朝编订的《大清会典事例》为例，从卷九九至卷一一〇，共十二卷的内容都与赋税有关。包括人丁编审、起解钱粮、亏空处分、漕运考成、盐课奏销、查禁私盐、私茶、关税考核、严禁苛索税羡、征收地丁钱粮、蠲缓等，涉及赋税征收的方方面面，对官吏在征税过程中可能出现的贪污腐败现象严加防范。

光绪《大清会典事例》户部条目录

一、户口

1. 编审　2. 清厘丁役　3. 口赋　4. 丁银摊派　5. 新垦升科分摊　6. 保甲

二、田赋

1. 宗室庄田　2. 畿辅官兵庄田　3. 盛京、吉林、黑龙江各驻防官兵庄田　4. 直省驻防官兵庄田　5. 井田改屯地　6. 拨给外藩田土　7. 畿辅牧场　8. 田赋科则　9. 新疆赋税　10. 随征耗羡　11. 免科田地　12. 学田　13. 屯田　14. 营田　15. 土司贡赋　16. 丈量　17. 丈量禁令　18. 开垦　19. 劝课农桑　20. 稽查种植　21. 起运钱粮　22. 布政使司运解京饷　23. 部拨京饷

---

① 有关木税、船料税、苇税的具体规定如下：1. 木税：工关之隶于司者，有直隶通永道六小口税，多伦诺尔厅大河口税，山东临清州砖版闸税，山西杀虎口税，交城县武元城税，湖南辰州府辰关税，四川夔州府渝关税，凡七处，其六处皆征木税，惟砖版闸征船料木税。通永道六小口、大河口、杀虎口，按木植长径尺寸，覈以部定之价，折征十分之一。武元城、辰关，按部价折征百分之三。渝关覈估木价折征百分之三。船料按梁头尺寸征收。2. 苇税：盛京牛庄苇税照例二八抽分，每年额征苇束，除三陵及各处织席用苇三万八百四十束，其余交商变价，实征银二千一百四十七两有奇。由盛京工部派员征收储库，报部覈题。每年仍令委员会同地方官按亩履勘报部，如有产苇茂盛处所可增岁额，即据实报明增额。

24. 解京颜料物件　25. 运解协饷　26. 解饷夫马水脚　27. 遴委解官 28. 防护饷银　29. 存留钱粮　30. 耗羡动支　31. 酌留分储备用银　32. 催 科　33. 催科期限　34. 归辖改征　35. 催科禁令　36. 催科考成　37. 带征 接征官考成　38. 钱粮交代　39. 盘查仓库　40. 究追亏空　41. 追赔拖欠 42. 奏销　43. 拨册　44. 奏报秋成　45. 赋役全书

三、漕运

1. 额征漕粮　2. 随漕正耗　3. 随漕轻赍易米折银　4. 随漕席木板竹 5. 余米　6. 簰羡银　7. 厅仓茶果　8. 官军行月钱粮　9. 赠贴银米　10. 白 粮耗米　11. 白粮经费　12. 转输蓟易　13. 截拨兵米　14. 截留事例　15. 漕粮征收　16. 白粮征收　17. 漕粮蠲缓　18. 漕粮改折　19. 漕粮运船　20. 白粮运船　21. 剥船　22. 带运加给　23. 雇募民船　24. 总漕职掌　25. 粮 道职掌　26. 监兑　27. 押运　28. 领运　29. 白粮领运　30. 催趱　31. 佥选 运军32. 漕粮交兑　33. 沿途程限　34. 淮通例限　35. 回空例限　36. 计屯 贴运　37. 优恤运军　38. 征收例禁　39. 重运例禁　40. 回空禁令　41. 漕 运杂禁　42. 仓漕奏销　43. 漕运考成　44. 白粮考成　45. 仓库盘查　46. 起运完欠　47. 粮船事故　48. 试办河运

四、海运

1. 分成筹运　2. 封雇船只　3. 验收监兑　4. 食耗等米　5. 改折籴变 6. 筹备赔补　7. 收买捐办　8. 采办漕粮　9. 受兑放洋期限　10. 沿途段 落道里　11. 巡防护送　12. 催饬回空　13. 稽查催趱　14. 剥船斛袋　15. 经纪夫役　16. 搭载货物　17. 沙船停泊　18. 分别油艌加修变价　19. 截卸 暂囤　20. 口粮脚价　21. 刘河口起运　22. 夹板船轮船　23. 经杂各款　24. 筹垫补解各款　25. 奖恤

五、盐法

1. 盐课总额　2. 盛京　3. 长芦　4. 山东　5. 两淮　6. 河东　7. 花马 池8. 两浙　9. 福建　10. 广东　11. 广西　12. 四川　13. 云南　14. 贵州 15. 直省盐差　16. 贡盐　17. 考成　18. 禁例　19. 引目由单

六、荡务

1. 山场　2. 额课　3. 关汛巡防　4. 公用　5. 考成　6. 禁令

七、关税

1. 各关口：崇文门、左翼右翼、通州分司、天津关、津海关、奉锦山海
关、张家等口、龙泉等关口、多伦诺尔、奉天牛马税、凤凰城中江、临清
关、东海关、归化城、潼关、江苏海关、安肃关、镇江关、上海关、浒墅
关、淮安关、扬州关、细心关、芜湖关、九江关、赣关、闽海关、闽安关、
浙海关、北新关、江汉关、武昌厂、重庆厂、夔关、打箭炉、粤海关、太平
关、梧厂、洵厂、镇南关、蒙自关　2. 直省关差　3. 考核　4. 禁令

八、杂赋

1. 芦课　2. 茶课　3. 金银矿课　4. 铜铁锡铅矿课　5. 水银朱砂雄黄矿
课　6. 渔课　7. 田房税契　8. 牙帖商行当铺税　9. 落地牛马猪羊等项杂税
10. 考成　11. 禁例

九、蠲恤

1. 赐复　2. 免科、除役　4. 恤孤贫、养幼孤、收羁贫　5. 安孝节、恤
薄官、矜罪囚、抚难夷、救灾　6. 赈饥　8. 平粜　9. 贷粟　10. 蠲赋　11.
缓征　12. 贩运、劝输、兴土功、抚流亡、奏报之限、灾伤之等

（注：以上“户口”中仅摘录了与赋税征收有关的条目）

（五）《大清律例》

1.《大清律例》的修订与沿革

《大清律例》是有清一代的基本大法，也是中国历史上最后一部封建法
典，于乾隆五年（1740 年）编纂完成并颁行。

清入关之后，面对尖锐复杂的阶级矛盾、民族矛盾，深感原有的简法旧
律已经不能满足统治全国的需要，因此于顺治初年就积极开始了清律的编纂
工作。顺治三年（1646 年）五月，《大清律集解附例》制定并颁行。这是清
代第一部完整的成文法典。但由于编纂的时间较短，其内容基本是明律的翻
版，以致有些规定与清初的社会现实脱节，因此，大清律颁布以后许多规定

并没有认真执行。康熙年间，对大清律作了一些修订，并编纂了《刑部现行则例》，后分门编入大清律内，但并没有正式颁行。雍正初，命大学士朱轼等为总裁，对大清律进行修订，至雍正三年（1725 年）完成，雍正五年（1727 年）颁布《大清律集解》。《大清律集解》体例依旧，只是条文有所增删和调整，并纂总注附于律后；特别是律文小注有了很多改进，尽管用字不多，但使律文更加明晰。乾隆继位之后，命三泰等为总裁，重修大清律例，对原有律例逐条考证，重加编辑，同时详校定例，折衷损益，统名之为条例。又芟除律后总注，增添小注，并经高宗亲自裁定，于乾隆五年（1740 年）完成，定名为《大清律例》，"刊布中外，永远遵行"。至此，经过四代的努力，中国历史上的最后一部封建法典终于完成了。

《大清律例》作为定型化的一部法典，律文自乾隆五年以后不再修改，而只用新增例来弥补律文的不足，因此条例不断增加。为解决律与例之间的矛盾，乾隆十一年（1746 年）——"条例五年一小修，十年一大修"。乾隆一朝，曾于十二年、十六年、二十一年、二十六年、三十二年、三十七年、四十三年、四十八年、五十三年、六十年，10 次修订例文。每次修订，条例都有所增加，至同治九年（1871 年）修例时，例已增至 1892 条。此后，国势衰微，内忧外患纷至沓来，定期修例的制度，也陷于废弛。

2.《大清律例》的结构与内容

《大清律例》的结构形式基本沿袭《大明律》，分为名例律、吏律、户律、礼律、兵律、刑律、工律七篇。四十七卷，四百三十六条，附例一千零四十九条。《大清律例》是清代最为系统、最有代表性的律典，也是中国历史上最后一部封建法典。作为封建法典的集大成者，《大清律例》的完备性是前朝所不能比拟的。其中涉及赋税方面的法律条文主要集中在户律中。

《大清律例·户律》共八十二条，附例二百条，分为户役、田宅、婚姻、仓库、课程、钱债、市廛七部分。其中涉及赋税征收的条目主要有四部分。

1. 户役：脱漏户口；人户以籍为定；赋役不均；丁差差遣不平；隐蔽差役；禁革主保里长；逃避差役；私役部民夫匠。

2. 田宅：欺隐田粮；检踏灾伤田粮；功臣田土；盗卖田宅；典买田宅；

盗耕种官民田；荒芜田地。

3. 仓库：收粮违限；多收税粮斛面；隐匿费用税粮课物；揽纳税粮；虚出通关朱钞；附余钱粮私下补数；私借钱粮；挪移出纳；库秤雇役侵欺；钱粮互相觉察；守支钱粮及擅开官封；收支留难；起解金银足色；转解官物。

4. 课程：盐法；监临势要中盐；阻坏盐法；私茶；私矾；匿税；舶商匿货；人户亏兑课程。

另外尚有一些条文虽没有明确涉及赋税，但与税收亦有着密切关系，如市廛中所规定的私充牙行埠头、把持行市、私造斛斗秤尺等，看似与征税无关，但这种破坏市场正常运作的行为必然导致国家税收秩序的混乱，因此也成为法律打击的对象。

三、清代赋税法律体系的特点

（一）法律形式多样，内容细密

清代赋税法律虽然没有形成如当代税收法律这般清晰的体系划分，但其赋税规范从中央到地方，形式多样，内容细密。当我们仔细解析其中的条文规定，不难发现从赋税征收的基本原则、方法到具体税目的征收事例，再到赋税征收的减免、监督，事无巨细，凡涉及赋税征收的各个方面，法律中都有比较明确的规定。这些规定或散落在各个赋税法律之中，或集中于某一基本法典之中，它们相互结合，就为我们呈现了一个完整的清代赋税法律体系。以田赋征收为例，《赋役全书》规定了各州县具体的征收额数和起运存留数目；《户部则例》与《大清会典》规定了田赋征收的催科、期限、转运、奏销、考成等具体行为准则；《大清律例》则规定了违法行为的刑事性处罚。这些规定共同构成了清代田赋征收的法律体系，使得田赋征收的各个环节都有法可依，确保了依法征纳的顺利进行。

（二）法律形式各有侧重，相互为用

清代赋税法律体系虽形式多样，从其内容上看，也不乏重复之处，但实际上这些法律形式的侧重点各有不同，在赋税征收上起着不尽相同的作用。《赋役全书》是以府州县等基层单位为出发点制定的，因此其内容亦根据各

州县的具体情况制定，重点在于赋税征收的额数、实征和起运存留等基本问题，是地方征收赋税的主要依据。《户部则例》是以户部职掌为基础制定的户部日常行为规范，其内容侧重于户部对赋税征收的管理，具有全局性的统领作用，因此条文亦具有普遍适用性。《大清会典》是一部行政性法典，其制定的目的主要是约束各部门的行政行为，因此在赋税征收方面亦侧重于对征收行为的规范，更多注意的是催科、运输、考成、禁例等方面的内容。《大清律例》则是一部以刑罚为主的刑事性法典，对赋税征收的规定自然侧重于对严重违法行为的刑事性处罚上。至于《漕运全书》等赋税征收的单行性法规则是针对赋税征收的某一税种制定的，其内容更具体、细致，更具操作性。有些更是根据在具体征收中所出现的问题制定的，因此对实际的赋税征收更能起到规范作用。这些不同形式的法律规范之间相互补充，相互为用，共同保障着清代赋税征收的良性运转。

（三）法律规范严谨，易于操作

清政府之所以制定如此庞大的赋税法律体系，其目的不过是希望借此来约束征纳官员的行为，确保赋税征收的正常进行。因此，在法律条文的具体规定中，力求做到规范严谨，并借助不同法律形式的相互补充，以实现赋税征收所有环节的有法可依。如《赋役全书》对各州县的田赋征收额度细至一尘一埃，并对所征原额、除荒实征、历年开除、新增、存留起运细目均有详细的规定，使得州县官员每征必有额数限定，每支亦有法律规范，既便于征收，又便于检查。而《大清会典事例》则对田赋的征解、奏销、考成等行为规范成例一一编纂在案，使田赋征收的每一环节都有例可查，确保了官员的依法征收。

总之，清代赋税法律体系虽没有十分明确的分门别类，但其内容却涵盖了赋税征收的方方面面，是中国封建时代能达到的最为完善的状态。

第四章

赋税体系

在上一章中，我们介绍了清代的赋税法律体系，在这一章中，我们则来介绍一下清代的赋税体系，亦即清代所科征的具体税种及其相关规定。清代的赋税体系基本沿用明代旧制，初期仍以田赋与丁银为正赋收入，"摊丁入亩"之后，丁银逐步摊入土地中征收，两者合二为一。另有盐税、茶税、关税、当税、牙税等工商税收。清代的赋税法律制度应当说是相当完备的，因此在诸如《大清会典》《户部则例》等具有法典性质的典章中，都明文规定了赋税体系的内容，并三令五申严禁加派，但在具体操作中，法律规定之外的苛征滥派却屡禁不止。

第一节 法定的赋税体系

在上一章中，我们谈到清代的赋税法律包括《赋役全书》《户部则例》《大清会典》等基本法典和《漕运全书》等单行性法规，其中《赋役全书》是以规范田赋为主的法律规范，而《漕运全书》等单行性法规又只是针对某一具体税种作制定的具体规范，均不能完整地反映清代赋税体系的全貌。只有《户部则例》和《大清会典》是从户部职掌的角度出发，对国家赋税所科征的对象均做出了基本规范。因此，我们在此主要依据《户部则例》与《大清会典》的相关规定来分析清代法定的赋税体系。同时参考一些单行性赋税法规，以期更全面地反映清代赋税体系的整体状况。

一、田赋

我们在此所提到的清代田赋包括地丁、漕粮、耗羡、租课等内容，这与《大清会典》和《户部则例》所说之田赋略有不同。在清代法律中，田赋并不包括漕粮在内，而是将其单独规定，这主要是基于漕粮的特殊地位而定的。但从本质上讲，漕粮亦应属于田赋的一种，所以目前大多数的学术专著均将漕粮归入田赋中加以介绍，我们也采取这一归类方法。

（一）地丁

清代前期的田制，有民田、官田之分，对官田征收的税称之为租，而对民田所征收的则被称之为地丁，即地赋与丁赋，这也是田赋中最为重要的征收科目，在整个清王朝的赋税收入中占据主导性地位。因此在《大清会典》中仅将地丁称之为"赋"，而不随地丁者皆称之为"杂赋"，所谓"凡赋，有地赋，有丁赋"①。

1. 地赋

清代地赋依旧秉承两税法的征收方法，分为夏税与秋粮，初期大多征本色，后逐步折色为银。除此之外，还有所谓军资库钞、杂征等随地赋一同征收的杂税。如《大清会典》卷十八中规定：

原编地赋，有夏税，有秋粮，有军资库钞，有杂征。夏税征麦、征丝，秋粮征米、豆、杂粮及草，皆征本色。军资库钞征银。杂征内，坐办如药材、颜料、蜡、茶等项则征本色；杂办如笺表、祭祀、乡饮、迎春、桃符、牲口、果品、科举、心红、水手、军器、雕漆、修理、书算、激劝、孤贫等项则征银。嗣夏税或征本色，或改折色为麦折、绢折银；秋粮或征本色，或征折色为米折、草折银；杂征惟岁额起运颜料仍征本色，余俱折银。

---

① 光绪《大清会典》，卷十八。

同时根据田地的不同详细规定了各直省的具体科则。①

2. 丁赋

丁赋是就人丁所征收的人头税。清初沿用明代赋税体系，对丁银征收十分重视，并为确保丁赋的征收而制定了严格的编审制度，但实施的效果并不明显，不得已于康熙五十二年下诏"盛世滋生人丁，永不加赋"。至雍正年间又逐步推行了"摊丁入亩"政策，彻底结束了这一封建王朝严重束缚人民自由的经济政策的历史。《大清会典》中对此也有说明，并详细列明了依旧征收丁银的各州县名称。

原编丁赋，有市民、乡民、富民、佃民、客民，各区为上、中、下则；又有成丁、未成丁并食盐小口之别。五年编审，岁有增除。自康熙五十二年恩诏，以康熙五十年编审册为平，嗣后编审丁数增多者，为盛世滋生人丁，永不加赋，各省遂有常额。后渐摊入地粮并征。惟山西之阳曲县、岚县、兴县、岢岚州、应州、阳高县、右玉县、平鲁县、宁武县、神池县、偏关县、五寨县、辽州、寿阳县、孟县、绛州、绛县、永和县、蒲县；广西之融县；贵州之贵阳府、都匀府、安顺府、兴义府、镇远府、大定府、思南府、石阡府、思州府、铜仁辅、黎平府各亲辖及定番州、广顺州、开州、贵筑县、贵定县、龙里县、修文县、镇宁州、永宁州、普定县、清镇县、安平县、兴义县、普安厅、普安县、安南县、平越州、独山州、麻哈州、都匀县、清平县、镇远县、施秉县、平远州、成宁州、安化县、印江县、婺川县、龙泉县、铜仁县、永从县、锦屏乡仍另征丁银，不摊入地赋。山西之平定州、翼城县、长治县、长子县、屯留县、潞城县、黎城县、壶关县、广灵县、夏

---

① 如光绪《大清会典事例》卷一百六十二中规定："直隶民赋，田，每亩科银八厘一毫至一钱三分零不等，米一升至一斗不等，豆九合八抄至四升不等；更名田，每亩科银五厘三毫至一钱一分七厘三毫不等；农桑地，每亩科银一厘六毫八丝零；蒿草籽粒地，每亩科银五分至七钱二分五厘一毫零不等；苇课地，每亩科银一分至六分不等；归并卫地，每亩科银七毫二丝至七分九厘三毫零不等，米八合九勺七抄至九升七勺二抄不等，豆四合三勺八抄至三升六合不等，草一分九厘二毫至四分一厘七毫不等；河淤地，每亩科银二分九厘至二钱五分六厘五毫零不等；学田，每亩科银一分至二钱六分七厘八毫零不等，小麦、桑米各六升。"《户部则例·田赋》中亦有类似的规定。

86

县、沁源县、武乡县、隰州、吉州、代州、祁县、河曲县、和顺县、榆社县、大宁县、永宁州、沁州、代州、保德州、宁乡县、繁峙县有地丁分征之乡。奉天丁赋仍岁有增除，亦系地丁分征。

关于丁赋的具体科则，在《户部则例·田赋一》中有具体的规定。而在《大清会典事例》中亦有"口赋"与"丁银摊征"之目，对丁银的科则与历年摊征情况进行了记载。

另外，在《大清会典》中尚有"役"的规定，分为"均徭"与"支役"两种，但在《户部则例》中并未提及，盖因其早已折色为银，摊于地丁中一并征收，故无必要再单独列出了。

3. 耗羡

耗羡亦称火耗。清赋税制规定：地丁征银，官府征收到的散碎银两，要经过加工铸造，熔成符合数量、质量要求的银锭，才能上交国库。而镕销之际，要达到数量及质量标准，必然有亏耗，因而地方官吏征收时，则多取于民，以补折耗之数。清雍正前，对耗羡一项始终是明令禁止的，但由于屡禁不止，也只能是睁一眼闭一眼，难以杜绝。雍正二年（1724年），山西巡抚诺敏等疏请将每年所得耗羡银提存司库，除弥补亏空外，其余分给官吏养廉及其他公用，这样耗羡提取就有了一个基本标准，超过此标准的即为法外加派，史称"耗羡归公"。耗羡遂成为清代赋税征收的正项而被列入《大清会典》中。

凡征赋有耗羡则提于公。正赋征银征粮皆有耗羡，粮起漕者，其耗羡即入漕项，云南司覆之。

耗羡皆有常。每地丁一两随征耗羡。……粮一石随耗羡。①

《户部则例·田赋一下》中亦规定有耗羡定额。

（二）漕粮

漕粮是由地方向京城所输送的以供文武百官和八旗兵丁所用的粮食，因其走水路，故称之为漕粮，多以实物征收。漕粮由地方直接送至北京仓的，

---

① 光绪《大清会典》，卷十八。

称为正兑，以供八旗兵丁食用；而运至通州仓的，称为改兑，以供王公百官俸米之用。由于漕粮的特殊用途，使得它在赋税征收体系中居于很重要的地位，因此受到统治者的高度重视，在《户部则例》中详尽规定了漕粮的正额、折色、耗羡及附加、运输等各个环节。而在《大清会典》中，由于漕政归户部云南清吏司职掌，因此其规定亦在云南清吏司条目下。

凡岁漕，京师者有河运，有海运，皆预报起起运之数以交兑。凡粮有正兑，有改兑，有改征，有折征，有拨运，有筹备，皆随以漕耗。①

同时在《大清会典事例·漕运》中对漕粮的额数、征解等进行了规范。当然，对漕运最为具体和明晰的规范是《漕运全书》。清代漕粮的定额大致为四百万石，自顺治二年（1645 年）制定后并无大的变化。其中正兑漕粮，各省额定为三百三十万石；改兑漕粮，各省额定为七十万石。② 除正额外，漕粮征收亦有相应的耗羡及附加（随征贴费）。随漕征耗主要指耗米，"以为京通各仓并沿途折耗之用"。随征贴费则包括增贴银米（以为运粮军丁长途转运盘剥等项之用）、漕耗银米（给发官军为代漕杂费办公之用）、水脚（江南州县为转运雇募舟车之费）、仓费（大修仓库之用）等。③

嘉庆以后，运河浅涸，京师所需粮米改由海运，漕粮及其耗米皆改折为音量，各种随漕加征的漕项亦一并折征，成为正税。④

（三）租课

《大清会典》中所称之为租的是对旗地、学田及各省之公地、公田、官田、官园等所征的税，本质上是一种对官田的地租，不过普通的地租由地主征收，此项地租则由国家征收。旗地租银赏给八旗兵丁，而学田地租则供修理学舍及赡给贫生之用。⑤ 另有对芦地所征收的地租，特称芦课，惟江苏、

---

① 注："折征"指改变原征项目，如山东黑豆系粟米改征；"拨运"指漕粮转输他县用作陵寝官兵和驻防官兵俸饷之用；"筹备"指各省运通漕粮之内的筹备余米。"漕耗"即指漕粮的耗羡。

② 同治四年《户部则例》，卷十九《漕运一》。

③ 同治四年《户部则例》，卷十九《漕运一》。

④ 《清史稿·食货三·漕运》。

⑤ 光绪《大清会典》，卷十八。

安徽、江西、湖北、湖南五省有之，均按亩分别征收。

二、杂赋

这里所指的杂赋是相对田赋而言的，即对非田地产出所征收的税收，主要包括盐课、茶课、参课以及关税、矿税、牙税、落地税、当税、契税等工商杂税。

（一）盐课

清代盐课的征收大致分为场课和引课两类，"场课"是对盐的生产者的课税，亦即生产领域的课税；"引课"是对盐的销卖者的课税，亦即流通领域的课税。《户部则例·盐法》中对盐课的征收额度、额定盐价、引票、征解等均有相应的规定，由于其内容较为繁杂，我们在此就不一一论述了。而在《大清会典》中，盐课由户部的山东清吏司职掌，所以其具体规定亦在山东清吏司条目下列出。我们择其要点摘录如下，亦可对清代盐课有一基本了解。

凡盐法，籍灶与商于官，令出盐行盐，量天下仓盐之户而均布之。凡盐，有海盐；有池盐；有土盐。皆视其产之多寡与其运之远近以配引。其课则别以灶课、引课、杂课、税课、包课而榷之。凡贡盐、官盐、铡盐，各以其地供焉。①

其中"灶课"即为场课；"杂课"是一些杂派之征，其内容极其繁杂，如长芦盐区就有铜斤脚价、核工银、坨租银、领告杂费、辑费、归捕辑费、平价缉私经费、平饭费、各项解费、滩盐公所经费等近二十项杂课；"税课"与"包课"是针对偏僻地区产盐地所制定的科则。因其地偏且产量少，国家或允许民间自制自用，官府课以税银，或允许商民包纳一定的盐课而自由贩盐。如直隶宣化府、怀来县、西宁县、保安州、延庆州就包纳长芦课银二千五百九十两有奇。

---

① 光绪《大清会典》，卷二十。

（二）茶课

清代茶法，沿用明制，有官茶，用于储边易马；有商茶，给引征课；有贡茶，贡皇室宫廷饮用。①

顺治元年（1644 年），甘肃省定易马例，规定每茶一篦重十斤，上马给茶十二篦，中马给九篦，下马给七篦。② 康熙以后，国家马用已足，茶马互市渐衰，茶税征收，改用他法。雍正八年（1730 年），始定《川茶征税例》，改论园、论树征收为颁发茶引，按斤纳税。③ 其后各省推行茶引制度。《户部则例·茶法》中有"额颁引目"之条目，规定各省每年所颁之茶引额限，并在"行茶引课"中规定了相应的课税额度。其中直隶、河南、山东、山西、福建、广东、广西等省均不颁引，故无课，只是在茶商过境的时候，由经过关口输税，或略收落地税，附关税造销，或汇入杂税报部。④

（三）参课

清代对人参的采挖亦实行严格的管制措施，因此制定有专门的参课。

凡刨参，官给以引而定其额，视其赢绌而赏罚。参山，盛京曰额尔敏，曰哈尔敏；吉林曰乌苏里，曰绥芬，曰罗拉米，曰玛延，曰英额东山，曰蒙古鲁山。凡山采歇皆以闻。春夏令入山而巡其禁令。凡刨夫入山者，皆令定其所向与其时，回山则征其课。⑤

（四）关税

1. 常关税

清前期内地关税单称关税，为区别以后的外贸关税，后世称之为"常关税"，包括正税、商税、船梁（又称船料）税三种。正税在产地征收，属货物税；商税从价征收，属货物通过税；船梁税是按照船梁头大小征收的商船税。

---

① 《清史稿·食货五·茶法》。
② 光绪《大清会典事例》，卷二四二，《户部·杂赋·茶课》。
③ 光绪《大清会典事例》，卷二四二，《户部·杂赋·茶课》。
④ 同治四年《户部则例》，卷三十二，《茶法》。
⑤ 光绪《大清会典》，卷二十一。

清前期的常关有户关与工关之别，归户部管理的称之为户关，归工部管理的则称之为工关。工关主要职掌对竹、木、船钞的征收，数目较少。而户关则包括二十六关口，是关税征收中的重点。

凡户关之属二十有六，其课有正额，各以时报解，期满则以闻，偿其不足者，有余则各以其实解焉。凡税关各颁其则，锲而树于市，遂给以单。稽其隐匿者、越行者，重则罪之，轻则罚之。凡贡物则不征。凡免征者，皆覈其实而验放焉。凡税耗，各征其十一，经费皆出焉，无耗则取其赢余。凡货物，稽其所犯者。商船之出海者则给以照，而验其出入之期；若食米、铁器，皆限以制。凡华洋轮船货税，经征之关二十有七，以货物所抵之处分别等差，有正税，有半税。洋药则税厘并征。凡货税无定额，按结期以闻。①

《户部则例》与《大清会典事例》中对关税的规定都非常具体，特别是列出了各关税则，为各关依法征税提供了切实的法律依据。需要指出的是，在《户部则例》中，关税亦包括落地税、契税、牙税等工商杂税，我们为了与《大清会典》统一体例，将其归结为其他杂税中。

2. 海关税

清代对从事海外贸易者，无论商人是中国人，还是外国人，一体正税，为区别常关税，称之为海关税。

康熙二十二年（1683年），开放海禁，以澳门、漳州、宁波、云台山为对外通商口岸，设立粤海、闽海、浙海、江海四海关，始定《开海正税则例》。二十八年（1689年），又议定《江浙闽广四省海关征税之例》。但到乾隆二十二年（1757年），清政府又改限定仅允许在广州一口岸对外通商，并扩大了对进出口货物的限制，使本来就开放不大的门户重又关闭。

清代海关税，有针对货物征收的货税和针对商船征收的船钞，此外还有附加税和手续费等杂项。一般来说，清代的关税较轻，根据则例规定，进口关税的税率仅4%，而出口税仅1.6%，后有所增加亦不过2.6%，但附加部分往往超过正税一倍，即使这样，也不算重。船钞又称船梁税，或船料税，

---

① 光绪《大清会典》，卷二十三。

即以船只的梁头为准，"自五尺至三丈六尺"分等定税，因抽税时须对船只进行丈量，故又称"丈抽"。一般洋船按梁头征银在 2000 两左右。康熙二十四年（1685 年）定《酌减洋船丈抽之例》以示开海。乾隆二十二年（1757年），限制外船到浙江定海、宁波港口，更定《浙江海关洋船税例》，对到浙江海关的船钞加倍征收，使"洋商无所利而不来，以示限制，意并不在征税也"①。

（五）其他杂税

这里所指的其他杂税主要是指除关税之外的其他工商杂税。清代虽依旧沿袭旧制，实行严格的重农抑商政策，但清初的一些"利商""恤商"政策仍在一定程度上促进了工商业的发展。如顺治年间出台的废除匠籍、豁免明末一切加增税额等都对工商业的发展都起到了积极的作用。不过相对于田赋及盐课、关税而言，这些名目繁多的工商杂税在清代的赋税征收中所占的比例仍很低。

清代的工商杂税名目很多，各地亦有不同。在《大清会典》中将其统称为"税"。

> 杂税，有当税，有牙税，有契税，各省皆征之。其余或有或无，原编不一。其目有牛税、马税、驴骡税，有炉税，有酒税，有坑税，有铁税，有茶税，有木筏税，有烟税，有靛税，有曲税，有石膏税，市集之地有落地税，皆随征随解，附于地丁奏销。②

我们在此择其重点简要述之。

1. 落地税

落地税是一种货物税，是在货物到店发卖时课征的税收，在市集乡镇征课。清代的落地税多附于关税征收，且多留作地方官吏支用，不入国税正额，全国并无统一的税法。因此成为地方官吏中饱私囊的介质，不仅名目繁多，而且苛索甚重，民怨极大。③ 后清政府为缓解矛盾，被迫规定只许在州

---

① 《清朝文献通考》，卷二七，《征榷二·关市》。
② 光绪《大清会典》，卷十八。
③ 参见周伯棣《中国财政史》，上海人民出版社，1982 年，436～437 页。

府县城内，人烟凑集、贸易甚多之处依旧征收，并严格税则，取缔额外苛索及重复征收。如《户部则例》明确规定：

直省征收落地税银在府州县城内照例征收，其在乡镇村落者全行禁革。经征各官有于额外苛索及将已经禁革之谁私征累民者从重治罪。

直省征收落地税银均令将应征税则条款于收税处刊刻木榜，悬示通衢，并将已革之税概行刊榜晓谕。①

2. 当税

当税是向典当行业店铺征收的营业税。它创始于清初。顺治九年（1652年）制定《直省典铺税例》，此为当税征课之始。康熙三年（1663年）确定《当铺税则》，规定当铺每年纳银5两。康熙十五年（1676年）核准："京城上等行铺，每年征税银五两；中等行铺，每年征税银二两五钱。"② 雍正六年（1728年）清政府又制定了《当帖规则》，凡经营当铺典押业者须先呈明知事，转呈藩司请帖，帖类似于今天工商行政主管部门颁发的营业许可证。一般当铺或小抵押店，于领取当帖获得经营许可证时，需交纳当税，以后每年征课一次。同治四年所刊刻的《户部则例》中所规定的"当商额税"则是以地区为标准征收当税的。

各省民间开设典当，呈明地方官转详布政司请帖，按年纳税，奏销时汇册报部。其有无力停止者缴帖免税。直隶、江苏、安徽、江西、浙江、福建、湖北、湖南、河南、山东、山西、陕西、甘肃、四川、广东、广西等省每年每座税银五两；云南省每年每座税银四两；贵州省每年每座税银三两；奉天省每年每座税银二两五钱。③

3. 契税

契税是对买卖田地房屋等不动产所课的税。清初征课契税，只是征课买契，不征收活契（典契）。当时曾有规定：

至于活契典业者，乃为民间一时借贷银钱，原不再买卖纳税之例；嗣后

---

① 同治四年《户部则例》，卷四十一，《关税四》，"落地税银条"。
② 光绪《大清会典事例》，卷二四五，《户部·杂赋·当铺税》。
③ 同治四年《户部则例》，卷四十二，《关税五》，"当商额税"条。

听其自便，不必投契用印，收取税银。①

清初即定有契税征收则例。顺治四年（1647 年）规定："凡买田地房屋，必用契尾，每两输银三分。"② 雍正七年（1729 年），规定契税每一两纳三分以外，加征一分，作为科考经费。③ 起初契尾由业主执有，官方没有存据，故伪造契据者时常出现。后演变为契纸契根之法，契尾仍由布政司印制，然后将预盖印信的契纸发于州县以备人民购领，订立契约时，把契尾粘于契据之后，填明业主姓名及财产价值，契尾骑缝处加盖官印，契根保存于官，以防止伪造文卷。但由于官吏借机苛索，于雍正十三年（1735 年）禁止，由民自行立契，按则纳税。乾隆元年（1736 年），因民间自行立契所交之税款官府无账可查，官吏由此中饱私囊，而民间自行交易易主以后，往往不交货拖欠税款，遂恢复原契尾之法。④ 规定，仍由布政司印发契尾，于契尾附以连续号次。契据文字分为两部分，前部记载买卖者的姓名及买卖田地房产的价格、数目与税银额，后部分为空白，在纳税时由地方官吏用大写数字填写与前面同样的内容，并加盖官印，然后将契前部给买方作契据，后部按时集册汇编送布政司。同时，将买契税率提高至 9%，典契则征财产价额的 6%。对漏税不纳或无契尾者，依偷税率论罪惩治。

4. 牙税

牙税是向牙行经纪人或牙商征收的一种特种营业税。牙行和牙商是为商人提供交易场所、协助买卖双方成交、货代客买卖货物而从中取得佣金的商号或个人。这种商号或个人在开业前须先向户部或地方官领取牙帖，每年需交纳牙帖税银，叫牙税。

各省皆有定额牙帖。牙税税率，因地有别，但征收计算方法多以牙行或牙商的资本或营业额为分几个等级，在《户部则例》中对各直省额定牙帖及相关税率皆有明确规定。如"京师额设牙帖八百八十九张，分三则征税：上

---

① 《清朝文献通考》，卷三十一，《征榷六·杂征敛》。
② 光绪《大清会典事例》，卷二四五，《户部·杂赋·田房税契》。
③ 光绪《大清会典事例》，卷二四五，《户部·杂赋·田房税契》。
④ 《清朝文献通考》，卷三十一，《征榷六·杂征敛》

则二两，中则一两五钱，下则一两"。①

5. 矿课

清代对于矿山，时开时禁。一般而言，"各厂之开闭，视山矿之旺衰"②，旺则开采，衰则停止。但对于新矿，则多禁止开采，主要是为了防止聚众生事，危及统治。矿税在清前期的赋税收入中所占的比重很低，所以封禁亦不会对国家财政造成太大影响。

矿课在《大清会典》中归类于"杂赋"中的"课"之目下，"杂赋有课，……山西、湖南、广东、广西、云南、贵州有矿课"③。而在《户部则例》中则归入"关税"中，有金厂、银矿、铁矿、砂厂、煤窑、水银、青金石等税目，皆按地区定有详细税率。如"煤窑抽课"中规定："顺天府属宛平、房山二县入官煤窑，每窑岁纳课银六十两，由该二县批解部库交收。"④

另外在盛京、吉林、江苏、安徽、江西、福建、浙江、湖北、湖南、广东、四川、云南、贵州等地还征收渔课，在《户部则例》中亦于"关税"中规定有详细科则。

清代前期的税收总数，据《清史稿》卷一百二十五《食货·会计》载："至乾隆三十一年（1766 年），岁入地丁为二千九百九十一万两有奇，耗羡为三百万两有奇，盐课为五百七十四万两有奇，关税为五百四十余万两有奇，芦课、鱼课为十四万两有奇，茶课为七万两有奇，落地、杂税为八十五万两有奇，契税为十九万两有奇，牙、当等税为十六万两有奇，矿课有定额者八万两有奇，常例捐输三百余万，是为岁入四千数百余万之大数，而外销之生息、摊捐诸款不与焉。"可见，在清前期的赋税收入中，地丁、耗羡、盐课、关税是最主要的收入，其他杂赋所占的比重不大。四项之中，尤以地丁为主要，约占全部收入的三分之二。这充分说明清前期仍是以农业为主的经济运行模式，工商业的发展依然处于较低的水平。

---

① 同治四年《户部则例》，卷四十二，《关税五》，"牙行额税"条。
② 《清朝文献通考》，卷三十，《征榷五·坑冶》。
③ 光绪《大清会典》，卷十八。
④ 同治四年《户部则例》，卷四十二，《关税五》，"煤窑抽课"条。

第二节　法外之苛征加派

清代虽制定了较前朝更为严格的赋税立法，又屡颁谕令，严禁法外加征，但终清一代，法外之苛征加派就从没有间断过，以至于一向以严法治税著称的雍正帝最终也不得不向加派妥协，给火耗这个清代最为严重的加派披上了合法的外衣，实行了所谓的"耗羡归公"，以期通过耗羡定额化和变其为"养廉银"来杜绝加派，结果仍是事与愿违，不仅没有限制耗羡的加征，反倒为官员盘剥百姓提供了一个合法的借口。清代的加派项目名目繁多，难以尽述，在此我们仅以乾隆朝为例，根据《清朝文献通考》的相关记载，列举几种田赋加派，以对法外加派有一简单的认识，在后文中我们将对其作更为具体的分析。

（一）耗羡

在前文中我们已经介绍过，耗羡本为法外加派，在清初曾严令禁止，但由于屡禁不止，遂于雍正二年（1724年）推行所谓"耗羡归公"政策。原本之意是想通过将耗羡定额而遏制更重的加派，同时将耗羡之得发于官吏作为养廉之用。然而"养廉银"并没有使官吏清廉，反使官吏更加有恃无恐，耗羡之外再加耗羡，民不堪其苦。乾隆三年（1738年），谕州县征收钱粮有私增火耗者严加治罪时指出：

上闻江南州县征收钱粮有加火耗之弊，传谕督抚严查所属，果有劣员暗地加耗，立即题参治罪。复谕曰："从前火耗未经题解，州县恣意横征，饱其欲壑，苦累百姓，是以皇考允各省题解火耗之请，而优给各官养廉，令不得额外巧取，所以惩贪风而纾民力，用意诚善。即养廉稍薄之州县，当时亦必就其所办事务酌予足用。该员量入为出，自无不敷。何得暗地重耗刻剥小民，以为自润之计，情罪至为可恶。该督抚不时体访，如有不肖州县于应收火耗外丝毫加重者，立即题参，严加治罪。如不行觉察，经朕访闻确实，必将该督抚严加议处，断不姑容。①

可见，"火耗归公"并没有改变官吏私征这一状况，反倒成为其变本加厉的借口。

（二）重戳

重戳，是乾隆时期的贪官污吏在征收田赋过程中的一种额外的巧取豪夺，是对人民明目张胆的敲诈勒索。乾隆三年（1738年）诏谕说：

四川火耗较他省为重，我皇考暨朕陆续降旨裁减，已去大半。今闻该省耗银虽减，而不肖有司，巧为营私之计，将戳头暗中加重，有每两加至一钱有余者。彼收粮之书吏，倾销之银匠又从而侵渔之。则小民受剥削之累不小矣。川省如此，他省可知。②

为此，乾隆下旨令"各省督抚转饬布政司遵照征收钱粮之天平法马制成画一之戳"，下达于各州县严格执行，并时时稽查，违者严行治罪。然而在划定戳头之时，仍不免官员从中作弊，重戳之弊终无法杜绝。

（三）杂办

杂办是在正税之外所征收的一种名目并不确定的税种，其内容庞杂，一般入于地丁中征收，如我们在前文中所论及的地赋税收中即规定有杂办："杂办如笺表、祭祀、乡饮、迎春、桃符、牲口、果品、科举、心红、水手、军器、雕漆、修理、书算、激劝、孤贫等项则征银。"③但在清初，杂办一项并无明确规定，不肖官吏借机巧取豪夺。乾隆五年（1740年）谕曰：

朕闻江省虽额钱粮、地丁、漕项、芦课、杂税之外又有名为杂办者，不在地丁项下编征，仍入于地丁，汇作分数奏销，其款目甚多，沿用前明。迄今赋役全书止编应解之款，未开出办原委，即有开载出办之处，亦未编定如何征收则例。于是有缺额累官者，有征收累民者，有累在官因而以及民者，有累在民因而以及官者，种种不一。朕心轸念，特颁谕旨，有款可征，积久相安，无累官民之项，仍照旧征解，但须查明则例，立定章程，明白晓示，

---

① 《清朝文献通考》，卷四，《田赋四》。
② 《清朝文献通考》，卷四，《田赋四》。
③ 光绪《大清会典》，卷十八。

以杜浮收隐混等弊。其实在额缺有累官民者，著督抚详确查明，谕旨豁免，以示加惠地方之意。①

在此谕令中，乾隆帝采取了一种折中的办法，对杂办区分情况具体征收与否，然而这种区分之权仍在官吏手中，势必难以杜绝官吏巧立名目，使无名之征转为有名之征，其结果仍不能令小民负担有所减轻。

（四）浮收

浮收，是指征税官吏于应征钱粮定额之外，多征收数钱或数分不等，利用乡民不识字或因数额较少不愿报官的心理，私自加征。一人或许数额尚少，而累积起来也是一笔不小的收入，故乾隆六年（1741年）就此下谕：

国家爱养黎元，莫先于轻徭薄赋。朕御极以来加惠闾阎，凡所以厚其生计而除其弊者，无不留心体察，次第举行。近闻各州县征粮一事尚有巧取累民之处。每至开征之际，设立滚单，将花户名及应完条根数目开列单内，散给乡民，原使乡民易知，得以照数完纳。前人立法本善，而无如奸胥蠹役，日久弊生。视各户银数之多寡，于额粮之外，或多开数钱至数分不等，乡民多不识字，且自知粮额甚少，既见为官府所开，遂照数完纳。即有自核算者，又以浮开为数无几，不肯赴官控告，结怨吏胥。且恐蒲匐公庭，废时失业，往往隐忍不言。其多收之银，或系书役先将别户钱粮侵收挪用而以此弥补其数，或通县钱粮正额业经报完而于卷尾之时兜收入己。更有不肖有司暗中俵分，以饷私蠹。其申送上级册籍仍是按额造报，并无浮多。至于一县滚单之多，动以万计，而上司难以稽察，无从发现。其为民间之害固不减于重耗也。朕闻此弊各省有之，而江浙为甚用。是颁此旨通行晓谕，是在各省督抚仰体朕心，时加访察，如有仍蹈此弊者，即行严参，不稍宽贷。则官吏不得假公行私，而小民共受其惠也。

可见，浮收之弊也是很严重的。而通过此，我们也可看出中国古代纳税人的无助和无奈。即便知道官吏苛征，亦承担不起诉讼的苦累，只能忍受被盘剥的命运，这是多么可悲的一件事。

---

① 《清朝文献通考》，卷四，《田赋四》。

第五章

赋税管理机构

清代作为中国封建社会的最后形态，其各项制度的设置都较前代更为完善和系统，因此在赋税管理机构的设置上也是最为完备的，形成了一套由中央统一领导、地方分级负责的赋税征收体系。

第一节　中央管理机构

在清代中央机构中，负责赋税管理的主要是户部及户部所辖的十四清吏司，另有工部掌管征竹、木、船钞的工关，但数目很少，在上一章中我们已有所涉及，这里就不再作详细介绍了。当然，作为封建专制集权制度的必然，皇帝是国家财政权力的最高统帅，户部职掌中也规定"大事上之"①，不过只有在遇到赋税方面的重大变革时，才会请旨行之，一般日常的征收和管理工作，均由户部自行处理。所以在此，我们主要介绍户部与十四清吏司的职掌与分工。清代另设有内务府掌管皇室财政，我们也作一简单介绍。

一、户部及十四清吏司

户部为六部之一，隶属于内阁，听命于皇帝。雍正以后，皇帝通过军机处向户部颁布税收征管诏令。户部主管官设有尚书，副长官为左右侍郎

---

① 光绪《大清会典》，卷一三，《户部》。

（满、汉）各一人，其中右侍郎兼管财务钱法，左侍郎管理全国田亩、户口等。关于户部的设立，《清史稿·职官一》是这样记述的：

初，天聪五年，设户部。顺治元年，置尚书、侍郎。右侍郎管钱法堂事。郎中，满洲十有八人，蒙古四人，康熙三十八年省。五十七年复置一人。汉军二人。康熙三十八年省。员外郎，满洲三十有八人，蒙古五人，康熙三十八年省，五十七年复置一人。汉军六人。康熙三十八年省。满洲堂主事四人，主事十有四人，汉军堂主事二人。十四司，汉郎中、员外郎各一人，主事各三人。六年，司各增一人。十一年省增额。康熙六年省江南、浙江、江西、湖广、福建、河南、陕西、广西、四川、贵州各一人。三十八年省山东、山西、广东、云南各一人。五年，定满、汉尚书各一人。七年增满洲一人，十年省。康熙六年复置，八年又省。康熙五十七年，增置福建司蒙古主事一人。雍正初，始令亲王、大学士领部事。嘉庆四年，以川省用兵，销算务剧，复令亲王永珺综之。寻罢。并改满洲郎中一人、员外郎二人为宗室员缺。十一年，仍令大学士管部。光绪六年，增浙江司宗室主事一人。三十二年，更名度支部。初制，按省分职，十三司外，增设江南一司，凡铜、关、盐、漕，及续建行省，别以司之事简领之。

可见，清朝的户部，始设于天聪五年（1631年），后经历代增减，一直沿用至光绪三十二年。而其人员编制，据光绪《大清会典》规定为：尚书满、汉各一人。左右侍郎满、汉各一人。堂主事满四人，汉二人。郎中宗室一人，满十七人，蒙古一人，汉十四人。员外郎宗室二人，满五十六人，汉十四人。主事宗室一人，蒙古一人，满、汉各十四人。司务满、汉各一人。缮本笔帖式二十人，均满员。笔帖式宗室一人，满洲一百人，蒙古四人，汉军十六人。经承六人。此外尚有额外郎中、员外郎、主事、七品小京官等，都无定员。除额外官员外，户部总人数是三百六十二人。①

户部的职掌，总的来说为："掌天下之地政与其版籍，以赞上养万民。凡赋税征课之则、俸饷颁给之制、仓库出纳之数、川陆转运之宜，百司以达

----

① 以上定员数请参见光绪《大清会典》卷一九及卷二四。

于部，尚书、侍郎率其属以定议。大事上之，小事则行，以足邦用。"① 因此，赋税征收及管理是户部的主要职掌之一。户部职能部门的主体为十四清吏司，各省地丁钱粮及所谓杂赋、租、税皆由十四清吏司分别管理。除此之外，户部还由许多内设机构，如职掌政务的井田科、八旗俸饷处、现审处、饭银处、捐纳房、内仓等以及处理日常行政事务的南北档房、司务厅、督催所、当月处、建银处等。另外，户部还设有监督、铸造钱币的钱法堂和宝泉局，收储漕粮等粮食的仓场衙门以及属户部管辖的银库、缎匹库和颜料库。以下我们仅列出其中涉及赋税征收和管理的部门。

1. 十四清吏司

十四清吏司是户部下辖最主要的职能部门，它们分别以省命名，但除了掌管审核所属各省地丁钱粮及某些税课外，还兼管其他有关财政事务，包括漕运在内的其他税赋就由各清吏司分而治之。现根据光绪《大清会典》的记载，将各清吏司的职数、职掌等情况列表如下。

表2　清代户部十四清吏司职掌表

清吏司名称	编制和职数									职　掌
	郎中			员外郎			主事			
	计	满	汉	计	满	汉	计	满	汉	
江南清吏司	2	1	1	4	3	1	2	1	1	掌覈江南三布政司之钱粮及江宁苏州织造之奏销；凡各省之平余与其地丁之逾期而未结者皆汇而察焉
浙江清吏司	2	1	1	3	2	1	2	1	1	掌覈浙江布政司之钱粮及织造之奏销；凡天下臣民数、谷数掌焉
江西清吏司	2		1	3	2	1	2	1	1	掌覈江西布政司之钱粮及织造之奏销；凡各省之协饷则稽其数（郎中含宗室一人）

---

① 光绪《大清会典》卷一三，《户部》。

续表

清吏司名称	编制和职数									职　掌
	郎中			员外郎			主事			
	计	满	汉	计	满	汉	计	满	汉	
福建清吏司	3	2	1	6	5	1	3	1	1	掌覈直隶、福建两布政司之钱粮与天津之海税；凡直隶之杂款札放于部者皆覈焉；掌赈粥之政令；官房稽其租入；井田科；掌覈入官之旗地（主事含蒙古一人）
湖广清吏司	3	2	1	3	2	1	2	1	1	掌覈湖北湖南布政司之钱粮与其厂课；凡耗羡之政掌焉
山东清吏司	3	2	1	4	3	1	2	1	1	掌覈山东布政司及东三省之钱粮；凡八旗官之养廉察而给焉；掌盐课、参课之政令
山西清吏司	2	1	1	3	1	1	2	1	1	掌覈山西布政司之钱粮（员外郎含蒙古一人）
河南清吏司	2	1	1	3	2	1	2	1	1	掌覈河南布政司之钱粮及察哈尔之俸饷；朱批之下于户部者汇而奏焉；掌报销之未结者
陕西清吏司	3	1	1	4	3	1	2	1	1	掌覈陕甘新疆三布政司及粮储道之钱粮；凡茶法掌焉；掌在京之支款（郎中含蒙古一人）
四川清吏司	2	1	1	3	2	1	2	1	1	掌覈四川布政司之钱粮与其关税；稽草场之出纳；纸朱覈其奏销；掌入官之款；凡天下收成之数汇而奏焉
广东清吏司	2	1	1	4	2	1	2	1	1	掌覈广东布政司之钱粮与八旗继嗣之政令；凡户差之更代，本部汉官之升补皆掌焉（员外郎含宗室一人）

清吏司名称	编制和职数									职　掌
	郎中			员外郎			主事			
	计	满	汉	计	满	汉	计	满	汉	
广西清吏司	2	1	1	5	3	1	2	1	1	掌覈广西布政司之钱粮及其厂税；凡矿政皆覈之；掌天下之钱法；内仓则稽其出纳（员外郎含宗室一人）
云南清吏司	3	2	1	4	3	1	2	1	1	掌覈云南布政司粮储道之钱粮；稽其厂课；凡漕政皆掌之
贵州清吏司	2	1	1	4	3	1	2	1	1	掌覈贵州布政司粮储道之钱粮；凡门关之税皆颁其政令；掌覈貂贡

资料来源：光绪《大清会典》卷二〇至卷二三。

2. 井田科

雍正十二年（1734年）设，掌覈八旗田土、内府庄户。凡入官房宅地亩及征收岁租，都由它管理。以福建清吏司选缺满洲郎中坐办。以下郎中、员外郎、主事，由尚书酌派，无定员。其额定人数，仅有经承二人。[1]

3. 户部仓场衙门

户部仓场衙门，掌漕粮之积储及北运河运粮事务。顺治元年（1644年）设汉总督仓场侍郎一人，继添设满侍郎一人，继又裁汉员缺。康熙十八年（1679年）始定满、汉侍郎各一人，下有笔帖式六人（均满员），经承八人，门吏一人。下辖坐粮厅，满、汉各一人，满员由六部、理藩院郎中、员外，汉员由六部郎中、员外内简用，掌验收漕粮，转运输仓，及通济库出纳之职；大通桥监督，满、汉各一人，由仓场侍郎于京通十三仓监督内补用，掌

---

[1]　光绪《大清会典》，卷二〇。

转大通桥之陆运；十一仓监督，分别为禄米、南新、旧太、海运、富新、兴平、太平、储济、本裕、丰益仓颉满、汉各一人，由户部于各衙门保送记名人员内按次补用，掌分管京仓；中、西二仓监督，亦满、汉各一人，由仓场侍郎于京城十一仓监督内调补，掌分管通仓。

4. 户部所属的税关

清代税关，有"户关""工关"之别，征百货税的为"户关"，属户部。征竹、木、船钞的为工关，属工部。户关有以下各处：

京城：崇文门、左翼、右翼。

直隶：通州、天津关、津海关、山海关、张家口。

奉天：牛庄关。

山东：临清关、东海关。

山西：杀虎口、归化城。

陕西：潼关。

甘肃：安肃关。

江苏：江海关、浒墅关、淮安关、西新关、镇江关。

安徽：凤阳关、芜湖关。

江西：九江关、赣关。

福建：闽海关、闽安关、沪尾。

浙江：浙海关、北新关、宁波关、欧海关。

湖北：江汉关、宜昌关。

四川：重庆关、夔关、打箭炉。

广东：粤海关、北海关、太平关、潮州关、琼州关。

广西：镇南关。

云南：蒙自关。

以上各税关，由户部贵州清吏司掌其政令，在此我们将其列出，是为了更清楚地了解清代的关税情况。

另外，作为清朝陪都的盛京亦设有户部，职掌盛京地区的财赋，主要为征收粮庄、盐庄、棉花庄的钱粮、食盐以及棉花，还包括征收旗地地租与杂税（牲畜税）、当税等。下设经会司（掌银钱物品之出纳）、粮储司（掌粮石之出纳）、农田司（掌开垦田亩及制定科则之事，并管牧地税务）、银库（为经会司掌管银钱之收藏）、内仓（为粮储司掌粮石之出纳）等机构。

二、内务府

内务府是清代专门管理内廷事务的机构。其职掌为"掌上三旗包衣之政令与宫禁之制；凡府属吏、户、礼、兵、刑、工之事皆掌焉"①。可见，内务府是清朝将外朝的一套机构移植于内廷的产物，因此其机构设置及职掌亦与六部设置有相似之处，只是名称不尽相同罢了。

在内务府中，涉及赋税征收的主要为会计司，其职掌为"掌征三旗庄赋、田赋而稽其出纳。凡造宫女太监则掌其政令"。会计司主要负责掌管纳粮庄，所管庄园"凡畿辅之庄三百七十有三；盛京之庄，六十有四；锦州之庄，二百八十有五；驻马口外之庄十有五"②。会计司所掌之菜园分布在大兴、宛平等县，共三十五个。每年除征粮、银外，并征鹅、鸭、猪、蔬菜等项，都有定额，年终核销出纳总数。

内务府皇庄是以皇帝私产面貌出现的一种国有土地，皇室的大量消费物品的供应来自皇庄，在以往各朝各代，这些消费品的供应主要是从国库和各地的差派中来完成。因而内务府皇庄这一特殊形式可视为清代解决皇室消费问题的一大创举。内务府中对皇庄的管理机构除了会计司外，还有"管理三旗银两庄头处"、都虞司、广储司、掌仪司、奉宸苑、营造司等。其中管理三旗银两庄头处是专门负责银庄事务的机构，管辖范围遍布直隶省五十三个州县，除征收银两外，并征收谷草、芦苇等物。广储司主要负责盛京各棉庄、靛庄、盐庄额赋的核销收存。都虞司掌管各种"户"，营造司则掌管各种"丁"。掌仪司在南苑、畿辅、直隶、盛京、广宁等处设有果园，每年征赋。奉宸苑所属有稻田厂，供应内廷所用之米，并征收田赋地赋以为修缮园

---

① 光绪《大清会典》，卷八九，《内务府》。
② 光绪《大清会典》，卷九四，《内务府》。

圃之用。内务府每年从皇庄所取得的收入有论者依据各项记载做过统计：

广储司：每年收棉花 12000 斤，靛 1950 斤，盐 21000 斤，年征银 1000 两；

打牲乌拉处：年征银共 12300 两；

掌仪司：年征银 8900 两；

会计司：年征粮 37000 石，银 123500 两；

三旗庄头处：年征银 52000 两；

奉宸苑：年征粮 2400 石，银 7000 两。

将以上各项折银归总，可知内务府皇庄每年的大致收入为 225444 两。若以节俭的道光年间"内府岁出之额，不过二十余万两"计之，则皇庄的收入足够内务府所需了。①

第二节　地方管理机构

清代的地方政府分省、道、府、县四级，另设有里甲、保甲等基层组织，在赋税征收上各负其责，层层监督，形成了一套自上而下的管理体系。

一、省
清代省一级的行政机构在沿袭明代的基础上亦有所发扬。明代临时派遣的总督、巡抚已成为固定的行政长官，代表皇帝行使地方军政大权。清代的总督，一般总管两省或数省的军政与民政，巡抚则为一省的地方长官，大致是以军事归总督，民事归巡抚。但在实际上，总督亦综理民事，而巡抚亦有管理军务之责。尤其是巡抚加提督衔，即节制全省军队。一省政务，又分之于布政使司、按察使司等衙门。

---

① 祁美琴：《清代内务府》，中国人民大学出版社，1998 年，第 213~214 页。

（一）总督

按《清朝文献通考》卷一百三十二载，"总督"二字，始见于《汉书》。明嘉靖年间，始设总督大臣一官，控制蓟辽保定等处地方。其时，总督有两种，一为专管某种事务之总督，如：管河之总督河道，管漕之总督漕运均是；二为管辖地方之总督，为临时派出之大员，总督地方军政，其管辖地方之大小与分合，均临时于该官敕书中限定，并不按当时的行省划分。凡派任总督之员，皆先授命为兵部尚书或都御史等职，以此为其本官，而后受命差遣。清沿明制，最初设总督亦属专派，渐次各省均设，遂成定员，乃为统辖一省或数省的封疆大吏。总督之职掌为："掌釐治军民，综制文武，察举官吏，修饬封疆。……其三年大比充监临官，武科充主试官。"①

依据《清史稿·职官三》的记载，清代所设之总督分别为：东三省总督、直隶总督、两江总督、陕甘总督、闽浙总督、湖北湖南总督、四川总督、两广总督、云贵总督，均按地区总督地方提督军务、粮饷并兼巡抚事。同时一些总督亦兼管经济事务，如直隶总督兼管长芦盐政；两江总督兼理两淮盐政；陕甘总督管理茶马之事。另设漕运总督与河道总督，分管漕运与河渠事务。其中漕运总督由于管理漕运事务，与赋税征收有较为密切的关系，我们特别介绍一下。

漕运总督，通称"总漕"。清顺治二年（1645年）参酌明制设立，驻江苏省淮安府，管辖山东、河南、江苏、安徽、江西、浙江、湖北、湖南八省漕政，掌督理漕运、检选运弁、修造漕船、派拨全单、兑运开帮、过淮盘掣、催趱重运、查验回空、核勘漂流，督催漕欠诸务。八省经理漕务之文武官员，皆为其属。凡收粮、起运，漕督皆须亲自稽核；漕船北上过淮、抵通，皆以时催攒督查，均需随时向皇帝报告。康熙二十一年（1682年）定制，漕船过淮后，总督应随船北上，率所属官弁视察运道险易，调度全漕，并稽查各属办事情况。粮船过津后，总漕即入京觐见述职，而后回淮办理下

---

① 《清史稿·职官三》。

年之征收、起运诸事。①

漕运总督下设官员有以下六类。

（1）巡漕御史：清初，沿明制设巡漕御史，顺治七年（1650 年）裁巡漕御史，由粮道分程押运。雍正七年（1729 年），以粮船过淮抵通，多有陋规，遣御史四人，分赴淮安、通州稽察。乾隆二年（1737 年）定巡漕御史四人，一驻淮安，巡察江南江口至山东界；一驻济宁，巡察山东台庄至直隶界；一驻天津，巡察至山东界；一驻通州，巡察至天津。② 巡漕御史虽亦襄办漕务，但是他们直接向皇帝述职，不是行政官，而是监察官。

（2）粮储道：粮储道亦称督粮道，是有漕政事务各省专管漕粮的监察兑收和督押运艘的官员。除有漕务之八省外，其余各省所设之粮道，管理本省粮储之事，但其粮仅供各省兵米而不转漕，故不隶于总漕。粮储道的职责是"掌通省粮储，统辖有司军卫，遴委领运随帮各官，责令各府清军官会同运弁、佥选运军。兑竣，亲督到淮，不得委丞倅代押。如有军需紧要事件，须详明督抚、漕臣，方许委员代行其职务"③。粮储道的属官设有库大使一人，掌收储漕粮；攒典一人协助其办事（浙江、河南二粮道不设）；各设有典吏若干人，协助办理具体事务，其少则一、二人，最多十六人。

（3）监兑同知、通判：监兑同知、通判是专司漕粮监兑之官。清初定制，漕粮监兑均为各府之推官，康熙六年（1667 年），各省推官尽裁，其漕粮监兑之事，则改委同知、通判。清制，共设有监兑同知六人、通判三十二人。"凡开兑，监兑官须坐守水次，将正耗行月搭运等米，逐船兑足，验明米色纯洁，面交押运官。粮船开行，仍亲督到淮，听总漕盘验。"

（4）押运同知、通判：押运本为粮道之职，但因粮道在各任所董理运务，无暇兼顾，而委以地方之佐贰官，负责漕船押运之事。清共设押运通判十六人，负责督押粮船、管束运军、查禁沿途迟延、侵盗及挽和诸弊。

（5）漕标：漕运总督亦统辖有绿营官兵本标及分防各营，称为"漕标"。

---

① 见《清史稿·职官三》及《漕运》相关记述。

② 光绪《大清会典》，卷六。

③ 《清史稿·食货三·漕运》。以下不特别指出之处皆出于此。

漕标官兵专掌催护粮船事宜。漕标包括本标中、左、右三营,淮安城守营及海州营、盐城水师营、东海水师营。

(6) 领运官弁:明制,漕粮北运,由沿途各卫所官兵任领运官,清初沿明制,领运之事仍置卫所,以屯田给军分佃,罢其杂徭,专司领运。各省粮船分帮,每帮以卫所千总一人或二人领运,武举一人随帮效力。顺治六年(1649 年),奏定就漕运各卫中择其才干优长者授职千总,责其押运,量功升转,挂欠者治罪追偿。

由漕运总督及其属官的设立,我们不难看出清政府对漕运的重视程度。

(二) 巡抚

按《清朝文献通考》卷一百三十二载,"巡抚"二字始见于《晋书》。明永乐时遣官巡抚广西,至宣德时期,乃于各省置巡抚。明代的巡抚为临时性差使,时以京官巡抚地方,而不以省区为职权界限,其名称常因所辖地区与职责的不同而时相参错。清因明制,初,因地因时而设巡抚,后渐按省设立,遂为定制,巡抚成为管辖一省地方之封疆大吏,地位仅次于总督。

巡抚的职掌为:"掌宣布德意,抚安齐民,修明政刑,兴革利弊,考覈群吏,会总督以诏废置。……其三年大比充监临官,武科充主试官。"[1] 清制,设巡抚十六人,除直隶、四川、甘肃、福建由总督兼外,其专设巡抚的省份有:江苏、安徽、山东、山西、河南、陕西、新疆、浙江、江西、湖南、湖北、广东、广西、云南、贵州及台湾。其职掌除巡抚本地区外,尚有一些兼管,如:山东巡抚兼临清关务;新疆巡抚兼管茶马事;山西巡抚兼理山西盐政;浙江巡抚兼管浙江盐政。

(三) 布政使司衙门

清代的布政使司衙门沿袭于明代,据《明史》记载:"(布政使)掌一省之政,朝廷有德泽、禁令、承流宣播,以下于有司。"因此又称其为承宣布政使司。明初全国共有十三承宣布政使司,总管各省行政、民政、钱谷等事,是地方最高行政长官。而到了清代,由于总督、巡抚成为常设机构,布

---

① 《清史稿·职官三》。

政使司成为隶属于督抚的部门。关于布政使司的职掌，《清史稿·职官三》是这样记述的：

布政使掌宣化承流，帅府、州、县官，廉其录职能否，上下其考，报督、抚上达吏部。三年宾兴，提调考试事，升贤能，上达礼部。十年会户版，均税役，登民数、田数，上达户部。凡诸政务，会督、抚议行。经历、都事掌出纳文移。照磨掌照刷案卷。理问掌推勘刑名。库大使掌库藏籍账。仓大使掌稽仓庾。

可见，布政使司的主要职责是掌一省之财政、经济、民政事务并协助督抚管理其他行政事务，是地方最高的赋税管理机构。

布政使司的内设机构及所属官员，各省不尽一致，一般设有经历司、照磨所、理问所等，其职责皆围绕布政使司的职掌展开。

（1）经历司：设经历一人，正六品，职掌出纳文移诸事，为布政使司署内之首领官，总理官署内部诸事务。另有都事（从七品）与其同掌出纳文移之事。

（2）照磨所：设照磨一人，从八品，掌照刷宗卷事。

（3）理问所：设理问一人，从六品，掌推勘刑名之事。

（4）库大使：一人，正八品，掌库藏籍帐之事。

（5）仓大使：一人，从九品，掌稽仓庾之事。

此外，各省布政司还曾设"检校"，掌检校公事文牍，后俱裁。另设有典史和攒典，协助各司、所等办理各项事务。①

（四）盐务衙门

清制，地方盐政，由总督或巡抚兼管；有盐务之地方，专设有盐务管理机构，称为盐务衙门。清朝的盐务官分盐政、督转盐运使司运使、盐法道、分司的运同、运副、盐挈同知及基层的盐课司大使等官。

1. 盐政

清初，沿明制各省设巡盐御史，自康熙以后，改为"盐政"，以总督、

---

① 刘子扬：《清代地方官制考》，紫禁城出版社，1988 年，第 83~84 页。

巡抚兼任。总督兼盐政五人，计直隶、两江、陕甘、四川、两广各一人；巡抚兼盐政者三人，计山西、浙江、云南各一人。盐政，掌督察征课，调剂盐价，并纠察所属盐务官员。① 各省盐政既由督抚兼管，并无办事专署，亦不另设属官，实已变成虚衔。具体办理盐务的是盐运使司、盐法道等衙门。

2. 督转盐运使司与盐法道

督转盐运使司是清代专为管理盐政所设置的机构，最高行政长官为盐运使，其基本职掌是"督察场民生计，商民行息，水陆辇运，计道里，时往来，平贵贱，以听于盐政"。② 不设盐运使司的即设盐法道。盐运使司运使共六人，计奉天、直隶、山东、两淮、两浙、广东各一人。盐法道共十三人，其中兼盐运使衔者三人，计山西、福建、云南各一人。另甘肃二人，由地方巡道兼，河南一人为粮盐道，四川一人为盐茶道。③

3. 盐务分司

盐运使或盐法道下设置盐务分司，分管督察各盐场盐务。掌其事者，或为运同，或为运副，或为运判，虽名称与品级不同，其职务则相同，都是辅助盐运使或盐法道管理盐务分司产盐地方，而直接督察各盐场的。运同共三人，计直隶、山东、广东各一人。运副仅两浙一人。运判共五人，计直隶一人，两淮三人，两浙一人。此外，在淮南、淮北及山西的河东地方，各设盐掣同知一人，掌查验行盐事务。又云南地方设有提举司三个，各有提举一人，分掌盐井事务。盐掣同知与提举司提举的职掌与分司同。④

4. 基层盐务机构

基层的盐务机构为盐课司、批验所及巡检司。盐课司各设大使一人，掌管盐场、盐井产盐事务。全国共设盐课司一百一十四个，分别为直隶八个，山东八个，山西三个，两淮二十三个，福建十六个，两浙三十二个，四川五个，广东十二个，云南七个。批验所也各设大使一人，掌批验盐引之出入。

---

① 《清史稿·职官三》。
② 《清史稿·职官三》。
③ 《清史稿·职官三》。
④ 《清史稿·职官三》。

全国共设批验所十六个，计直隶、山东、两淮、福建各两个，两浙四个，广东一个，四川三个。四川的三个批验所大使，有两个由府经历兼，一个由县丞兼，其余都是特设。巡检司，各设巡检一人，掌巡察各盐场，共设五个，计直隶一人，陕西、江苏各二人。

二、道

道为省下所设之行政机构。按明制，道是监察分区并非行政区，道员是因事派遣的"差使"，本身无品级。清朝自乾隆时起专设"守道"与"巡道"，前者有固定辖区，主要管理钱谷政务；后者分巡某一带地区，主要负责刑名案件。此外，还有因专门事务而特设的道员，如督粮道、盐法道、兵备道、海关道等。《清史稿·职官三》称其主要职掌为："各掌分守、分巡，及河、粮、盐、茶，或兼水利、驿传，或兼关务、屯田；并佐籓、臬覈官吏，课农桑，兴贤能，励风俗，简军实，固封守，以帅所属而廉察其政治。"因此，道是布政使司之下的重要的经济职能部门。

各直省的主要道及道员人数介绍如下:[1]

直隶 7 人：口北道、霸昌道、通永道、天津道、清河道、大明道、热河道。

山东 4 人：督粮道、济东泰武临道、莱青道、兖沂曹道。

山西 4 人：冀宁道、河东道、雁平道、归绥道。

河南 5 人：开归陈许道、粮盐道、南汝光道、河北道、河陕汝道。

江南 7 人：江安粮储道、苏松粮储道、常镇通道、松太道、盐巡道、凤庐道、宁池太广道。

浙江 6 人：督粮道、盐法道、宁绍合道、温处道、杭嘉湖道、金衢严道。

江西 4 人：督粮道、盐法道、广饶九南道、吉南赣宁道。

福建 6 人：督粮道、盐法道、兴全水道、延见邵道、汀漳龙道、台湾道。

湖北 5 人：督粮道、盐法道、荆宜施道、安襄郧道、武汉黄德道。

---

[1]　黄本骥：《历代职官表》，上海古籍出版社，1980 年，第 262 页。

湖南 5 人：粮储道、盐法长宝道、衡水桂道郴、岳常澧道、辰永沅靖道。

陕西 5 人：督粮道、盐法道、潼商道、汉兴道、延榆绥道。

甘肃 8 人：甘凉道、平庆道、巩泰阶道、兰州道、宁夏道、西宁道、安隶道、镇迪道。

四川 6 人：盐茶马道、松茂道、川东道、建昌道、永宁道、川北道。

广东 6 人：督粮道、惠潮嘉道、肇罗道、南韶连道、高兼道。

广西 3 人：苍梧道、左江道、右江道。

云南 5 人：粮储道、盐法道、迤西道、迤南道、迤东道。

贵州 3 人：督粮道、贵西道、古州道。

道下所设之杂职有库大使，从九品。仓大使，关大使，俱未入流，皆因地建置，不备设。①

三、府

清代府级机构包括府以及省辖的直隶厅、直隶州。这些府、厅、州的基本职能与布政使司相同，负责承宣国家政令、治理百姓、征收赋税诸事宜。不过，该级行政机构在整个行政体系中所处的位置决定了它的特殊性和重要性。府级行政机构处于省道与基层州县之间，起着上传下达、联络上层与基层、协调上下关系的轴心作用。② 据光绪《大清会典》卷四记载，清代全国共设府 185 个，直隶厅 34 个，直隶州 73 个。府、厅、州衙门一般设有府堂（综合性办事机构）、经历司（掌管出纳文移诸事）、照磨所（掌勘磨卷宗事宜）、司狱司（掌察理狱囚诸事）等内部机构来协助行政长官行使其职能。除了这些内设的办事机构外，府、厅、州所辖的一些下属机构，履行着重要的财政、经济职能。在此则其要者列举如下：③

宣课司（府属），设大使一人，掌税收。清代于江苏江宁府聚宝门及龙

---

① 《清史稿·职官三》。

② 赵德馨：《中国经济通史》，第八卷（上册），湖南人民出版社，2002 年，第 165 页。

③ 光绪《大清会典》，卷四、五、六。

江关各设一人；

税课司（府属），设大使一人，掌征一府之杂项税课事务，凡商贾、僧屠、杂市俱有常征，由税课司按时征收。江苏淮安府一人，浙江杭州府三人，广东潮州府一人。州税课司大使为未入流之杂职，掌商税征收诸事宜，江苏通州直隶州设一人。

茶引批验所，设大使一人，掌理茶引事宜，设于江苏江宁府。

府仓，设大使一人，掌一府仓庾之事。清泉国有府仓四处：直隶保定府广盈仓、山西太原府大盈仓、潞安府永丰仓、朔平府常丰仓。

四、县

清代县级行政机构包括县、府属的散厅和属州，是最基层的国家行政机构。据光绪《大清会典》卷四载，全国共有县1303个，散厅78个，属州145个。县的行政长官为知县，正七品官，掌一县之政务，"知县掌一县治理，决讼断辟，劝农赈贫，讨猾除奸，兴养立教。凡贡士、读法、养老、祀神，靡所不综"①。知县的佐贰官为县丞、主簿，分掌粮马、征税，户籍、缉捕诸职。知县的属官有典史、巡检、驿丞、闸官、税课司大使及河泊所大使等。其中税课司大使掌典商税之事，"凡商贾、侩屠、杂市俱有常征，以时榷之，输直于道、府若县"②。清设县税课司者仅江苏省六和县、仪征县，浙江省钱塘县、仁和县共四处。河泊所掌收渔税，清代在广东南海县、番禹县设河泊所共二处。

值得一提的是县级行政单位的等级划分。县的等级划分有不同的划分，一种划分方法仿照明代，以税粮为标准，划分为上、中、下三等。较流行的方法是用官缺来划分，同府一样，以"冲""繁""疲""难"四字作为标准，分为"最要缺""要缺""中缺""简缺"四个等级。府州县官缺的等级是以地方行政事务繁简难易为基础的，其划分标准亦能从一定程度上反映各

---

① 《清史稿·职官三》。

② 《清史稿·职官三》。

地的社会经济状况和地位。①

五、地方基层组织

清代县以下的地方基层组织，既继承了明代的里甲制，也沿袭了宋明实行过的保甲制。雍乾以前，里甲制主要行使征赋派役的职能，保甲制主要行使维护社会治安的职能。雍乾之后，随着摊丁入亩改革的深入开展，里甲制逐渐丧失了其存在的社会基础，保甲制成为基本的基层组织，行使治安和征收赋税的双重职能。

清兵入关之初，面对残破局面，急于建立安定的社会环境和稳定的赋税来源。保甲制和里甲制的重建同时被提上日程。顺治元年（1644 年）八月，摄政王多尔衮下令："各府州县卫所属乡村，十家置一甲长，百家置一总甲，凡遇盗贼逃人，奸宄窃发事故，邻佑即报甲长，甲长报知总甲，总甲报之府州县卫，府州县卫核实，申解兵部。若一家隐匿，其邻佑九家，甲长、总甲不行首告，俱治以重罪，不贷。"② 可见，清最初设置的是保甲制，而其设置的主要原因是为了保证社会的安定。《清朝文献通考》亦言："先是顺治元年即议力行保甲，至是以有司奉行不力，言者诸加申饬。"③ 顺治三年（1646 年）清廷即下令修订《赋役全书》，编制人丁和统计田亩的工作也随之展开，"顺治五年题准：三年一次编审天下户口，……以百有十户为里，推丁多者十人为长，余百户为十甲，城中曰坊，近城曰厢，在乡曰里，各设以长"④，基本确立了里甲制度。但总的来说，顺治初年，清廷一直忙于战争，统治秩序正在建立，保甲和里甲制度的整顿与重建只能在局部地区展开，执行的效果也不十分理想。只有在战争基本稳定以后，统治者才有暇腾出手来进行规范的基层组织建设。

---

① 赵德馨：《中国经济通史》，第八卷（上册），湖南人民出版社，2002 年，第 167 页。
② 《清世祖实录》，卷七，顺治元年八月癸亥。
③ 《清朝文献通考》，卷二二，《职役二》。
④ 光绪《大清会典事例》，卷一五七，《户部·户口·编审》。

一般认为，顺治十二年（1655 年）时大规模重建里甲制度的开始。当时，户部奏言：

人丁地土，乃财赋根部，故明旧制，各直省人丁，或三年或五年查明造册，谓之编审。每十年又将现在地丁汇造黄册进呈。我朝定鼎以来，尚未举行。今议自顺治十二年为始，各省责成于布政使司，直隶责成于各道，凡故绝者开除，壮丁脱漏及幼丁长成者增补，其新旧流民俱编入册，年久者与土著一体当差，新来者五年当差。至于各直省地图，凡办纳钱粮者为民地；不纳钱粮者，不分有主无主，俱为官地，各边镇俱应照例分别。……如有隐地漏粮，许人告发。①

顺治十四年（1657 年），《赋役全书》颁行全国，里甲制度步入规范运行的轨道。

清代大力推行里甲制度，显然是期望达到明初"赋半而役举"的效果，但清代的里甲远没有像明初那样严格地通过清查户口而进行编制，大多是在明代里甲的基础上增减损益而成，而明中叶以来里甲中的积弊并未完全根除。随着社会经济的恢复，这些弊端又在新的土壤里重新显露出来："有亩已卖尽而仍报里役者；有田连阡陌而全不应差者。不特十年之中偏枯殊甚，至年年小审挪移脱换，丛弊多端，田归不役之家，役累无田之户。"② 针对这些现象，康熙朝曾下大力气进行整顿，在各地掀起了均田均役的运动，但终仍避免不了豪强的兼并和官吏的营私舞弊，人口逃移、人丁脱漏成为严重的社会问题，户籍的编审已十分困难，赋役征收中的矛盾趋向激化。为了缓解矛盾，从康熙末年起，清廷相继推行了"滋生人丁永不加赋""摊丁入亩""顺庄编里法"等赋役改革措施。从此，"（里甲）编审不过虚文"，完全失去了意义，最终于"乾隆五年（1740 年），遂并停编审，以保甲丁额造报"。③ 这样，里甲制度作为明清以来征收赋役的地方基层组织形式，在社会底层进行了三个世纪以后，终于退出了历史舞台，其征赋派役的职能为保

---

① 《清世祖实录》，卷八七，顺治十一年十一月甲寅。
② 《清朝文献通考》，卷二二，《职役二》。
③ 王庆云：《石渠余纪》，卷三，《纪停编审》。

甲制度所取代。

保甲制度在清代议行的时间虽早，但它的推行在开始并不顺利。雍正即位时尚在抱怨："弭盗之法，莫良于保甲。朕自御极以来，屡颁谕旨，必期实力奉行。乃地方官惮其繁难，视为故套，奉行不实，稽查不严。"① 经雍正帝的整顿，保甲制的推行确实取得了一定"实效"，这一制度在包括交边地区、少数民族杂居地区、僻远地区的大范围内推行开来。当时的保甲编排之法为："保甲之法，十户立一版头，十版立一甲长，十甲立一保正。其村落畸零及熟苗熟僮，亦一律编排。"② 至乾隆二十二年（1757 年），颁布"更定保甲之法"③，标志着保甲制度的定型和完善。在此法中，保甲制度几乎推行及全国乡村的各个角落，遍及各种人口，清王朝的保甲制也因此固定下来，成为统治者控制基层社会，编审人丁、征收赋税的工具。终清之世，无大的改变。

从清代的赋税管理机构，我们不难看出，清代在各级机构的构建上都充分吸取了前朝的经验与教训，并根据时势变化进行了适时的调整，使其更符合清代的实际情况。这样的管理机构如果能够得到有效的运转，对保障清代的赋税征收无疑会起到非常积极的作用。

---

① 《清世宗实录》，卷四三，雍正四年四月甲申。

② 《清世宗实录》，卷四六，雍正四年七月乙卯。

③ 具体内容参见《清朝文献通考》，卷一九，《户口一》。

第六章

赋税征收原则与征收方法

清代的赋税立法在起步之初基本沿袭明代旧制，因此赋税征收原则亦因循自明代，但统治者在总结前朝的基础上又赋予了其更为严格的意义。在赋税征收方法上，清初沿用明代的易知由单之法，后随着时势的变化，清统治者适时改变了征收方法，创立了一些新的更适应时代变化和更有效的方法，使得赋税征收得以顺利进行。在本章中将做详细的介绍。

第一节　赋税征收原则

清代的赋税征收原则基本因袭明代，但在内容上又有所增加，充分显示了统治者对赋税征收的重视程度。

一、依法征税原则

清前期统治者一直都十分重视依法治国。早在入关之前，清王朝的奠基者努尔哈赤就不止一次地谈到法治的重要性。他曾告诫子侄和八旗将领说："若谓为国之道何以为坚，则国贵乎诚，法令贵乎严密完备。毁弃良谋，轻慢所定之严格法令者，乃无益于政，国之鬼祟也。"① 其继承者皇太极亦强

---

① 《满文老档·太祖》，卷三，癸丑年十二月。转引自张晋藩：《中华法制文明的演进》，中国政法大学出版社，1999年，第427页。

调"励精图治，法制详明者，国祚必永；怠忽政事，废弛纪纲者，国势必危"①。并把"宣布法纪，修明典常"，提到"保邦致治之计"的高度。②清军入关之后，鉴于明亡的历史教训，更加注重建立完善的法律体系。从《大清律例》到《大清会典》，再到各部院则例，无一不体现了统治者依法治国的决心。

在前文中，我们已经介绍了清代赋税立法的基本情况，然而仅仅有法可依并不能保证法律制度的顺利实施，只有做到有法必依才能事半功倍，因此清历代统治者都在依法征税方面做了极大的努力。

清入关之初，尚无可以依凭的赋税征收法令，只是在"废除明季三饷"的上谕和顺治帝的即位诏书中草草规定了"地亩钱粮俱照前朝会计录原额，自顺治元年（1644年）五月初一日起，按亩征解"③，但即便如此，统治者还是没有忘记规范执法官吏的行为："如有官吏朦胧混征暗派者，查实纠参，必杀无赦。倘纵容不举，即与同坐。"这是因为统治者十分清醒地认识到依法征税的重要性，在其上谕中对于明末的官吏腐败写得十分明了："高下予夺，惟贿是凭。而交纳衙门，又有奸人包揽，猾胥抑勒，明是三饷之外重增一倍，催科巧取殃民，尤为粃政。"虽然统治者在这里贬斥明末的官吏苛征更多是为了标榜自己的仁政，"兹哀尔百姓困穷，夙害未除，痌瘝切体，徼天之灵，为尔下民请命"④，借以收买人心，但其采取的严格执法的措施却在一定程度上凸现了统治者依法征税的思想倾向。为确保官吏的依法征税，顺治年间多次下诏禁止官吏加派，违者治罪。⑤但是由于清初征战连绵，许多政策的推行都大打折扣，国家虽三令五申正项之外禁止加派，实施的效果

---

① 《清太宗实录》，卷四二，第10页。
② 《清太宗实录》，第3～4页。以上皆转引自张晋藩：《中华法制文明的演进》，中国政法大学出版社，1999年，第428页。
③ 《清世祖实录》，卷九，顺治元年十月上甲子。
④ 《清世祖实录》，卷六，顺治元年七月壬寅。
⑤ 据光绪《大清会典事例》，卷一七二，《户部二一·田赋·催科禁令》中记载，顺治年间所发布的催科禁令共有十一条，除一条涉及民抗田赋外，其余十条均是禁止官吏加派的，其内容涉及赋税征收的各级官吏，不可谓不严也。

仍不很理想。顺治十五年（1658年），工科给事中史彪古上疏称："国家之财用原取足于正供，乃今之州县有一项正供，即有一项加派。"①

顺治朝之后的历代皇帝依旧为实现依法征税而努力着。康熙三年（1663年）五月甲子，诏令"州县私派累民，上官容隐者并罪之"②。康熙七年（1668年），康熙帝在其一份上谕中对官吏加征苦累小民进行了申饬，并要求各级官吏互相监督，务求依法征税。

（康熙）七年，谕户部：向因地方官滥征私派，苦累小民，屡经严饬而积习未改。每于正项钱粮之外，加增火耗，或将易知由单不行晓示，设立名色，恣意科敛。或入私囊，或贿上官，致小民脂膏竭尽，困苦已极。朕甚悯之。督抚原为察吏安民而设，布政职司钱粮，厘别奸弊乃其专责。道府各官于州县尤为亲切，州县如有私派滥征，枉法婪赃情弊，督抚各官断无不知之理。乃频年以来，纠参甚少，此皆受贿徇情，故为隐蔽。即间有纠举，非已经革职，即物故之员。其现任贪恶害民者，反不行纠举。甚至已经发觉之事，又为朦混完结。此等情弊深可痛恨。嗣后督抚司道等官，如有前弊，或经体访察出，或被科道纠举，或被百姓告发，严处不贷。至尔部收纳直隶各省解到钱粮，亦须随到随收，速给批回，毋得纵容司官、笔帖式、书办等勒索作弊，苦累解官。倘有违法即行举奏，如不行严谨，察出将堂司各官一并从重治罪。③

继康熙之后的雍正帝更是一位严以治税的皇帝，即位之初就针对康熙末年政令的过于宽大而造成的政务松弛、官员枉法亏欠侵吞财赋等弊病进行了大刀阔斧的整顿，指出要"严猛治之，不能宽纵放任"④，先后将湖广布政使、湖南及广西按察使、江西巡抚和布政使、江南粮道等一批职掌地方钱粮而出现侵吞亏欠的大员革职并查封家产。经过整顿，库存钱粮较康熙时大为增加，存银达六千多万两之多。成为清代依法治税的表率。

---

① 《清朝文献通考》，卷一，《田赋一》。
② 《清史稿·圣祖本纪一》。
③ 《清朝文献通考》，卷二，《田赋二》。
④ 《清世宗实录》，卷三，雍正元年正月条。

　　为了能够切实推行依法征税的原则，清政府出台了一系列的相关法规，首先是在赋税征收方法上大做文章（详见下文）；其次则是将税则公之于众，使民易晓，以期达到对征税官的多方监督。清初在赋役全书尚不完善之时，采用易知由单作为赋税征收的基本凭据，而施行易知由单的本意就是让纳税人对所纳钱粮一目了然，有法可依。到康熙年间，易知由单停止刊刻。为了使民众了解赋税法则，康熙帝下令"直省各州县卫所照赋役全书科则勒石公署门外，使民知晓"。① 雍正六年（1728年）亦就"官不将完欠细数显示于民，故胥吏得以作奸，而官民并受蒙蔽"而要求州县官"每年令各乡各里书手将所管欠户各名下已完银粮若干，尚欠若干，逐一开明呈送县官查对，无差即用印出示，各贴本里，使欠粮之民家喻户晓"②。

　　依法征收原则的确立和推行确保了清代赋税收入的稳定性，对国家稳定起到了积极的促进作用，从而造就了清前期的"康乾盛世"。

二、量入为出原则

　　《大清会典》中有这样一段话："制天下之经费，凡国用之出纳，皆权以银，量其岁之入以定存留、起运之数。"③ 这段话为我们提供了清代征税的一个基本原则——量入为出原则。尽管从直观上讲，此段话讲的乃是国家一年之内的开支用度原则，但其所支出的费用皆为赋税所得，因此支出的如何分配直接关系着赋税的如何征收，所以将"量入为出"作为赋税征收的一个原则并不为过。而若想保证量入为出原则的有效实行，就必须具备这样几个条件。

　　第一，赋税的定额化。从《大清会典》关于国家用度的规定中，我们可以看到它详细列出了国家每年用度的名目及数量，并严格奏销制度，防止超支："凡动款，有坐支，有给领，有协解，有估拨，皆按其实而销焉。"④ 这

---

①　《清朝文献通考》，卷二，《田赋二》。
②　《清朝文献通考》，卷三，《田赋三》。
③　光绪《大清会典》，卷十九。
④　光绪《大清会典》，卷十九。

就必须保证国家每年皆有定量的赋税入账，且不能有苛捐杂派苦累小民，因此赋税的定额化是实现量入为出原则的首要保证。我们知道，清代的主要赋税收入来源是田赋和地丁，虽然有名目繁多的工商杂税，但在赋税收入中所占的比例并不很多，因此赋税定额化的主要约束对象是田赋和地丁。清代征收田赋的标准是以亩数为基本依据的，土地面积扩大，田赋就会有所增加，土地面积缩减，田赋亦会随之减少。但国家的土地面积毕竟是有定额的，即便有所增减亦不会十分明显。因此清朝历代在田赋征收上的总量变化并不很明显。那可能变化的就只有地丁银了。因为人丁的增减受许多因素的影响，波动较大。清初为扩大地丁银收入，严格编审之制。但脱漏与虚报现象严重，既没有保证国家赋税收入得到增加，又在一定程度上激化了社会矛盾（详见第二章），遂于康熙年间不得不发布了"滋生人丁，永不加赋"的政令，到雍正年间又在全国范围内推行了"摊丁入亩"政策，使得地丁银的征收也趋于定额化。至此，清代的主要赋税收入趋于一个较为稳定的水平，为量入为出政策的实行创造了基本条件。

　　第二，严格用度，倡行节俭。收入固定了，支出水平就会受到一定的限制，这就要求政府能够做到严格用度，杜绝浪费和超支现象。《大清会典》中明文规定了国家支出的项目和数量，并严格奏销制度，从立法上解决了"出"的问题。但要想在实践中做到有法必依，则必须要求自上而下统一言行，倡行节俭，防止入不敷出。因此历代统治者都在节俭上大做文章。康熙帝曾多次强调"敦本务实，崇尚节俭"①，用以戒勉朝廷官员。对朝廷各项支出，则大多亲自过问，有管理不善或用钱过度者，立予纠处制止。据王庆云在《石渠余纪》中记录康熙朝节俭事迹中称："先是，光禄寺岁用六七十万，工部百余万。至圣祖末年，光禄寺年用四五万，工部十五万余。是以部库有五千余万之积。"② 正是由于康熙崇尚节俭，才使国家财政有所富余，普免天下成为可能。继康熙之后的雍正亦提倡节俭，他曾告诫满洲文武大

---

① 《清圣祖实录》，卷一二〇，康熙二十四年三月至四月末。
② 王庆云：《石渠余纪》，卷一，《纪节俭》。

臣:"自古人生以节俭为本,盖节俭则不至于困穷,靡费则必至于冻馁,此理所必然者也"①,要求满洲臣民俱以节俭文本,以为天下之表率。

清代实行量入为出的赋税政策,其目的不过是想通过固定支出以减少赋税的增加,从而实现轻徭薄赋的统治理念。但仅是倡行节俭,而不从根本上消除吏治的腐败,杜绝加派滥征行为的蔓延,再好的政策也无法推行下去。更何况立法者本身也无法严格依法办事,在情势有所改变的时候,就会以加征赋税来应急,此时的立法不过是一纸空文罢了。

三、货币化原则

中国古代的赋税征收在清代之前仍以实物征收为主,虽然明万历年间实行"一条鞭法"之后,赋税折银的比例已大大提高,但正赋征收仍以实物为主。如《明实录》天启六年(1626年)的全国钱粮统计,依然开载着征米2100余万石,麦430余万石,以及丝绵、折绢、麻布各款。而于顺治八年(1651年)进行的清代第一次全国赋税统计中,所开载的地丁总额为征银2100余万两,征粮仅500石,可见其赋税征收的货币化比例已大为增加。实际上,清朝前期,除漕粮由于其地位的特殊性仍以征收实物为主外,其他大多数钱粮征收都已折色为银,一并征收。将粮米征收改折为银,减少了因运输而导致的折损以及人力、物力的消耗,对保证国家赋税的足额征收和减轻农民运输负担均有一定的好处。

同时,赋税征收的货币化从经济史发展的进程来看,也是一种进步,是商品经济发展的必然选择,促进着商品经济的发展。但在中国古代重农抑商政策的束缚下,这种促进作用被极大程度地缩小了,反倒是赋税征收货币化的副作用日渐明显。由于农民不得不将所收粮米兑换成白银来缴纳赋税,使得征收官吏有了更多的可乘之机,加征火耗就是一个很好的例证。再加上无规范的价格机制的约束,商人和官吏的盘剥使得农民的负担更为增加。清政府希望通过改折为银来减少粮米运输的长途跋涉,从而减轻农民负担的愿望

---

① 《清朝文献通考》,卷三十九,《国用一》。

再一次落空了。

第二节　赋税征收方法

清代之所以能够以一边陲少数民族征服中原大地并维持了近二百年的相对封闭的封建统治，一个重要原因就是善于总结前朝经验，并适时调整以更符合时代的要求。在赋税方法的制订方面充分显示了这一点。

一、易知由单法

易知由单法是清朝沿袭明代的赋税征收方法，也是清代最早采用的赋税征收方法。所谓易知由单，其实就是政府用来催促纳税人纳税的一种通知单。单内开载田地种类、科则、应纳款项以及缴纳期限等，在钱粮开征之前下发给纳税人，以便能按期如数缴纳给政府。由于它具有使钱粮征纳者知道缴纳钱粮的成案及其事由的用意，所以称之为易知由单。

清初入关，由于赋税图籍多在战争中损毁，征收钱粮一时头绪纷杂，不仅百姓无从缴纳，就是作为征收者的官员们也不知以何为凭据征收。顺治元年（1644 年），巡按御史柳寅东言："解京钱粮头绪纷杂，有一县正额止三千余两，而条分四十余项。有一项钱粮止一两六、七分钱而加费至二三十两，宜总计各款汇解，以免赔累。"① 实为当时的真实写照。针对这种情况，山东巡抚方大猷及御史宁承勋均提出刊刻易知由单，"使民易晓"②。及至顺治六年（1649 年），户科右给事中董笃行"请颁刻易知由单，将各州县额征、起运存留、本折分数、漕白二粮及京库本色，俱条悉开载，通行直省，按户分给，以杜滥派"③，经户部审议后通过，并由皇帝首肯，易知由单遂在全国发行。易知由单的内容经顺治、康熙两朝的不断补充和完善，最终变得

---

① 《清朝文献通考》，卷一，《田赋一》。
② 《清朝文献通考》，卷一，《田赋一》。
③ 《清世祖实录》，卷四六，顺治六年九月甲戌。

十分庞杂，整张易知由单犹如一份大布告，其内容不仅包括各州县的额征、起运存留、本折分数等钱粮征收的基本情况，更增加了禁止私派和处理蠲免的条文。①

清代易知由单的设立及通行，是在清政府编订赋役全书之前。在清初赋役全书尚未编纂完成时，易知由单是州县征派赋役最为重要的依据。编订易知由单的目的，不仅是为了让纳税人明了缴纳的钱粮定额，更主要的是为了防止官吏的苛征滥派。董笃行在请颁刻易知由单的上疏中明确指出颁行易知由单的目的是"以杜滥派"。而易知由单在内容上的几次增添，仍围绕着杜绝加派这个主题。如顺治十五年（1658 年），工科给事中史彪古上疏称："国家之财用原取足于正供，乃今之州县有一项正供即有一项加派，应敕直省抚按将见行申饬私派之令刊入易知由单，使闾阎之民共晓德意。岁终仍取所属印结报部，以凭察核。庶私派止而公输裕。"顺治帝以为所奏深切时弊，令有司议行。② 于是易知由单中增加了禁止加派一项。然而，即便如此，易知由单还是无法完成统治者所期望它完成的约束作用，官吏们总是千万百计地弱化它的作用，以达到额外加征的目的。康熙二十年（1681 年）十月初六日，山西道监察御史蒋鸣龙上奏指出易知由单在使用中存在的弊端：第一，内容繁杂，"连张广幅，阅不能尽，不惟民不能知，即官吏亦未能通晓"；第二，本应每户一张，而事实上官府一般只印刷数张，虚应故事而已；第三，易知由单本是一种预颁通知单，必须在征收赋税之前颁发，但在执行中许多地方却在事后才颁发。易知由单已"殊失立法命名之意"。③ 甚至连刊刻易知由单的费用也成为官吏用以加派的借口。终于到康熙二十六年（1687 年），康熙帝颁发了停止刊刻易知由单的上谕：

各省刊刻由单，不肖官役指称刻工纸版之费，用一派十，穷黎不胜其困。嗣后，直隶由单免其刊刻，晋省由单先经该抚题请免刻，亦一并停止。

---

① 关于易知由单的内容及变革请参考何平：《清代赋税政策研究》，第 235～239 页。
② 《清朝文献通考》，卷一，《田赋一》。
③ 何平：《清代赋税政策研究》，第 239 页。

明年，悉免各省刊刻由单，惟江苏所述，于地丁银内刊造，仍听册报如旧。①

至此易知由单作为全国性的赋税征收工具被取消，而此时距离赋役全书的颁行已有二十几年的时间，易知由单作为征赋依据的作用已被赋役全书所取代，因此它的消亡也是历史发展的必然。

二、自封投柜法

自封投柜法是清代自创的一种赋税征收方法，其目的亦是为了防止官吏的克扣和私派。

自封投柜的提出和通行是在顺治年间。顺治八年（1651 年），顺治帝命御史分巡各省，察民间利病，苏松巡按秦世祯因条上兴除八事，其中一条即为"收粮听里户自纳簿柜，俱加司府印封，以防奸弊"②。顺治十八年（1661 年），又下令"州县官不许私室称兑钱粮。凡州县各置木柜，排列公衙门首，令纳户眼同投柜，以免克扣"③。自封投柜法遂被确立。

清代的统治者对自封投柜法的实施都十分重视，三令五申要严格立法，强化监督。据光绪《大清会典事例》的记载，雍正、乾隆、嘉庆年间均有上谕或议题，要求官吏严格执行自封投柜法，杜绝克扣，苦累小民。现摘录如下：④

雍正元年议准：各省督抚于州县开征之初，令该府遴选贤员，与该管官同封银柜。或十月二十日，别委贤员，或佐杂教职，当众拆封，立即起解。二年，谕：民间输纳钱粮用自封投柜法，亦属便民之道，但偶有短少之数，令其增补，每致多索，其数浮于所少之外。理应将原银发还，仍于原封内照数补足交纳，庶可免多索之弊。此虽细事，督抚大吏亦不可不留心体察，严饬有司，以除民累。

（乾隆）二年覆准：征收一应杂项钱粮，令纳户包封自投入柜，届期一

---

① 《清朝文献通考》，卷二，《田赋二》。
② 《清朝文献通考》，卷一，《田赋一》。
③ 《清朝文献通考》，卷一，《田赋一》。
④ 光绪《大清会典事例》，卷一七一，《田赋·催科》。

同监拆。如有需索及留包偷取等弊，即行参究。

嘉庆四年，谕：钱粮一项，例应民间自封投柜，久经严禁私设官店，以杜浮收。其乡民内向有折交钱文者，若竟行禁止，恐小民不谙银色，反受胥吏愚弄。各督抚务于开征之先，按时价覈定换银上库之数，每两征收大钱若干文，出示晓谕，听民自便。毋许丝毫浮收。

为便于百姓缴纳，清代亦采取了一些变通手段。如雍正十三年（1735年）覆准："直省州县小户钱粮，数在一两一下，住址去县远者，照小户零星米麦凑数附纳之例，将钱粮交与数多之户，附带投柜，于纳户印票内注明。如数在一两以上，及为数虽少，情愿自行交纳者，仍遵例自封投柜。"①

自封投柜法的设立可以说是清代在赋税征收方面的一个创举，它将赋税缴纳的自主权交给了纳税人自己，实现了对官吏行为的一种民间监督，这是前朝所不能比拟的。当然，由于封建专制集权的必然性，自封投柜法在现实中的实施仍存在不尽如人意的地方。我们可以从清代颁布的几条催科禁令中得到验证。

（康熙）三十五年覆准：湖南陋习，里甲之中分别大户小户，其大户将小户任意欺压，钱粮皆大户收取，不容小户自封投柜。甚且驱使服役。嗣后小户令出大户之甲，别立里甲，造册编定，亲身纳粮。如有包揽、抗粮、勒索、加派等弊，该督抚题参治罪。

乾隆元年题准：州县收纳钱粮，务照定例，令纳户包封自投入柜，不许收书一涉其手。如有奸胥违例留包偷取情弊，该管府州即揭报题参。

（嘉庆）二十二年咨准：湖北崇阳县征收钱漕，行户自行赴柜赴仓交纳，截券回家。如有生监包揽，该管官不行查出，照失察绅衿贡监生员包揽钱粮例议处。倘花户仍托书差交纳，本管官知情故纵，照故纵例议处。止系失察，照失察书役犯赃例议处。仍责成该管道府随时稽查。②

可见，自封投柜法实施中存在的最大问题就是大户包揽。大户包揽不仅

---

① 光绪《大清会典事例》，卷一七一，《田赋·催科》。
② 光绪《大清会典事例》，卷一七二，《田赋·催科禁令》。

使百姓丧失了监督官府征收钱粮的机会，亦使得本已交纳的钱粮存在流失的可能。如此一来，自封投柜法的优势就无从说起了。因此，清代对大户包揽一直是明令禁止的。《大清律例·户律》中明确规定："凡揽纳（他人）税粮者，杖六十。著落（本犯）赴仓（照所揽数）纳足，再于犯人名下，（照所纳数）追罚一半入官。若监临主守，（官役挟势）揽纳者，加罪二等。（仍追罚一半入官）。"另外，胥吏的侵贪作弊亦是妨害自封投柜法顺利实施的原因之一。

三、截票法

截票法是清代所创立的又一种征收方法。据《清史稿·食货志》记载："截票者，列地丁钱粮实数，分为十限，月完一分，完则截之，钤印于票面，就印字中分，官民各执其半，即所谓串票也。"

截票法的最初施行是在顺治年间。光绪《大清会典事例》中记述："（顺治十年）又议准截票之法。开列地丁钱粮数目，分为限期，用印钤盖，就印字中截票为两，一给纳户为凭，一留库柜存验。按图各置一册，每逢比较查验，有票者免催，未截者追比。"[1] 其时的截票乃为两联，一联交由纳户作为完纳税赋的凭证，一联留存官府备查，故亦称之为二联串票。二联串票实行到康熙年间，其弊端日渐显现，"不肖有司与奸胥通同作弊，藉名磨对稽查，将花户所纳之票强留不给，遂有已完作未完，多征作少征者"。于是在康熙二十八年（1689年）开始推行三联串票之法，"一存州县，一存差役应比，一付花户执照。嗣后征收钱粮豆米等项，均给三联串票，照数填写。如州县勒令不许填写，及无票付执者，许小民告发，以监守自盗例治罪"。[2] 到雍正三年（1725年）更是开始实行四联串票，"一送府；一存串根；一给花户；一于完粮柜旁别设一柜，令花户完银时自投柜中，每夜州县官取出对流水簿句销欠册"。不过实施没有多久，到雍正八年（1730年）时，又恢复了三联

---

① 光绪《大清会典事例》，卷一七一，《田赋·催科》。
② 光绪《大清会典事例》，卷一七一，《田赋·催科》。

串票的征收方法。①

由此我们不难看出，截票的适用目的是为了实现征税人、纳税人与政府管理者之间的相互监督，防止征税人的私派加征及纳税人的隐漏托词。这与我们现行的会计制度颇有几分相似之处，不能说不是一个好的制度。然而制度归制度，其优越性的体现还要视实施的效果而定。截票的制定者们期望通过不断强化截票的监督力度来实现赋税征收中的依法行事，然而执行的结果却事与愿违。康熙十二年（1673年），江苏布政使慕天颜称，截票之法，"法至善也，奈州县各逞己见，或不查截票，仍比甲催者，或已截而仍摘全数，或未截而漏摘顽户者，或将截票收掌于粮书、揩勒需索者，或截票虽截而簿未等，混淆完欠者，或不按应截之月限分数而任意差拿者，或并花户之应截欠数总归里长催名下，独累见年者。其弊种种不一"。截票并未按要求来使用。嘉庆年间，广西灌阳县重征一案表明，一些地方官根本不把串票执照放在眼里。两广总督阮元、广西巡抚赵慎畛于嘉庆二十四年（1819年）就此事奏称，"广西灌阳县知县杜钧在任几年，其初将花户远年已纳之粮，有原给印照遗失者，即令补纳。印照尚存者，亦令重纳。更有现年新纳之粮，才给印照，数日后复逼令重纳"。这种情形绝非个别现象。很明显，串票在催征赋税过程中是否发挥应有的作用，还决定于官僚作风等更为重要的社会条件。②

四、滚单法与顺庄编里法

滚单法的实行据光绪《大清会典事例》记载是在康熙三十九年（1700年），"（康熙）三十九年题准：征粮设立滚单，于纳户名下注明田亩若干，该银米若干，春应完若干，秋应完若干，分作十限，每限应完若干，给发甲内首名，挨次滚催，令民遵照部例，自封投柜。不许里长、银匠、柜役秤收。一限若完，二限挨次滚催。如有一户沉单，不完不缴，查出究处"③。其

---

① 光绪《大清会典事例》，卷一七一，《田赋·催科》。
② 何平：《清代赋税政策研究》，第247页。
③ 光绪《大清会典事例》，卷一七一，《田赋·催科》。

实滚单的名目，早在顺治年间就已被提出，只是当时并没有得到推广。① 而康熙朝推行滚单法的用意，《清朝文献通考》中给出了明确的答案：

是时征粮之弊，上下科派，名色不一，有合邑通里共摊同出者，名曰软抬；有各里各甲轮流独当者，名曰硬驮。豪民奸胥包揽分肥，大为民累。及滚单之法行，简易明白，吏胥不得侵渔天下，便之。②

从滚单的设立，我们不难看出，政府期望通过纳粮民户的相互滚催来达到赋税如数按时完纳的目的。清人黄六鸿在谈及滚单的使用时称：“滚单落户者，着本甲花户单到滚催，所以为甲长分劳，期于速完也。其法，钱粮开征头二限听纳，至三四限完不如数，照此簿甲分，每五户列一单，挨填各户欠数，不论银数多寡，分作四限完纳。五分户中以欠数最多者为催头，其单甲长领给最多者。催头逢卯，执单赴比。比后又交与下手欠数多者为催头。如单到不照限完，催头禀拿重责，亦罚全完方释。如过限再不完，枷示仍责全完。须要勤查，法在必行。否则，虽滚不遵亦无益也。”③ 可见，滚单法的核心是通过“挨次滚催”的办法来减少甲长督催的工作量，提高工作效率。但是，滚催的实施者和执法者是所谓的“催头”，这就使得它的实施效果大打折扣。

在上文我们已介绍过，清初沿袭明代的里甲制度来完成赋役征收任务。但是随着社会经济的发展，土地买卖和土地集中加剧，人口流动频繁，使得里甲组织无法严格规划土地和人户。在赋役征收上，出现两种主要弊端。一是户名不清，造成钱粮包揽飞洒。如雍正初年杭嘉湖道徐鼎在奏疏中指出，“钱粮包揽飞洒，以致历年拖欠，亦由户名不清，村庄不顺”。里甲底册多与实际不符，“粮册并无的姓的名，或子孙分晰，承用诡名；至辗转授受，又联合数姓报作一户。因而互相推诿，并不知为何人”。④ 二是里长作弊，催头

---

① 据《清朝文献通考》，卷一，《田赋一》记载：顺治八年（1651 年），苏松巡抚秦世祯就时弊上疏“兴除八事”中就有一条提出“催科不许滥差衙役，设立滚单以次追比”。

② 《清朝文献通考》，卷二，《田赋二》。

③ 黄六鸿：《福惠全书》，卷六，《钱谷部·催征》。

④ 《清经世文编》，卷二九，《户政》，徐鼎：《请稽查保甲以便催征疏》。

督办不力。这便给赋税征收造成困难，滚单的作用也得不到切实发挥。

针对这种情况，清政府不得不另谋出路，在雍正年间推出即顺庄编里法，用来与滚单配合使用，使得滚单催征真正发挥作用。据《清朝文献通考》记载，顺庄编里法是在雍正六年（1728 年）开始实施的，其具体内容为："顺庄编里，开造的名。如一人有数甲数都之田，分立数名者，并为一户；或原一户而实系数人之产，即分立的户花名；若田亩未卖，而移住他所者，于收粮时举报改正。田坐彼县而人居此县者，就本籍名色别立限单催输。"① 这种将田产与人户按照现居村庄编造簿册的做法，旨在理顺田亩与业主的关系，以免除赋役征收中诡寄隐漏等弊端。

顺庄编里是滚单催征得以真正发挥效用的重要条件。四川《巴县志》中就两者的关系是这样解释的：

征粮之役向用里长，飞洒诡寄，舞弊多端。嗣后例用五户滚单，省差便民，立法至善。但庄不顺则用滚单难，未可以他省例之。里长之遗遂变而用甲催，甲催者就一甲之户轮流金报催粮也。报充甲催强半多乡愚，催弗力则受比于官，力催则受制于绅士、胥役、兵丁，每金报之年多向书役贿免，贿则卖放，不贿押充，此诘彼告，终岁弗休。其情畏粮差累，其弊缘冗役多。故用甲催不如用乡保，用乡保则宜裁冗役。盖甲催一年一换，乡保可连年不换，急公者奖，玩误者革，计每岁无金报之繁，比甲催有督办之力。②

不过即便如此，也不能完全保证赋税催征的畅行无阻。乾隆六年（1741 年），乾隆帝在一份上谕中道出了滚单在实施过程中的弊端：

（乾隆）六年谕：国家爱养黎元，莫先于轻徭薄赋。朕御极以来加惠闾阎，凡所以厚其生计而除其弊者，无不留心体察，次第举行。近闻各州县征粮一事尚有巧取累民之处。每至开征之际，设立滚单，将花户名及应完条根数目开列单内，散给乡民，原使乡民易知，得以照数完纳。前人立法本善，而无如奸胥蠹役，日久弊生。视各户银数之多寡，于额粮之外，或多开数钱

---

① 《清朝文献通考》，卷三，《田赋三》。

② 乾隆《巴县志》，卷三，《赋役志》。

至数分不等，乡民多不识字，且自知粮额甚少，既见为官府所开，遂照数完纳。即有自核算者，又以浮开为数无几，不肯赴官控告，结怨吏胥。且恐匍匐公庭，废时失业，往往隐忍不言。其多收之银，或系书役先将别户钱粮侵收挪用而以此弥补其数，或通县钱粮正额业经报完而于卷尾之时兜收入己。更有不肖有司暗中俵分，以饱私囊。其申送上级册籍仍是按额造报，并无浮多。至于一县滚单之多，动以万计，而上司难以稽察，无从发现。其为民间之害固不减于重耗也。朕闻此弊各省有之，而江浙为甚用。是颁此旨通行晓谕，是在各省督抚仰体朕心，时加访察，如有仍蹈此弊者，即行严参，不稍宽贷。则官吏不得假公行私，而小民共受其惠也。①

　　然而，仅皇上的一道上谕又如何真正解决得了问题，良法尚需良吏来施行。不从根本上解决问题，任何完善的赋税征收方法等不能发挥其真正的作用。

　　从以上的介绍中，我们不难看出，清代赋税征收方法不断转变的根本原因是为了杜绝征收官吏的浮收加派，期望通过征收程序的法定化来达到约束、监督官吏行为的目的。正如王庆云所说："开国之初，法制未定。顺治八年以后，各省始有奏销数目。及康熙初，乃除均役提编之弊，故给以易知由单。后以繁费累民，一改而为截票，而软抬硬驮，未能尽绝。再改而未滚单。滚单不行，三改而为的户。累朝因革损益，其要使民易晓，而吏不得多取而已"。② 虽然，在实施过程中，每一种方法的运用都存在这样或那样的缺陷，不能完全实现制度设计者的初衷，但清代的这种因势立法的做法仍值得我们称许。

---

① 《清朝文献通考》，卷四，《田赋四》。
② 王庆云：《石渠余纪》，卷三，《纪赋册钱票》。

第七章

赋税减免制度

赋税减免是封建统治者实现其宽赋思想最常用的手段，借以安抚民心，稳定国家社会和经济秩序。清代的赋税减免制度包括法定减免（绅衿优免和免科制度）和因时因事减免（蠲免）两种，其中又以蠲免为主要减免内容。清代的赋税减免制度较之前朝不仅内容丰富了，规模也大为增加，尤其是由康熙帝所掀起的普免政策，更是前朝所不能企及的。我们姑且不论其实施的效果，仅就这样的力度也足以显示清代统治者推行宽赋思想的决心。

第一节 法定减免

我们在此作所指的法定减免是在法律上明文规定的应予减免的赋税。因为在后文中所介绍的蠲免制度多是皇帝根据现实情况通过谕令而颁行的，并未成定制，故我们做这样的区分。清代法律明文规定的减免制度包括绅衿优免和免科制度。

一、绅衿优免制度

绅衿优免制度是中国古代所施行的对在任官员及地方绅士、在学人员的赋税减免制度。它的沿革可追溯到周代。据《周礼》记载，当时对国家赋役，"其舍者，国中贵者、贤者、能者、服公事者"。① 即免除赋役的，包括宗室贵族、有特殊才能的贤能之士，以及官府胥吏等。绅衿优免是国家特权阶层的特殊待遇，具有鲜明的阶级性。它自产生以来，一直为历朝历代所沿袭，直至清末。

清人关后不久，即积极着手建立完备的赋税法律制度，绅衿优免制度也被提上了议事日程。顺治二年（1645年），保定巡抚郝晋疏请定优免画一之规。得旨："户礼二部酌定品官及举、贡、生员、杂职、吏典，应免丁粮。其废官黜弁、粟监、赀郎俱与民间一例当差。有冒滥优免者，该抚按劾治。"② 优免制度初步确立，但并没有就具体的优免数目做出规定。直到顺治五年（1648年）才制定了较为完备的优免制度。据《清世祖实录》记载，顺治五年三月壬戌日，制定了优免则例，其具体内容如下：

在京官员，一品免粮三十石，人三十丁；二品粮二十四石，人二十四丁；三品粮二十石，人二十丁；四品粮十六石，人十六丁；五品粮十四石，人十四丁；六品粮十二石，人十二丁；七品粮十石，人十丁；八品粮八石，人八丁；九品粮六石，人六丁。在外官员各减一半。教官、举、贡、监生、生员各免粮二石，人二丁。杂职、省祭、承差、知印、吏典各免粮一石，人一丁。以礼致仕者免十分之七，闲住免一半。犯赃革职者不在优免例。如户内丁粮不及数者，止免实在之数。丁多粮少者不许以丁准粮，丁少粮多者不许以粮准丁，俱以本官自己丁粮照数优免。其分门各户、疏远宗族不得一概涵免。③

由此我们可以看到，清代的绅衿优免制度涉及的范围包括在任官员、教官、举人、贡生、监生、生员、杂职、省祭、承差、知印、吏典及以礼致仕者，应当说范围还是极其广泛的。其后绅衿优免制度又有了一些发展变化："（顺治）十四年，部议优免丁徭，本身为止。雍正四年，四川巡抚罗殷泰言，川省各属，以粮载丁，请将绅衿贡监优免之例禁革。部议驳之。复下九

---

① 《周礼·乡大夫》。
② 《清世祖实录》，卷一八，顺治二年闰六月癸巳。
③ 《清世祖实录》，卷三七，顺治五年三月壬戌。

卿议，定绅衿止免本身；其子孙族户冒滥，及私立儒户官户者，罪之。乾隆元年，申举贡生监免派杂差之令"。① 由此我们可以看到，在清代，绅衿优免数额虽经几度缩小和限制，但始终存在，他们从来都拥有这种一般百姓所享受不到的特权。

尽管绅衿优免的数量按级分等，有多有少，但在实际生活中，只要有这个特权存在，不论大小，他们都可能利用本身的势力以及与地方现任官吏勾结，加以扩大范围和滥用。"有田连阡陌坐享膏腴而全不应差者"，"进士举贡生员犹有各立的名，或书职衔，名曰官户、儒户，凡杂项差徭量行豁免"，"杂差繁苦，未免有亲族人等冒借名户，希图幸免，以致绅衿名下之田半皆影冒"。② 康熙间，绅衿公然包揽，大获其利，以致康熙三十九年（1700年），下谕申饬绅衿包揽诡寄的行为，明令禁止。

（康熙）三十九年，谕：各省绅衿等优免丁银原有定例，惟绅衿豪强诡寄滥免，以致徭役不均。而其间山东为尤甚。凡绅衿户下田亩不应差徭，遂有将地亩诡寄绅衿户下，因而衙役、兵丁效尤免差。更有绅衿包揽钱粮，将地丁银包收代纳，耗羡尽入私囊，官民皆累。著照欺隐田亩例，通限两月，绅衿本名下田亩各具并无诡寄甘结，将从前诡寄地亩尽行退还业户。③

绅衿优免制度的推行本只是政府为了表现其体恤官绅、笼络人心的一种举措，但在实施的过程中，却被绅衿及胥吏利用，成为脱逃赋税、中饱私囊的介质。其结果是，百姓负担大大加重，"免差之地愈多，则应差之地愈少，地愈少则出钱愈增，以致力作之农民每亩出钱至二、三、四百文不等，较是正赋，每亩征银一钱上下者，多逾倍蓰"。④ 有的地方贫者，"既无立锥以自存，又鬻妻子、为乞丐，以偿丁负"。⑤ 种种弊端，不胜枚举。

---

① 《清史稿·食货二·赋役仓库》。
② 《清经世文编》，卷二九，《户政四》，柯耸：《编审厘弊疏》。
③ 《清朝文献通考》，卷二，《田赋二》。
④ 《清经世文编》，卷三三，《户政八》，屠之申：《敬筹直隶减差均徭疏》。
⑤ 《清经世文编》，卷三〇，《户政五》，盛枫：《江北均丁说》。

二、免科制度

清代赋税减免制度中颇有特色的是它所施行的免科制度。免科，顾名思义，是国家对一部分课税对象免于征收赋税，其主要针对的是田赋征收，这对以田赋收入为主要经济来源的封建国家而言是非常可贵的，而清代的免科制度更具有人文特色。

清初入关，就在免科上大做文章，首先革除了明末加征的"三饷"及召买米豆等苛捐杂征。顺治亲政之后，又免除了多尔衮在边外筑城所加征的税赋，并"令有司按户给还"①。这些政策的出台对于稳定民心、恢复经济起到了良好的促进作用。以后各朝均有不同程度的赋税免科政策的出台，最终形成了一整套法定的免科制度。

据《户部则例》规定，清代免于征科的田地包括：（1）社稷、山川、学校、先圣、先贤庙基、祭田并一切祠墓、历坛、寺观等地概不科赋；（2）各省士民有捐置义冢、庙宇田地，其原额赋粮俱准核实题豁；（3）直省筑塘濬河及建造衙署、营堡，一切公估并给价买用各田地应征钱粮，该督抚委员勘明，造册题豁免科；（4）凡内地及边省零星土地听民开垦，永免升科；（5）各直省各项征租地亩如被水冲沙压，不堪耕种，地方官报明该上司，即委员确勘，出具切实印加各结，送部，准其题豁额粮。②

从上述的免科制度中，我们不难看出立法者的侧重点：

（1）首重忠孝

中国古代向以"礼"来教化民心，甚至在礼与刑的关系上，也提倡礼主刑辅，所谓"德礼为政教之本，刑罚为政教之用，犹昏晓阳秋相须而成者也"③。而礼所倡导的是"亲亲""尊尊"，即我们常说的忠孝。清王朝立法重在参酌汉典，自然不会忽视礼的教化作用，因此在免科田赋的首条即规定"社稷、山川、祠墓等均不科赋"。而为了更加体现其体恤民心之意，更规定

---

① 王庆云：《石渠余纪》，卷一，《纪免科》。
② 同治四年《户部则例》，卷七，《田赋二上》，"免赋田地"条。
③ 《唐律疏议》。

了士民捐助义冢给予豁免的制度，可谓极具人性化。

（2）尊儒重贤

自儒生董仲舒说服汉武帝实行"罢黜百家，独尊儒术"以来，儒家文化在中国思想领域占据了两千多年的统治地位。清王朝虽为少数民族所建立的王朝，但若想统治以汉族为主要民族的中华帝国，继续推行儒家文化无疑是明智的选择。因此，清王朝在免赋田地的规定上给了所谓儒家圣贤们极大的优惠。据光绪《大清会典事例》记载，孔林地、庙基地、四氏学学田、各圣贤后裔的祭田、墓田、庙基地等均不征收赋税①；以此来倡导人们尊重儒家先贤，以国家立法形式提高先贤的地位，从而为儒家思想继续为统治者服务创造条件。

（3）体恤民情

上述两种赋税免科都是为特权阶层所设立的，一为皇家社稷，一为儒家圣贤，与百姓的日常生活并无多大的联系，而零星土地的免科规定却是和百姓的生活息息相关的。关于这一法令的出台，《大清会典事例》中给出了详细的介绍：

乾隆五年，谕：从来野无旷土，则民食益裕。即使地属畸零，亦物产所资，民间多辟尺寸之地，即多收升斗之储。乃往往任其闲旷，不肯致力者，或因报垦必升科，或因承种易致诉讼，以致愚民退缩不前。前有臣工条奏及此者，部臣以国家惟正供无不赋之以土，不得概免升科，未议准行。朕思则壤成赋固有常经，但各省生齿日繁，地不加广，穷民资生无策，亦当筹划变通之计。向闻山多田少之区，其山头地角闲土尚多，或宜禾稼，或宜杂植，即使科粮纳赋，亦属甚微。而民夷随所得之多寡皆足以资口食。即内地各省，似此未耕之土不成邱段者亦颇有之，皆听其闲弃，殊为可惜。嗣后凡边省、内地零星土地可以开垦者，悉听本地民夷垦种，免其升科。并严禁豪强首告争夺。俾民有鼓舞之心，而野无荒芜之壤。②

---

① 光绪《大清会典事例》卷一六四，《田赋·免科田地》。
② 光绪《大清会典事例》卷一六四，《田赋·免科田地》。

可见，零星土地的免于升科既解决了闲置土地的开垦问题，亦解决了日渐增加的人口的口食问题，可谓一举两得。虽然这一举措是不得已而为之，但在以田赋收入为国家主要赋税收入的封建国家而言，能够制定这样一条法令，还是难能可贵的。

同时，清政府还注意到了由于自然灾害而导致的田亩减少，制定了因被水冲沙压而导致的不适耕种的田地免于科赋的政令，可谓法令制定之细密也。

值得一提的是，在光绪《大清会典事例·免科田地》中还记载了这样一条免科法令：

嘉庆九年，谕：巴尔楚克等庄二百四十回户充当东路赖里克等十二台差使，均无贻误，嘉庆四年准令开渠垦地，止期于穷苦回众生计有益，原不必按地升科。且近年以来，阿克苏库车喀喇沙尔和阗等处，俱经该办事大臣奏明开垦，当即加恩给该处穷苦回民耕种，以资养赡。巴尔楚克事同一例，著加恩将该处所有开垦渠地均赏给回众耕种，毋庸另议升科，以示体恤远人至意。

这样的规定对安抚边远少数民族，促进边疆稳定无疑是有极大益处的。

第二节　蠲免制度

所谓蠲免，是指政府下令豁免某些地区乃至全国各直省的地丁、漕粮。蠲免的对象或是本财政年度应征之额，或是历年拖欠款项，或是未来财政年度的待征款项。关于清代的蠲免制度，《清史稿·食货志》中是这样记述的："蠲免之制有二：曰恩蠲，曰灾蠲。恩蠲者，遇国家庆典，或巡幸，或用兵，辄蠲其田赋。灾蠲有免赋，有缓徵，有赈，有贷，有免一切逋欠。""灾蠲"属于清政府的荒政之一，《大清会典》中详尽规定了民田、屯田、八旗官田、公田等各类田地遭遇灾害时，蠲免地丁、漕粮的比率。"恩蠲"无定制，系皇帝因登基、祝寿、大婚等举行庆典，或巡幸各地、兴兵动武之时，下令免除钱粮，意为泽及天下百姓。

清人关初期，经济凋敝，人民流离，为稳定民心，尽快促进经济恢复，清政府发布了大量的赋税蠲免法令，一方面废除明末所制定的苛捐杂派，一方面减免遭遇灾荒、战争等地的赋税额度，对恢复社会正常经济秩序，安抚民心起到了一定的促进作用。然而，清初的大部分时间尚在征战之中，赋税体系又极其不完善，因此虽发布了许多蠲免谕令，但实施的效果并不理想。清代大规模实施蠲免是从康熙朝开始的。康熙对蠲免的重要性是十分看重的，他曾说："第思百姓足则国家充裕。若期比屋丰盈，必以蠲租减赋，除其杂派为先"，"蠲赋为爱民要务"。① 因此其在位期间，多次在全国范围内蠲免钱粮，史称"故在位六十年中，屡颁恩诏，有一年蠲及数省者，一省连蠲数年者，前后蠲除之数，殆逾万万"②。特别是他首创了全国范围内的普免制度，这是史无前例的。之后的雍正皇帝亦很重视蠲免政策的实行。雍正十三年（1735年）十一月，雍正在上谕中称："朕临御以来，加惠元元，将雍正十二年以前各省民欠钱粮悉行宽免，诚以为民为邦本，治天下之道莫先于爱民，爱民之道以减赋蠲租为首务也"③。不过雍正年间并未实行普免，大多实行的是灾蠲。乾隆即位之后，社会经济秩序已完全恢复，财政收支状况经雍正朝的整顿亦趋于稳定，且乾隆帝有好大喜功之特性，因此大力推行蠲免政策，不仅普免次数较之康熙朝大为增加，灾蠲规模也较前朝有所扩大。翻开《清史稿·高祖本纪》，不难发现，乾隆朝的历史简直就是一部蠲免赋税史。《清史稿》之所以用大量篇幅记述这些蠲免，当然主要是为赞颂乾隆的爱民仁政，但也从另一侧面说明乾隆朝对蠲免制度的重视。乾隆之后，嘉庆及道光帝依然沿袭前朝实行蠲免，但力度已远不如乾隆朝，清王朝的经济衰落之势已有所呈现。

清代的蠲免制度亦有定例，但大多数蠲免法令是通过皇帝的谕令发布

---

① 《清圣祖实录》卷一三九，康熙二十八年正月壬午；《清圣祖实录》卷二一〇，康熙四十一年十一月乙卯。
② 《清史稿·食货二·赋役仓库》。
③ 同治四年《户部则例》，卷八十四，《蠲恤二》，"恩蠲灾蠲事例"条。

的，有时会较之定例更为宽泛，如康熙朝开始实行的普免政策就是皇帝根据情形以谕令方式下达的。下面我们分别介绍一下。

一、蠲赋定例

清代的蠲赋定例主要是关于灾蠲的，由于灾蠲属于清代的荒政范畴，因此其蠲免的比率在《大清会典》中均有明文规定，现摘录如下：①

1. 蠲赋

以灾户原纳地丁正耗，准作十分，按灾分之数蠲免。灾十分者，蠲赋十分之七；九分者，蠲赋十分之六；八分者，蠲赋十分之四；七分者，蠲赋十分之二；六分五分者，蠲赋十分之一。屯卫田地，随坐落州县分数蠲免。山西未经摊征之丁银及无地灾户丁银，统随地粮分数蠲免。八旗官地，灾十分者，蠲租十分之五；九分者，蠲租十分之四；八分者，蠲租十分之二；七分者，蠲租十分之一；六分以下者，缓征。江苏吴县公田，蠲租照民田之例。至各省漕粮及漕项，或分年带征，或一律蠲免，奏明遵旨办理。

2. 缓征

灾地勘报之日即行停征。所停钱粮系被灾十分、九分、八分者，三年带征；系受灾七分、六分、五分者，二年带征；五分以下勘不成灾，有奉旨缓征，其次年麦熟后应征钱粮递行缓至秋成。若被灾之年，深冬方得雨雪，及积水方退者，另疏题明，将应缓至麦熟钱粮再缓至秋成，新旧并纳。又成灾五分以上州县中之成熟乡庄应征钱粮亦一体缓征。②

3. 发赈

题报成灾情形，即一面发仓，将乏食贫民，先散赈一月，是为正赈。及查明分数后，随分析极贫、次贫，具题加赈。灾十分者，极贫加赈四月，次贫加赈三月；九分者，极贫加赈三月，次贫加赈二月；八分七分者，极贫加赈二月，次贫加赈一月；灾六分者，极贫加赈一月；五分者，酌借一月口

---

① 光绪《大清会典》，卷十九。
② 光绪《大清会典》，卷十九，《户部》。

粮。正赈、加赈米数，皆按日散给。大口日五合，小口半之。学中贫生、屯卫贫军随坐落地方予赈。盛京旗地官庄站丁被灾，各先借一月口粮，不作正赈。及查明被灾分数，不论极贫、次贫，旗地灾十分九分者，赈五月；八分七分者，赈四月；六分五分者，赈三月。官庄灾十分九分八分者，赈五月；七分六分者，赈四月；五分者赈三月。站丁灾十分九分八分七分者，赈九月；六分五分者，赈六月。米数皆按月散给，大口月二斗，小口半之。凡闲散贫民，无力田灾民一体给赈。米不足者，银米兼赈，其银按省折赈，足价散给。

4. 出贷

灾岁之明春，农民无力播种者，酌借籽种、口粮。或夏月风雹旱蝗水溢等灾，除不能复种秋禾者，即照秋灾办理外，如秋禾尚可播种，应俟秋获时，确勘分数办理者，遇必须接济，亦先酌借籽种、口粮，皆于常平仓出借。秋灾麦熟后，夏灾秋成后征还。皆免息谷。

单从法律规定而言，清代在面临自然灾害时所实施的蠲免政策可谓详备，既考虑到了灾民即时的吃饭问题，亦考虑到了灾后重新生产的问题。但从这些条文中，我们也不难发现其中的不足之处。其一，被灾分数止于五分，五分之下者并不成灾，只有在奉旨之后方可行缓征之策，蠲免的程度和范围大打折扣。其二，政策中带有明显的不平等痕迹。如在"发赈"一款中，盛京旗地、官庄、站丁的发赈数目、时限、散给方式较之一般田土均有优待，突出了旗地的特殊性。其三，蠲免的最终决定权在皇帝手中。虽各项蠲免款项皆有定额，但每遇灾害皆需上报，奉旨而行，尤其是五分以下之灾蠲及全免皆需皇帝亲下诏令，凸现了君权的极端集权化。这也是清代蠲免法令多为谕令形式的主要原因。

二、谕令蠲免

清代大多数的蠲免法令都是通过谕令的形式颁布的，个中原因或许可以这样解释：一为彰显统治者的体恤爱民之心，突出其以仁治国的决心和力度，保障社会经济的稳定发展；一为保证财政权的归属，只有皇帝是国家最高的财政掌控者，一切财政的收入与支出均应由皇帝审批后方能付诸实施，蠲赋自然不能例外。《清史稿》将蠲免分为恩蠲与灾蠲两类，乃是对清代蠲免制度的概括总结，但实际上在《大清会典事例》与《户部则例》中所采用的并非这样的分类。

《大清会典事例》中"蠲恤"中有关赋税蠲免的主要为三部分：赐复、蠲赋与缓征。"赐复"的内容与《清史稿》中所言之"恩蠲"相类似，包括对大兵经过之地的蠲免、皇帝巡幸所经之地的蠲免、国家庆典之时的蠲免以及皇帝随时发布的蠲免诏令。之所以称之为"赐复"，盖因为清初所行之蠲免大多是针对新征服土地的，取其光复之意，其后虽内容大有增加，但仍沿用旧称。"蠲赋"则主要是针对灾蠲而言的，是清代历朝最为普遍的一种赋税减免制度，或全免，或免部分，其范围较之定例通常宽泛得多。而缓征则是对遇灾之地暂缓征收赋税，于收成渐好之后再征。另有"赈饥""贷粟"等与蠲免关系密切的蠲恤内容，在《清史稿》中亦同缓征一样被归类于"灾蠲"之列。而在《户部则例》中则是以具体蠲免的税目为分类标准的，分为"普蠲地赋""普蠲漕赋""永蠲正赋""永蠲杂赋""普免积欠""恩免积欠"等条。

（一）恩蠲

恩蠲是皇帝通过下达恩诏而实行的一种赋税蠲免制度，其事由依《清史稿》记载为"遇国家庆典，或巡幸，或用兵"，实际上远不止此。清初国家战事频仍，因此因用兵而蠲免赋税的情况较为频繁。后随着战事的停歇和社会经济的逐步稳定，因国家庆典或巡幸而下达的赋税蠲免之谕逐渐增多，以后渐成定例。① 但清代恩蠲的特色并不在于此，而是自康熙朝之后实行的大范围的普免之制。《户部则例》中对普免的情形做了较为详细的记载，现分

---

① 如关于巡幸，光绪《大清会典事例》卷二百六十六中记载："（乾隆十二年）议准：嗣后恭遇圣驾所经，恩免钱粮，御道两旁平坦，以三里为界；山径地窄，以二里为界；如直隶、山东、山西等省则分别御道两旁二三里为界，界内钱粮，按制定分数，核实造蠲。奉天、河南、浙江等省则将经过州县额征钱粮按指蠲分数，均摊计算蠲免，不分界限里数。"而所蠲额数，通常为十分之三，亦有十分之五，少数情况会全部蠲免。

述如下。

1. 普蠲地赋

普蠲地赋之例起自康熙五十年（1711 年）。康熙四十九年（1710 年），康熙在其上谕中称：

朕比来省方时迈，已阅七省南北人民风俗，及日用生计糜不周知，而民所以未尽殷埠者，良由承平既久，户口日繁，地不加增，产不加益，食用不给，理有必然。朕洞烛此隐，时深轸念，爰不靳敷仁用苏民力。明年为康熙五十年，原欲将天下钱粮一概蠲免，因廷臣集议，恐各处兵饷拨解之际，兵民驿递益致烦苦。细加筹划，悉以奏闻。故自明年始，于三年以内通免一周，俾远近均沾惠泽。①

自此，普蠲地赋，三年内免完始成定例。其后的乾隆十一年（1746 年）、三十五年（1770 年）、四十三年（1778 年）、五十五年（1790 年）的四次普免皆沿用这一成例。

2. 普蠲漕赋

普蠲漕赋始自康熙三十年（1691 年）。由于漕粮地位的特殊性，因此对其蠲免较之田赋蠲免更为慎重，从上述的定例中我们可以看到，涉及漕粮及漕项的蠲免均须皇帝亲自批准。康熙也深知这一点，在康熙三十年（1691 年）漕粮足用的前提下下诏普免漕赋：

朕抚御区宇三十年以来，夙夜图维，惟以爱育苍生，俾咸臻安阜为念。比岁各省额征钱粮业已次第蠲豁，其岁运漕米向来未经议免。朕时切轸怀。所有京通各仓米谷撙节支给数载于兹。今观近年储积之粟恰足供用，应将起运漕粮逐省蠲免，以纾民力。②

清历代实施的普蠲除康熙三十一年的这一次外，还有乾隆三十一年（1766 年）、四十五年（1780 年）、六十年（1795 年）三次。

---

① 同治四年《户部则例》，卷八十三，《蠲恤一》，"普蠲地赋"条。
② 同治四年《户部则例》，卷八十三，《蠲恤一》，"普蠲漕赋"条。

3. 永蠲正赋

所谓正赋，即田赋与丁银。清代永蠲正赋的缘由甚多，主要包括四种情形。①

其一，蠲免额外征收。如康熙六十一年（1722 年），蠲免陕西、甘肃二属各州县卫所于地丁银外加收的所谓备荒之用的额外加征。

其二，蠲免重赋。因历史原因，某些地区的正赋缴纳远远超过他省，某些地区的科则本身就较之他省偏重，因此历朝对此都有所蠲免。如雍正五年（1727 年）、乾隆二年（1737 年）对苏松地区钱粮的蠲免，乾隆二年对各省军屯额粮的蠲免等均属于此。

其三，对少数民族地区的蠲免。如乾隆元年（1736 年），颁发对贵州等处苗民之正赋尽行豁免，永不正赋，以期"使苗民与胥吏终岁无交涉之处，则彼此各安本分"。

其四，蠲免不宜耕种之地赋税。主要是指针对因为遭遇灾害而导致田亩不适耕种的情形所颁布的蠲免谕令。如乾隆元年（1736 年）对黄河沿河被水淹地亩正赋的蠲免，嘉庆七年（1802 年）对直隶省中常被水淹地区正赋的蠲免等。

4. 永蠲杂赋

这主要是针对地方上所实施的一些杂赋所进行的蠲免，这些杂赋名目繁多，多为地方官巧立名目，苛派民人。如雍正十三年（1735 年），针对泰安州衙门向上泰山进香的民众征收香税一事，雍正帝特下谕明令蠲免。②

5. 普免积欠

普免积欠是指将某一时段前的一切逋欠均予蠲免的政策，清朝前期，至道光十五年（1835 年）共实行了四次普免。包括乾隆六十年（1795 年）因天象（日食、月食）而实行的普免；嘉庆十四年（1809 年）豁免借给贫民之籽种口粮牛具等项；嘉庆二十四（1819 年）年因皇上六十大寿实行的普

---

① 同治四年《户部则例》，卷八十三，《蠲恤一》，"永蠲正赋"条。
② 同治四年《户部则例》，卷八十三，《蠲恤一》，"永蠲杂赋"条。

免；道光十五年（1835年）因皇太后六十寿诞而实行的普免。①

6. 恩免积欠

此款中的积欠主要是指参科、盐税、河工摊征、矿税等杂赋积欠。如乾隆五十九年（1794年）豁免吉林参民于乾隆五十八年（1793年）前所欠之税银；乾隆六十年宽免徐州、淮安、海州等处河工摊征银两；乾隆六十年（1795年）豁免两浙、长芦、两淮等地盐税；乾隆六十年豁免云南铜厂各炉户人等积年长支欠银。②

（二）灾蠲

灾蠲是对遭遇自然灾害地区所实行的一种赋税减免制度。清代虽定有蠲赋定例，但皇帝亦常通过谕令的方式实行蠲免，其效力自然大于定例。而且谕令蠲免的力度往往较定例要大得多，因此对于受灾地区而言，谕令蠲免更为有利。如以顺治朝为例，《大清会典事例》记述的灾蠲分别为：

顺治三年覆准：江西省叠被旱涝，将三年分漕米除已开帮解京外，余悉豁免。五年，豁免山东省被蝗被扰之夏津、朝城二县应征粮米。十三年蠲免河南省被蝗被水之磁州、汲县、辉县额赋。十五年，蠲免浙江省被灾之宁波、绍兴二府属额赋。③

由此不难看出，经皇帝所下达的蠲免之令并不限于灾数，通常是一概豁免。以后历朝情形也大致如此。

在灾蠲之中，还包括"缓征""赈饥""出贷"等制度，在前文中已有介绍，《大清会典事例》中记载的不过是历朝的具体缓征或赈、贷份额，在此就不一一介绍了。

三、蠲免督责制度

清代的赋税蠲免制度制定的可谓详备，而其涉及的范围也足够广泛，但在现实中的实施效果又如何呢？我们从嘉庆朝的一份上谕中可洞悉一二。

---

① 同治四年《户部则例》，卷八十三，《蠲恤一》，"普免积欠"条。
② 同治四年《户部则例》，卷八十三，《蠲恤一》，"恩免积欠"条。
③ 光绪《大清会典事例》，卷二百七十八，《户部·蠲恤·蠲赋一》。

嘉庆十九年奉上谕：朕轸念民依。偶遇地方水旱偏灾，无不立沛恩施，分别蠲缓。其缓征一节，原为小民生计艰难，未能按期输纳，是以量予展缓。俾民力得以稍纾。乃督抚、蕃司不能仰体朕意，任令地方官辗转延搁、催征挪用。迨届应征之期，又复多方掩饰，捏称民欠。是以官侵吏蚀，恣饱欲壑，使朝廷泽不下逮。①

因此良好的制度只有得到良好的执行才能达到事半功倍的效果。为了保证蠲免之制的有效推行，清代制定了相应的蠲免督责制度。如顺治八年（1651年）就曾规定："地方灾伤题蠲后，州县以应免数目刊刻免单颁发，已征在官者，即抵次年正额。官胥不给单票者，以违旨计赃论罪。"② 其后经过历代的发展，形成了一套较为完整的减免督责制度，大致包括减免谕令的执行与官吏违法的惩处两部分内容。

（一）蠲免之制的执行

蠲免谕令的下达只需皇帝的一笔朱砂，而其执行尚面临着许多问题，如蠲免日期的起算、蠲免地区的界限、蠲免所含的税目等，如若法律不做严格规范，难免不成为某些官吏的营私之机。清代立法者充分注意到了这一点，制定了较为详细的执行制度。现摘录如下：③

1. 蠲免日期的起算

蠲免钱粮以奉旨之日为始。其在奉旨以后，文到以前已输在官者则流抵次年应完正赋。

勘明灾地钱粮勘报之日即行停征所停钱粮，系被灾十分、九分、八分者作三年带征；系被灾七分、六分、五分者作二年带征；其五分以下不成灾者地亩钱粮有奉旨缓征及督抚题明缓征者，缓至秋成麦熟以后，其次年麦熟钱粮递行缓至秋成。若被灾之年深冬方得雨雪及积水方退者，该督抚另疏题明将应缓至麦熟以后钱粮再缓至秋成以后，新旧并纳。

---

① 同治四年《户部则例》，卷八十四，《蠲恤二》，"恩蠲灾蠲事例"条。
② 光绪《大清会典事例》，卷二百七十八，《户部·蠲恤·蠲赋一》。
③ 以下制度如无特别引注，皆出自同治四年《户部则例》，卷八十四，《蠲恤二》，"恩蠲灾蠲事例"条。

直省成灾五分以上州县中之成数乡庄应征钱粮准其一体缓至次年秋成后征收。

2. 蠲免地区的界限

恭遇圣驾巡行奉免经过地方钱粮者，直隶、山东、山西等省恭按御道两旁地亩丈算山岸、河坎窄狭处所以二里为限，旷野平原处所以三里为限，限内地亩钱粮恭照恩旨指蠲分数蠲免。奉天、河南、江南、浙江等省不分界限地数，按经过州县额征地丁钱粮之数统算，或蠲十分之三，或蠲十分之五，临时候旨遵行。

3. 蠲免的赋税种类

恭遇单恩诏款内有豁免旧欠钱粮条款者，其民欠漕项、芦课、学租、杂税各项钱粮一概豁免。

恭遇特恩蠲免正赋之年应征耗羡缓至开征之年按数并征。

地方积欠钱粮恭奉恩旨指蠲自某年至某年者，其扣蠲截数仍以已入奏销之数为准，若未入奏销者不得统作积欠蠲免。

凡灾蠲地丁正赋之年，其随征耗羡银两按被灾分数一律验蠲。

民田内应征漕粮及漕项银米被灾之年或应分年带征，或与地丁正耗钱粮一律蠲免，该督抚确核具题请旨定夺。

4. 旗地及公田蠲免成例

直隶省旗租除被灾蠲免原有定例及恭奉特旨指明旗租准蠲几分，俱应钦遵办理外，其恭遇巡幸经过地方旗租应随民地请蠲。及奉旨准蠲旗租并未指明分数者，概行三分为率。如民赋蠲免在三分以外，旗租亦止准蠲十分之三，不得再加。民赋蠲免在三分以内，旗租即照民赋分数蠲免，不得再减。

入官旗地被灾，该管官将灾户原纳租银作为十分，按灾请蠲。被灾十分者，蠲原租十分之五；被灾九分者，蠲原租十分之四；被灾八分者，蠲原租十分之二；被灾七分者，蠲原租十分之一；被灾六分以下不做成灾分数，其原纳租银概缓至来年麦熟后启征。

江苏省吴县公田一万二千五百余亩，额征余租米石，如遇歉收之年，准其照民田之例，勘明灾分同该县正赋一律蠲缓。

5. 蠲免的公示

灾蠲及蒙恩指蠲分数钱粮，该管官奉蠲之后，遵照出示晓谕，刊刻免单，按户付执，并取里长甘结。详情咨送部科察核。

凡遇蠲免钱粮年份，令各该州县查明应征应免数目，预期开单申缴藩司细加核定，发回刊刻，填给各业户收执，仍照单开各款，大张告示，遍贴晓谕，以昭慎重。

（二）官吏违法的惩处

清代之所以大规模地实行赋税蠲免之制，其目的不过是安抚民心，缓解阶级矛盾，从而达到政治统治的稳定。因此，对于官吏在执行蠲免之制中所进行的营私舞弊深恶痛绝，多次下诏予以申饬。如嘉庆帝在前述之上谕中即严词申饬道：

嗣后各省遇有被灾缓征处所，该督抚一经接奉恩旨，即饬知藩司勒限行知该州县誊黄晓示，俾小民及早周知。该藩司密行查访，勿任不肖官吏得以舞弊。倘有任意延搁，私自催征者，立即严参究办。至漕米令民赴仓完纳，钱粮令民自封投柜，本系定例，务各实力奉行，将里书、粮班、蠹役严行禁革，以除积弊。

对于官吏违反蠲免之法的惩处，在《大清会典事例》及《户部则例》中均有所规定，我们择其重点摘录一二。①

1. 违反公示制度的惩处

地方灾伤题蠲后，州县以应免数目刊刻免单颁发，已征在官者，即抵次年正额。官胥不给单票者，以违旨计赃论罪。

蠲灾流抵，如本年蠲免者，填明次年由单之首；如流抵次年者，填明第三年由单之首。州县卫所官不开载确数者议处。

2. 对蠲免不实的惩处

奉蠲地方官将应免钱粮取每图现年里长结状分送部科察核，如有已征在

---

① 以下不特别标注者，皆摘引自光绪《大清会典事例》，卷二百七十八，《户部·蠲赋一·蠲赋》。

官不行流抵次年，及不扣除应蠲分数，一概征比侵蚀。或经题定蠲免分数后，故将告示延迟，不即通行晓谕；或称止蠲起运，不蠲存留；或于由单内扣除不及蠲额者，州县卫所官皆以违旨侵欺论罪。上司不行详察，使灾民无告者，道府降三级调用，督抚、布政使都司降一级调用。

蠲免银增减造册者，州县卫所官降二级调用，该管司道府都司罚俸一年，督抚罚俸六月。如被灾未经题免之先报册内填入蠲免者，州县卫所官罚俸一年，该管上司罚俸六月。

由此我们可以看出，清代赋税减免制度制定的是多么完备，难怪王庆云发出"岂唐宋以来所可同年而语者"① 的感慨。而《大清会典》亦在论及灾蠲时夸赞曰："凡遇水旱虫雹，议报勘②，议缓征，议蠲，议赈，规制具在。虽值岁荒，法至善也。"③ 所言并非虚也。

---

① 王庆云：《石渠余纪》，卷一，《纪蠲免》。
② "报勘"是对遇灾地区灾情的上报制度。清代对灾情奏报的期限作了严格的规定，而蠲免之令的出台正是依据灾情报告而定的，因此"报勘"制度对灾蠲的等地和分数起着决定性的作用。关于"报勘"的具体内容参见光绪《大清会典事例》卷二百八十八，《户部·蠲恤·奏报之限》及同治四年《户部则例》卷八十四，《蠲恤二》，"查勘灾赈事例"条。在此就不再赘述了。
③ 康熙《大清会典》，卷二一，《户部·田土二·荒政》。

第八章

赋税监督制度及奖惩制度

一个良好的法律规范在实施过程中如果没有良好的监督体系对其进行规范与约束，其实施往往会出现偏差。尤其是涉及经济的法律制度，更需要国家监督机制的全程监控，否则监守自盗、贪污受贿很容易滋生。清代统治者很清楚这一点，不止一次地强调"徒法不能自行"，一方面通过严格立法惩戒犯法之官吏，另一方面则通过强化监督机制的作用来约束官吏的行为。

第一节 赋税监督制度

通常我们在谈到古代监督制度时，都会谈到监察体系，如监察机构的设置、职掌等，但由于赋税征收是一种经济活动，其具有经济活动的特性，因此在此我们并不从监察体系入手来谈，而仅就赋税征收过程中，国家实施的监督作一阐述。其内容主要包括对会计账簿的审查监督和对征税官吏的考成监督。

一、会计审查制度

在赋税征收中，完善的会计制度是必不可少的，所有的赋税征收项目最终都会被记录在案，以备审查核对，如果在会计环节出现问题，赋税征收就会偏离预定的轨道。因此清王朝在会计制度的建立方面可谓不遗余力。

（一）会计制度的构建

清前期的会计制度，同其他多数典章制度一样，主要是在继承明制的基础上有所变化和完善。清代前期的会计工作由中央户部所辖的十四清吏司所属度支科主管。其下在京师各有关衙署和各省亦设有主管会计机构；道、府（或州）、县都设有主管会计。各省藩司主管一省财政会计，上受户部清吏司之控制，下管道、府（州）、县三级。道、府（州）二级所设财计组织与省相适应，税征、会计、出纳等职，都比较完善。在县一级，知县为赋税征收的全权负责者，有"幕友三席"协助其进行赋税征收，其中之一为钱谷师爷，主管钱粮征收；再一位账房师爷，掌一县钱粮会计和出纳。从清代会计体系的设置上，我们不难看出，清代所实行的是由中央统一领导，地方分级负责的会计管理模式，最基层的会计制度实施者为知县下的幕友，而各省藩司则起着承上启下的联系作用。

赋税征收中最重要也是最能够体现赋税征收状况的莫过于会计账簿。清代在会计账簿的设置与分类较之前朝有了很大进步，已由唐时的"簿"（专指下级单位的领袖局部核算帐册）、"账"（专指上级单位的汇总核算帐册），宋代的"账"（一切经济簿籍账册最普通的称呼）变化成"账簿"，且此称谓已习以为常。这时，多用订本式"账簿"，其账簿主要有草流底账，及"流水账""誊清账"（又名"总清账"）。一切账项源于草流底账，整理于细流流水账，分类归宿于总清账，各账之间对口转记，分类结账。不同的账簿还要求使用不同的账本。①

清初定中原，就对会计账簿十分重视，顺治年间，在修订《赋役全书》的基础上运用了多种赋税账簿作为实施《赋役全书》的辅助工具，既保证了依法征税，亦实现了对赋役征收过程的监督。《清史稿·食货志》记载了顺治年间赋税册籍的使用情况：

（顺治）十一年，命右侍郎王宏祚订正赋役全书，先列地丁原额，次荒亡，次实徵，次起运存留。起运分别部寺仓口，存留详列款项细数。其新垦

----

① 殷崇浩：《中国税收通史》，光明日报出版社，1991年，第281页。

地亩，招徕人丁，续入册尾。每州县发二本，一存有司，一存学官。赋税册籍，有丈量册，又称鱼鳞册，详载上中下田则。有黄册，岁记户口登耗，与赋役全书相表里。有赤历，令百姓自登纳数，上之布政司，岁终磨对。有会计册，备载州县正项本折钱粮，注明解部年月。复采用明万历一条鞭法。一条鞭者，以府、州、县一岁中夏税秋粮存留起运之额，均徭里甲土贡雇募加银之额，通为一条，总征而均支之。至运输给募，皆官为支拨，而民不与焉。颁易知由单于各花户。由单之式，每州县开列上中下则，正杂本折钱粮，末缀总数，于开征一月前颁之。又佐以截票、印簿、循环簿及粮册、奏销册。截票者，列地丁钱粮实数，分为十限，月完一分，完则截之，钤印于票面，就印字中分，官民各执其半，即所谓串票也。印簿者，由布政司颁发，令州县纳户亲填入簿，季冬缴司报部。循环簿者，照赋役全书款项，以缓急判其先后，按月循环征收。粮册者，造各区纳户花名细数，与一甲总额相符。奏销册者，合通省钱粮完欠支解存留之款，汇造清册，岁终报部核销。定制可谓周且悉矣。

由上我们不难发现，赋税册籍的使用在很大程度上是通过会计记录来对赋税征收进行监督。首先通过颁行《赋役全书》是各州县在征收赋税时有法可依，并佐之以鱼鳞册与黄册，将应征之田亩与丁户数亦固定下来，为确保官吏依法定额度征税提供了切实可行的审核标准。其次颁行赤历，通过百姓自行填写纳数实现对征税官吏的民间监督，而此赤历最终是要上交布政司的，成为布政使司核查各地官府赋税征收情况的依据。再次，通过颁行会计册，备载地方州县正项本折钱粮数和钱粮起解到部的日期，以备核算清查。最后，通过汇造奏销册，将各省钱粮完欠支解存留之款逐一列出，岁终报部核销，从赋税的支出方面实现对其的监控。不仅如此，还设立了"印簿""循环簿""粮册"等册籍来保证赋税征收的有序合法。

康熙年间根据实际情况对会计账簿做出了一些调整，于康熙七年（1668年）将会计册归并入奏销册中，于康熙十八年（1679年）停赤历，而代之以流水簿（地方府或州、县或州、厅记载日收钱粮的花名帐，每年年终送清吏司核查）。通过调整，使得会计账簿更加简明清晰，操作性更强，更便于上级的审查监督。

同时，清代在会计凭证的运用上也大做文章，陆续颁行了"易知由单""二联串票""三联串票""四连串票""滚单"等征收凭据。这些原始凭证不仅格式整齐，有统一的编后和联次，内容比较完整，而且注重批示、签章，注重按规定程序流转及各自归档保管，因而便于查验复审，也便于账证相核对。

此外，清前期的会计报告制度也有了较大发展。清政府明确规定：定期的月报、旬报、年报必须在盘查账实相符的情况下，自下而上地采用统一颁发的印信文簿，以"四柱"（指旧管、新收、开除、实在）的格式逐级汇总编报并审核各种钱粮，最后由中央统一审核、存档、保管。不定期的会计报告除"四柱移交清册"外，还有临时下达的在全国或某一地区编制的各项专门会计报告。从而有利于皇帝与户部了解全国的财政收支状况，为改进和加强税收管理提供了依据。

（二）审计监督制度

清代的会计审计制度与其赋税管理机构的设置一样，形成了一套自上而下、由中央到地方的完整的监督模式。

1. 中央审计监督机制

清朝中央监察机构为都察院，其职责是"掌司风纪，察中外百司之职，辨其治之得失，与其人之邪正；率科道官而各矢其言责，以饬官常，以人秉国宪；率京畿道以治其考察处分辨诉之事；大政事下九卿议者则与焉；凡重辟，则会刑部、大理寺以定谳；与秋审、朝审；大祭祀则侍仪，朝会亦如之，临雍亦如之"。① 因此，都察院的监察职能涉及国家政治的方方面面，会计的审计监督作为国家财政监督的重要环节，自然亦是都察院的职掌之一。

都察院内设六科（吏、户、礼、兵、刑、工）、十五道（按省区划分的监察机构）②、五城察院、稽察宗室御史处、稽察内务府御史处等机构。其中

----

① 光绪《大清会典》，卷六十九。

② 清末改为二十道。

六科中的户科主掌稽核财赋之责，十五道中的江南道主管稽察户部宣科司、宝泉局、三库、左右两翼税衙门及在京十三仓的有关事务。

清朝整个外部审计权均集中于都察院，其审计职掌无论国家或皇室、军队、中央或地方，凡财物出纳、税赋征收、经费开支、工程营缮，以及违犯财经法纪的行为等，都受都察院监察审计。各官府的会计册籍，均须呈送都察院审核稽考。凡京师部院各衙门向户部支领银物后，每月必须造册送交户部审核；凡田赋杂税奏销，由各省布政使司造册呈巡抚转送，兵马钱粮奏销，由提标协营造册呈总督转送，皆于每年五月内送到户部，由户科察核。新任布政使上任时，原任布政使必须将其任内收放钱粮交盘出结，造册呈送本省巡抚具题，转送户科察核。如果州县钱粮以欠作完，督抚司道共同捏报，允许接任官逐项清理，若发现起解欠批，存留无银，可以直接报告户部，由户科据实题参。如果前任官员所管钱粮亏空，而督抚却逼迫接任官接收，接任官员可以报告户部，为其代为奏闻，户科应据揭代奏，并请旨审办。漕粮奏销，由该管粮道将开帮日期呈报，同时造具各帮总交粮米数清册，呈送漕运总督，再由漕运总督具题，以册送户科，由户科负责磨对。京通各仓监督将每年收放米豆数目，按旧管、新收、开除、实在四种造具清册，呈送总督仓场侍郎具题，由户科按册磨对。负责核办盐科的运司、提举司，应于年终将已销未销盐引若干，已完未完盐课若干，造册呈送盐政，再由盐政具题将册送户部注销。

清代的审计监察，除六科十五道的常年定期监察审计外，还采用巡回审计的做法，设立巡漕、巡仓等科道差遣，对重大财计活动进行不定期的专项稽查审计。

2. 地方审计监督机制

清代在地方并未设立专门的监察机构。清初尚设有巡漕御史、巡盐御史、巡视京通各仓御史等行使专门的监察职能，后因形势的发展变化先后裁撤。因此在地方，通常是由上级官员对下级官员行使直接的监督和节制权力。各省督抚、漕运总督、河道总督，都是中央委派的高级官员，掌握地方的监察大权。另外，总督、巡抚又兼有都察院右都御史、右副都御史官衔，所以，他们对自己的下属，不仅有节制权，而且有监察权。督、抚之下的布政使司则兼管一省的审计稽查工作，对地方财计官员具有一定的监察作用。而在省与府、州之间所设的辅佐藩、臬二司的官员——道员亦负有监察之责。各道员或通辖全省地方，或分辖三、四府州，再加上因事而置的专职道员，如粮储道、盐法道、管河道等，共同构成了道一级管理机构。道员也被称为"监司"，有监察所属地方或部门政务之权。总之，清代地方各级衙门上自督抚，下至府县，形成了一套行政与监察相结合的兼职执行审计职能的系统，对钱粮等事务实行审计监督。

如清制规定，地方各级衙门于每年奏销时都要进行钱粮盘查。盘查是自下而上进行的：州县钱粮，责成该知府、直隶州盘查；各府钱粮，责成该道盘查；直隶州钱粮，责成分巡道盘查；粮驿道钱粮，责成布政使盘查；藩库钱粮，该省有总督者，督抚会同盘查，无总督者，巡抚盘查。盘查时各级地方衙门中有关钱粮事项均在审核之列。盘查的重点是查明经管的钱粮是否有侵挪亏空，如乾隆二十六年（1761 年）覆准："直省粮驿道库，令各督抚于每年奏销时，亲往盘查。每岁支存款目，有无亏缺挪移，仍责令藩司核明，于督抚未经盘查之先，出具保结，详送督抚。盘查之后，如有亏娜等弊，将藩司照例革职分赔。"①

二、对征税官员的监督制度

清政府对征税官吏监管主要是通过建立严格的官吏考核与考成制度来实现的，以考成结果为依据来实行对官吏的奖惩，从而达到督促官吏依法征税的目的。

（一）官吏考核制度

清代的官吏考核制度分为对在京官员的"京察"和对地方官员的"大计"制度。对此《大清会典》及《会典事例》中有详细的记述，在此我们简要介绍一下。

---

① 光绪《大清会典事例》，卷一〇一，《吏部·处分例·清盘库项》。

京察。清朝在入关以前，已有三年考核、进退官员的规定。顺治初年，又仿依明代惯例，行京察、大计之典。京察主要是考察在京官员，开始定为六年一次，与三年一次考核相辅而行。康熙四年（1665年）停止考核，止行京察。到二十四年（1685年），连京察也停罢了。直至雍正元年（1723年），才又恢复京察，并按旧例六年一次为三年一次，以子、卯、午、酉年为京察期。

京察的具体做法分为三种。第一种是列题。开初，凡三品以上官，均采取具体自陈的做法，内容包括三年任期内的功过劳绩等。后来鉴于"文具相沿，无裨实政"，于乾隆二十四年（1759年）起，改为在京尚书、侍郎以下至三品京堂以上，在外总督、巡抚，以及盛京五部侍郎等官，由吏部开缮简明履历清单，呈送皇帝，听旨简裁。第二种指三品以下京堂、内阁侍读学士、翰林院侍读学士、侍讲学士、左右春坊庶子以及内务府三院卿员等官，由吏部或有关衙门开具履历清单，引见后以候定夺。第三种叫会核，凡翰、詹、科道和各部院司员、小京官，以及中书、笔帖式等，都由各所在衙门长官出注考语，然后再由吏部会同大学士、都察院、吏科、京畿道定稿，分别等次，缮册具题。在京察期间，各官的升转工作都自动停止，以等候考核结果。

考核京官的标准有四条，叫作"四格"。一是守，操守之谓，亦即品德，分清、谨、平、淡；二是才，即才干，分长平两类；三为政，亦即工作态度，有勤、平两种；四为年，即年龄和身体条件，分青、壮、健三类。依据标准，将官员分为三等，第一等称称职，凡是守清、才长、政勤，年岁又轻或壮健者，都可考为第一等；第二等称勤职，守谨、才长、政平，或者政勤、才平、年轻或壮健的，列作二等；第三等称供职：守谨、才平、政平，或是才长、政勤、守平，归入此等。京察列名一等的可加级记名，等引见后等候外放或重新任用。考定一等的人数，原来是没有限制的。康熙三年（1664年）起，为了平息有人奔竞钻营现象，才规定京官七人定一、笔帖式八人定一的比例。在满官与汉官间也有比例，像吏部"每届京察"，"一等六员，而汉人居其二"，满人明显受到优待。

大计。对地方官的考核称之为"大计"，三年一行，以寅、巳、申、亥年为准。具体做法是，从州县官起至府、道、两司，层层考察属官，然后汇送督抚，待判定举劾后题报吏部。规定的标准与京察相同，只是优等者称为"卓异"，凡任内无加派、无滥刑、无盗案、无钱粮拖欠，没有亏空仓库银粮，"境内民生得所，地方日有起色"的，都可定为卓异。顺康之际，荐举卓异官包括各省布按二职。康熙二十一年（1682年）"大计"时，全国荐举卓异官五十四人，部按两司竟有十七人，占总数的31%以上，"徇私之弊"，不等辨而自明，给事中汪晋征上疏奏请停止。从此，"卓异"只行于道府以下官。凡举荐为"卓异"者，经吏部复核后，即须进京引见注册，并加官一等，回任后以待升迁。大计"卓异"也有定额，道府州县十五定一，佐杂教职百三十举一。

在京察和大计中，不合"四格"条件的就要进行参劾。参劾有"六法"，分别是"不谨"（行止有亏，败伦伤化）、"罢软"（庸怯无能），犯此二条者，都在革职之列。轻妄叫作"浮躁"，要降一级调用。再是"才力不及"，降二级调用。最后两条是"年老"和"有疾"，着令"休致"，亦即免职退休。另外还有犯贪、犯酷者，不在六法之列，只要发现，随时举劾，核实后立即革职提问。

清代的京察、大计，以康雍乾三代执行较为认真。以康熙朝为例，康熙二十二年（1683年）至六十一年（1722年），共行大计十四次，计举卓异官五百七十人，又纠参贪酷官五百零九名，不谨官九百二十二人，罢软官四百一十二人，年老官一千二百十五人，有疾官六百九十九名，才力不及官七百三十六名，浮躁官五百三十七人，总共纠参、罢斥、更换官员五千零三十名。另外，康熙二十年（1681年）至四十五年（1706年）间，除优免或因病解职外，朝廷还解职、降革总督、巡抚四十八人，其中有二十六人与贪赃有关。可见此时的官吏考核还是很严格的。及至清末，随着整个国家机体急趋腐朽，吏治也更见腐败，京察、大计不过徒具形式。"得卓异才多数世谊，而纠劾惟以三四佐贰、五六佐杂敷衍塞责而已"。

从上我们不难看出，无论是"京察"还是"大计"，清廉皆是重要的标准之一。而对于赋税征收来说，"大计"无疑显得更为重要，因为地方官是赋税征收的直接经手者。事实上，在大计中，官员的收税才能亦是其最为重要的评荐标准。未完成征税额的州县官仅在下列情形下可能被推荐：（1）如果他诚实有能，如果其岗位是一个至少符合四个特征（冲、烦、疲、难）中的三个特征的"繁缺"，如果他在此地任职满三年；（2）虽不是居此种岗位，但如果在这类省份任职达五年。在浙江，则规定，只要受到与盐政相关的纠劾和处罚，一个州县官就不能获推荐。①

（二）官吏考成制度

官吏考核制度所规定的是国家对官员的定期考察制度，那么对官员日常的行为约束该以什么为标准呢？这就是清代所制定的细密严格的官吏考成制度。官吏考成制度是针对官员的具体行为规范而制定的奖惩制度，涉及官员所掌职责的方方面面。就赋税征收而言，就包括钱粮考成、耗羡考成、杂赋考成、奏销考成、盐政考成等各个方面，可谓面面俱到。在此，限于篇幅，我们仅就其中最主要的钱粮催征考成为例对此作一介绍。

为了保证赋税钱粮的足额以供国用军需，清政府自入关之初便着手制订钱粮催征方面的考成则例。如顺治十一年（1654 年）正月定仓粮考成则例；顺治十三年（1656 年）八月定直省钱粮考成则例；顺治十四年（1657 年）十二月定钱粮考成则例；顺治十七年（1658 年）三月定漕粮二道考成则例。② 但由于顺治朝连年征战，国家开支庞大，因此对主管征收赋税的地方官频繁施加压力，出现了考成过严，官员"降调纷纭，新旧交代，反误催征"③ 的情况。康熙朝开始规范钱粮催征的考成，制定了具体详实的考成则例。康熙二年（1663 年）制定的考成则例于康熙四年（1665 年）、五年（1666 年）补订的考成则例，基本上成为后来田赋催科考成的范本。兹将康熙二年则例引录如下：

题准：征收钱粮，本年内全完者纪录一次，三年相接均全完者，加

---

① 瞿同祖：《清代地方政府》，法律出版社，2003 年，第 60~61 页。
② 参见《清世祖实录》，卷八〇、一〇三、一一三、一二五、一三三。
③ 《清世祖实录》，卷一一二，顺治十四年十月庚午。

一级。

又题准：地丁钱粮初参，经征州县官欠一及一分者，停其升转，罚俸一年；欠一分者，降职一级；二分者，降职二级；三分者，降职三级；四分者，降职四级；皆令戴罪催征。欠五分以上者革职。布政使、各府经管钱粮道员、直隶州知州欠不及一分者，停其升转，罚俸半年；欠一分者，罚俸一年；而分者，降职一级；三分者，降职二级；四分者，降职三级；五分者，降职四级；皆令戴罪督催。欠六分以上者，革职。巡抚欠不及一分者，停其升转，罚俸三月；欠一分者，罚俸一年；二分者，降俸二级；三分者，降职一级；四分者，降职二级；五分者，降职三级；六分者，降职四级；皆令戴罪督催。欠七分以上者，革职。

又题准：地丁钱粮被参后，催征时州县官限一年，布政使、道府、直隶州知州限一年半，巡抚限二年，其年限内不完，不复作分数，照原参分数处分。州县官原欠不及一分，年限内不全完者，降一级留任，再限一年催征，如又不能完，即照所降一级调用；原欠一分，年限内不全完者，降三级调用；如果能催征完至八九厘者，降三级留任，再限一年催完；如仍不全完，降三级调用；原欠二分，限内不全完者，降四级调用；原欠三分，限内不全完者，降三级调用；原欠四分以上，限内不全完者，革职。①

康熙四年（1665 年）和五年（1666 年）又根据执行中出现的新情况对考成则例作了补充规定，主要按钱粮征收任务大小，做了奖惩区分，又增加了弄虚作假的处分办法。总之，康熙初年的考成则例已相当完备，既注意到了在考成中惩罚与议叙的结合，又注意到了经征钱粮之州县官与督征钱粮的上司官员区别对待；既规定了征收钱粮的初参处分、续参处分，以及按征收钱粮多寡的议叙、带征拖欠钱粮的议叙，又规定了捏报钱粮的不同处罚。

在田赋催科考成之外，盐科、关税考成则例的制定与变更大致和田赋催科考成同步。不过应该指出的是，盐科考成远比田赋考成繁杂，在产、运、

---

① 光绪《大清会典事例》，卷一〇七，《吏部·处分例·征收地丁钱粮》；卷一七三，《户部·田赋·催科考成》。

销各个环节均制定了考成则例，包括了收盐考成、征课考成、销引考成、缉私考成等方面。

以上都是常例考成，在军兴旁午，财政特别困难的情况下还有特别考成之法。特别考成的处罚要比常例考成严厉得多，不过褒奖也往往更为优厚。以关税考成为例：三藩之乱爆发后，清政府于康熙十四年（1675 年）更定考成例，除将原先的处分例中"欠不及半分者，罚俸一年"，改为"欠不及半分者，降职一级留任"之外，还特别强调了征收关税的溢额议叙。本来关税的溢额议叙，曾经作为"各差冀邀恩典，因而骚扰地方，困苦商民"的一项弊政，于康熙四年（1665 年）废止，① 而三藩之乱期间的溢额议叙，又成了鼓励关差多征税银的法宝。康熙十四年（1675 年）题准："全完者，纪录一次。溢额年、每千两者，加一级；至五千两者，以应升先用"。康熙二十六年（1677 年），又做了补充规定。②

第二节　奖惩制度

在赋税征收过程中，除了运用监督机制保证赋税征收的各个环节依法进行外，就是利用相应的奖惩制度鼓励按时保量征纳、惩罚抗纳及违法征收行为。赋税征收自然包括征收与缴纳两方面，因此奖惩制度也包含两方面的内容。

一、关于纳税人的奖惩制度

在前文中，我们介绍了清政府在赋税征收方面注重依法征税，并没有介绍依法纳税方面的内容，这并不是说政府不注重依法纳税，而是在严法治吏思想的指导下，立法更侧重于规范官吏的征税行为。更由于在专制集权的政

①　《清圣祖实录》，卷一四，康熙四年正月己亥。
②　光绪《大清会典事例》，卷二三七，《户部·关税·考核》。

治体制下，官吏在赋税征收中所扮演的角色远远重于纳税人，牢牢把持着征纳税的主动权，这也使得大量的赋税违法行为集中表现为官吏的私征滥派上。因此我们的着重点也放在了依法征税方面。在这里，我们则通过奖惩方面的规定来论述一下清政府在依法纳税方面所作的努力。

（一）奖励制度

对纳税人实施奖励制度的目的无非是扩大或稳定国家的赋税收入。对于以农业为国家之本的封建制国家来说，田赋、地丁收入始终是国家赋税收入的主要部分，清代也不例外。而对于应缴纳田赋、地丁的农民而言，由于承担着国家大部分的赋税任务，岁出能足以缴纳所征已是不易，因此不可能有多缴加增的行为。若想稳定国家的赋税收入，鼓励农民专事耕种，安于田亩自然成为国家农业政策的首选。雍正帝在其上谕中很明白地表明了这一点。

（雍正）二年，谕：国家休养生息，数十年来，户口日繁，而土地止有此数，非率天下农民竭力耕耘，兼收倍获欲家室盈宇，必不可得。周官所载巡稼之官，不一而足，又有保介田畯日在田间，结尾课农设也。今课农虽无专官，然自督抚以下，孰不兼此任。其各督率所司悉心相劝，并不时咨访疾苦，有丝毫妨于农业者必为除去。仍于每乡中择一二老农之勤劳作苦者，优其奖赏，以示鼓励。再舍旁田畔以及荒山不可耕种之处，度量土宜，种植树木、桑柘可以饲蚕，枣栗可以佐食，柏桐可以资用，即榛楛杂木亦足以供炊爨。其令有司课令种植，仍严禁非时之斧斤，牛羊之践踏，奸徒之盗窃。至孳养牲畜，如北方之羊，南方之彘，牧养如法，乳字以时，于生计不无裨益。所赖亲民之官，委曲周详，多方劝导，庶踊跃争先，人力无遗。而地力可尽，不惟民生可厚，风俗亦可还淳。该督抚等各体朕惓惓爱民之意，实力奉行。①

为显示政府的爱民与鼓励耕种之意，雍正帝特下谕令，对勤于耕作之老农以八品顶戴，以示奖励。

（雍正二年）又谕：农民勤劳作苦，手胼足胝，以供租赋、养父母、育

---

① 光绪《大清会典事例》，卷一六八，《田赋·劝课农桑》。

妻子，虽荣宠非其所慕，而奖赏要当有加。其令州县有司择老农之勤劳俭朴，身无过犯者，岁举一人，给以八品顶戴，荣身。①

给与顶戴在政府而言不过举手之劳，更何况只是八品顶戴，但对于终年事于农作、毫无加官晋爵机会的农民而言却是莫大的荣耀，清政府的此举不过是想通过一点小的恩赏来收买民心，将农民牢牢束缚于田亩之中，以保证国家赋税的稳定收入。

当然，对于商业日益发达的清代而言，商税收入在国家赋税收入中也占有很重要的地位，加之商人的收入远比农民高得多，亦有增加的可能，因此清政府也鼓励商人多纳赋税，缓解国家急需。清代的盐商报效就是一个很好的例证。如康熙十年（1671 年）六月淮阳水灾，淮商报效银 22670 两；康熙十八年（1679 年）扬州旱灾，淮商报效银 3300 两；康熙末年，因瓜州河工，淮商捐水利报效银 240000 余两。清政府对此种报效自然会有嘉奖，如"康熙十三四年间，军兴旁午，商众捐赀助饷"，就有 30 余人得到优叙，最高者特赐五品服。②

（二）处罚制度

因对纳税人的缴纳行为并无考成可言，因此对其惩戒的规定主要集中在《大清律例·户律》中，主要包括十个方面。

欺隐田粮：凡欺隐田粮，（全不报户入册）。脱漏版籍者，（一应钱粮，俱被埋没，故计所隐之田）。一亩至五亩，笞四十，每五亩加一等，罪止杖一百。其（脱漏之）田入官，所隐税粮，依（亩数、额数、年数，总约其）数征纳。若将（版籍上自己）田土移坵（方圆成坵），换段（坵中所分区段），挪移（起科等级），以高作下，减瞒粮额，及诡寄田粮，（诡寄，谓诡寄于役过年分，并应免入户册籍）。影射（脱免自己之）差役，并受寄者，罪亦如之。（如欺隐田粮之类）。其（减额诡寄之）田改正，（坵段）收（归本户），（起）科当差。里长知而不报，与犯人同罪。

典买田宅：凡典买田宅，不税契者，笞五十；（仍追）契内田宅价钱一

---

① 光绪《大清会典事例》，卷一八六，《户部·田赋·劝课农桑》。
② 关于盐商报效请参见陈锋：《清代盐政与盐税》，中州古籍出版社，1988 年，第 215 ~240 页。

半入官，不过割者，一亩至五亩，笞四十，每五亩加一等，罪止杖一百。其（不过割之）田入官。

揽纳税粮：凡揽纳（他人）税粮者，杖六十。著落（本犯）赴仓（照所揽数）纳足，再于犯人名下，（照所纳数）追罚一半入官。

私盐：凡犯（无引）私盐（凡有确货即是，不必赃之多少）者，杖一百、徒三年。若（带）有军器者，加一等，（流二千里）。（盐徒）诬指平人者，加三等，（流三千里）。拒捕者，斩（监候）。

阻坏盐法：凡客商（赴官）中买盐引勘合，不亲赴场支盐，中途增价转卖，（以至转卖日多，中买日少，且诡冒易滋，因而）租坏盐法者，买主、卖主，各杖八十，牙保减一等，（买主转支之）盐货、（卖主转卖之）价钱，并入官。其（各行盐地方），铺户转买，（本主之盐而）拆卖者，不用此律。

私茶：凡犯私茶者，同私盐法论罪。如将已批验截角退引，入山影照（出支）茶者，以私茶论。（截角，凡经过官司一处验过、将引纸截去一角，革重冒之弊也）。

私矾：凡私煎矾货卖者，同私盐法论罪。（凡产矾之所，额设矾课，系官主典，给有文凭执照，然后许卖）。

匿税：凡客商匿税不纳课程者，笞五十，物货一半入官。于入官物内，以十分为率，三分付告人充赏；务官、攒拦自获者，不赏。入门不吊引，同匿税法。（商匠入关门，必先取官置号单，备开货物，凭共吊引，照货起税）。若买头匹不契税者，罪亦如之，仍于买主名下，追征价钱一半入官。

舶商匿货：凡泛海客商舶（大船）船到岸，即将货物尽实报官抽分。若停塌沿港土商牙侩之家不报者，杖一百。虽供报而不尽实，罪亦如之。（不报与报不尽之）物货并入官。停藏之人同罪。告获者，官给商银二十两。

人户亏对课程：凡民间周岁额办茶盐商税猪色课程，年终不纳齐足者，计不足之数以十分为率，一分，笞四十，每一分加一等，罪止杖八十，追课纳官。

注：以上仅摘录律例正文，并未摘录附例。

清代在立法形式上依旧采取传统的以刑为主的模式，因此赋税缴纳本属经济事务，但在惩处方面依然是民刑兼备，用刑事处罚的方式来惩处偷税漏税之人。

二、关于征税官吏的奖惩制度

清政府强调以法治吏，赋税立法亦不例外，因此对征税官吏制定了相当完备而严格的奖惩制度。

（一）奖励制度

清代对于官员的褒奖称之为"议叙"，"凡议叙之法二：一曰纪录；二曰加级"。二者的关系是"自纪录一次至纪录三次，其上为加一级；又自加一级、纪录一次至加一级、纪录三次，其上为加二级；加二级以上、纪录如之。至加三级而止，凡十二等"①。对于征收官吏的奖励制度则主要表现为劝垦考成和催科考成两方面。

1. 劝垦考成

由于清代主要的赋税收入皆来源于田赋，因此对官吏制定了严格的劝垦考成制度，其目的不过是想通过此种激励措施促使官员致力于劝农垦荒，通过扩大开垦面积来扩大国家赋税收入。清代的劝垦考成制度始定于顺治六年（1649 年），其时规定"州县以劝垦之多寡为优劣，道府以督催之勤惰为殿最，每岁岁终载入考成"。②顺治十五年（1658 年）又规定"各省荒地，督抚一年内开垦二千顷至八千顷以上，道府开垦一千顷至六千顷以上，州县开垦一百顷至六百顷以上，卫所开垦五十顷至二百顷以上，分别议叙"。③康熙元年（1662 年），将议叙条例更加具体化，规定："各省荒地，道府一年内开垦千顷以上者纪录一次，三千顷以上者加一级，四千顷以上者加一级，纪录一次，六千顷以上者，加二级；州县官开垦百顷以上者，纪录一次，三百顷以上者，加一级，四百顷以上者，加一级，纪录一次，六百顷以上者加

---

① 光绪《大清会典事例》，卷十一。
② 光绪《大清会典事例》，卷一六六，《户部·田赋·开垦一》
③ 光绪《大清会典事例》，卷一六六，《户部·田赋·开垦一》。

二级。"① 以后各朝基本依循这一定例。另外，清代还规定了招民耕种方面的考成则例，如雍正四年（1726 年）覆准："张家口外地亩，分作十分招种，如招种八分以上，题准议叙，不及五分题请议处。"②

劝民垦荒的本意原为通过扩大垦种面积来增加国家赋税收入，但是不肖官员却把升迁议叙当作劝垦的首要目的，造成捏报成风，国家垦荒面积没有增加多少，而农民却因为要承担这凭空多出来的地亩的田赋而增加不少负担。因此康熙年间又出台了严禁官吏捏报垦荒地则例③，以确保国家赋税的真实可靠。

2. 催科考成

催科钱粮是地方官员最重要的职责之一，为了确保国家赋税能够顺利征收，对官员实行优越的奖励机制显然是必不可少的。清代自然也不例外，康熙初年，当社会经济逐步趋于稳定时，即制定了较为完备的考成则例。

（康熙二年）又题准：征收钱粮本年内全完者，纪录一次；三年相接均完者，加一级。

（康熙）四年题准：经征、督催文武各官除一年内二三员皆征全完并署任不久不议叙外，凡起运钱粮，一年内全完者，经征之州县官，五万两下、五万两上至十万两上，督催之道、府、直隶州，十万两上至二十万两上，均自纪录一次，递加至纪录三次；巡抚、布政使司，五十万两下纪录一次，五十万两上至百万两下纪录二次，百万两上加职一级；经征之千总、守备，千两下上至三千两上，议叙视州县；督催之都司，五千两下上至万两上，议叙视知府。④

（二）处罚制度

清代对征收官吏的处罚规定远比纳税人的全面和系统，既有行政处罚，

---

① 光绪《大清会典事例》，卷九九，《吏部·处分例·开垦荒地》。
② 光绪《大清会典事例》，卷一六六，《户部·田赋·开垦一》。
③ 光绪《大清会典事例》，卷一六六，《户部·田赋·开垦一》中记载："康熙元年题准：荒地未经开垦，捏报垦熟者，督抚道府州县等官分别议处。"
④ 光绪《大清会典事例》，卷一七三，《户部·田赋·催科考成》。

亦有刑事处罚，主要侧重于行政处罚，只有严重违反赋税征收法律的行为才用刑事处罚的手段来加以约束。

1. 行政处罚条例

清代对官吏的行政处罚条例通常是与褒奖条例相对应的，比如催科考成，完者褒奖，不完则罚。关于对官吏的处罚，《大清会典》中规定："凡处分之法三：一曰罚俸；二曰降级留任；三曰革职。"① 由于清代在赋税征收方面所制定的考成是十分全面的，涉及赋税征收的方方面面，因此其处罚条例也涉及赋税征收的各个环节，从征收、起解到奏销，每一环节都有严格的处罚规定，而且由于每一环节都定有严格的期限限定，因此征收官吏稍一疏忽，就可能招致处罚。清代制定有专门的行政处罚法——《钦定吏部处分则例》和《钦定六部处分则例》，对各部官吏办事违制的行为做出了惩处规定，在其中的户部项下有多条涉及赋税征收。同时《大清会典·吏部·处分例》中从第九十九卷到第一百一十卷也是有关赋税征收及蠲免方面的科则。

（1）《钦定吏部处分则例》

《吏部处分则例》为康熙初年制定，雍正三年复修，同年刻满文版；后于乾隆七年重新刊布，并有汉文版问世，两种文字的内容完全一致。嘉庆、道光、光绪年间都曾对《吏部处分则例》进行过修订。《吏部处分则例》是根据成案、通行和钦准的条奏，把各部官吏办事违制应受的处分，按六部制定。其中户部包括仓场、漕运、田宅、户口、盐法、钱法、关市、灾赈、催征、解支、盘查、承追等十二项，多项涉及赋税征收过程中违纪行为的处分规定，反映出清政府在赋税征收上严法治吏的基本原则。

（2）《钦定六部处分则例》

该则例于康熙初年制定，康熙十二年曾做过修订，后来雍正三年又做过增删，于乾隆七年刻印颁行。它所包括的主要内容为六部办事章程和违制惩处规定，是一部较为重要的惩治职务犯罪的法规，与《大清律例》的吏律互

---

① 光绪《大清会典》，卷十一，《吏部》。

为补充。其中的户部包括仓场、漕运、田宅、盐法、钱法、关市、灾赈、催征、解支、盘查、承追等项。

（3）《大清会典·吏部·处分例》

《大清会典·吏部·处分例》也是对官吏违制行为的惩处规定，其中第九十九卷到第一百一十卷是有关户部职掌的，因此也有多项规定是有关赋税征收的，涉及田赋、漕运、盐课、茶课、关税、蠲缓等多个方面。

清政府对赋税征收过程出现的违制行为的处罚力度还是相当严格的。以征收地丁钱粮为例，康熙二年（1662年）规定：

> 地丁钱粮初参，经征州县官，欠一分及一分者，停其升转，罚俸一年；欠一分者，降职一级；二分者，降职二级；三分者，降职三级；四分者，降职四级。皆令戴罪催征。欠五分以上者，革职。布政使、知府、经管钱粮道员、直隶州知州，欠不及一分者，停其升转，罚俸半年；欠一分者，罚俸一年；二分者，降职一级；三分者，降职二级；四分者，降职三级；五分者，降职四级。皆令戴罪督催。欠六分者以上者，革职。巡抚欠不及一分者，停其升转，罚俸三月；欠一分者，罚俸一年；二分者，降俸二级；三分者，降职一级；四分者，降职二级；五分者，降职三级；六分者降职四级。皆令戴罪督催。欠七分以上者，革职。①

这一条例的规定是十分严格的，如果严格执行这一条例，显然没有几个州县官能逃脱处罚。某位江苏布政司曾奏报，在吴县及其他十四个县，从顺治年到康熙初年他任布政司时，没有一个州县官升迁。他还说，在苏州府、松江府、常州府和镇江府，没有哪一年足额完成了地丁银的征收，因而没有一个州县官未被处罚过。②这听起来确实有几分无奈，但如果清政府不制定如此严厉的处罚条例，恐怕更无法保证国家赋税的足额征收了。

同时，清政府对于官吏在征税过程中可能会出现的违法行为也制定了严格的考成制度。如康熙十八年（1678年）规定："州县官私加火耗及私派加

---

① 光绪《大清会典事例》，卷一〇七，《吏部·处分例·征收地丁钱粮》。
② 瞿同祖：《清代地方政府》，法律出版社，2003年，第221页。

征者，革职拿问。其司道府官隐匿不报者，亦革职拿问。若申报督府，不行题参，将督府亦革职。"①

　　2. 刑事处罚

　　清代对征税官员的处罚除规定了严格的考成制度之外，《大清律例·户律》中亦规定了相应的科罪条例，摘录如下：

　　赋役不均：凡有司科征税粮及杂泛差役，各验籍内户口田粮，定立（上中下）等第科差。若放富差贫，挪移（等则）作弊者，许被害贫民赴控该上司，自下而上陈告。当该官吏各杖一百，（改正）。若上司不为受理者，杖八十。受财者（兼官吏，上司言），计赃，以枉法重论。

　　荒芜田地：凡里长部内已入籍纳粮当差之田地，无（水旱灾伤之）故荒芜，及应课种桑麻之类，而不种者，（计荒芜不种之田地），俱以十分为率，一分，笞二十，每一分加一等，罪止杖八十。县官各减（里长罪）二等，长官为首，（一分减尽无科，二分方笞一十，加至笞六十罪止）。佐职为从，（又减里长官一等，二分者减尽无科，三分者方笞一十，加至笞五十罪止）。

　　收粮违限：凡收夏税，（所收小麦），于五月十五日开仓，七月终齐足。秋粮，（所收粮米），十月初一日开仓，十二月终齐足。如早收去处，预先收受者，不拘此律。若夏税违限至八月终，秋粮违限至次年正月终，不足者，其提调部粮官、吏典，分催里长、欠粮人户，各以（税粮）十分为率，一分不足者，杖六十，每一分加一等，罪止杖一百，（官吏里长）受财（而容拖欠）者，计（所受）赃，以枉法从重论。（分别受赃、违限轻重），若违限一年之上不足者，人户、里长杖一百，提调部粮官、吏典，照例拟断。

　　多收税粮斛面：凡各仓（主守官役），收受税粮，听令纳户亲自行概，平斛交收，作（正）数（即以平收者作正数）。支销，依例准除折耗。若仓官、斗级不令纳户行概，踢斛淋尖，多收斛面（在仓）者，杖六十；若以

　　① 光绪《大清会典事例》，卷一百七，《吏部·处分例·征收地丁钱粮》。

（所多收之）富余粮数（总）计赃重（于杖六十者），坐赃论，罪止杖一百。（此皆就在仓者言，如入己以监守自盗论）。（如）提调官吏知而不举，与同罪，（多粮给主）。不知者不罪。

注：以上仅摘录律例正文，并未摘录附例。

行政处罚与刑事处罚相辅相成，起着共同约束征税官员行为的作用。我们姑且不论其实施的效果如何，单就其制度的严格与细密上，就不能不感慨立法者的用心良苦。

第三篇

03

清代赋税法律制度的总体评价

清代作为中国封建专制集权的最后一个王朝，各项制度的构建既是中国封建史上最为完备的，亦是最为腐朽的，是一个矛盾的集合体。赋税立法自然也不例外，在日趋完备的背后，亦隐藏着无法消除的弊病。

第九章

清代赋税法律制度的完备性

清朝作为中国封建制度的最后一任王朝，其制度的建立与设计均以前朝，尤其是明朝为蓝本，但在实际运用中又大大超越了前朝，成为中国封建制度的集大成者。其赋税法律制度也不例外。在经历了初期的混乱和照搬明朝旧制的恢复期后，自康熙朝开始，清代在经济逐步恢复与稳定的基础上，开始走自己的创新之路，相继完成了"滋生人丁永不加赋"和"摊丁入亩"的赋税重大变革，彻底改变了中国封建时代按人头征税的历史，并从法律角度给以保证实施。而在赋税法律制度的设计上，也尽量做到全面、细致。尽管作为封建集权制下的赋税制度，它依然存在着难以克服的缺陷，但是就整个中国封建赋税法律制度而言，清代赋税法律制度还是相当完备的。在上文我们对制度框架的论述中，已对其中一些做了介绍，在这里我们再做一个系统和全面的论述。

第一节 立法的因时制宜与因地制宜

清朝作为一个从边陲小地兴起的少数民族政权，能够征服广大中原地区并维持了近二百年的相对封闭的专制统治，其中很重要的原因就在于清朝统治者善于审时度势，适时调整统治策略，弱化阶级矛盾。其赋税立法的发展趋势也很有力地证明了这一点。

一、立法的因时制宜

对于以农业生产为主的清朝来说，赋税收入不仅是国家财政收入最主要的来源，亦是关系国家社会经济秩序是否稳定的重要因素。赋税轻了，国家就无法维持正常的统治秩序，赋税重了，又容易激起纳税人（主要是农民）的反抗，扰乱国家的社会经济秩序。因此，清王朝特别注意这一点，在赋税立法的过程中几经改革，写就了中国古代赋税制度的最后篇章。

在前文中，我们已经就清代赋税政策的调整做了论述。无论是清初的"废除明末三饷"，还是在社会经济稳定与发展之后出台的"滋生人丁永不加赋"以及"摊丁入亩"都是清政府在时势面前的即时应对。这些政策的出台在当时对稳定社会、发展经济和安抚民心都起到了积极的促进作用，是清王朝赋税立法适时性的突出表现。在此我们就不再赘述了。在这里，我们仅选取与田赋征收有关的几次重大政策调整来具体剖析一下清政府在赋税立法上的因时制宜。

（一）起科年限的调整

清初入关之时，尚未完成统一的大业，而刚征服的地区亦经历了长年的战乱，人民流离甚多，土地大多荒废，无人开垦。此时清政府最需要解决的问题就是如何招徕民人开垦土地，尽快恢复生产，以保证国家正赋钱粮的供应。最有效和最直接的办法莫过于在一定程度上的免于征税和延缓起科年限。于是清政府在颁行了一系列的免税诏谕后，又于顺治元年（1644 年）制定了"开垦荒地之例"，规定"州县卫所荒地分给流民及官兵屯种，有主者令原主开垦，官给牛种，三年起科"。① 后又将起科年限放宽至六年，"其六年以前，不许开征，不许分毫金派差徭"②。起科年限的延缓本意自是为了鼓励民众垦荒，为扩大国家赋税收入打基础。但是顺治年间，战乱频仍，国家用度严重亏空，使得这一政策并未得到推广。户部以财政紧迫为由，急于

---

① 《清世祖实录》，卷七，顺治元年八月乙亥。
② 《清世祖实录》，卷四三，顺治六年四月壬子。

"起科"，代替六年起科的是三年起科的规定。《清朝通典·田制》载："原荒之田三年后起科，原熟而抛荒之田一年后供赋"，顺治帝关于六年起科的上谕成为具文，并没有起到充分调动起农民垦种的积极性的作用。①

康熙七年（1668年），敕部议垦荒事宜，云南道御史徐旭龄言："国家生财之道，垦荒为要，乃行之二十余年而未见成效者，其患有三：一则科差太甚，而富民以有田为累；一则招徕无资而贫民以受田为苦；一则考成太宽而有司不以垦田为职。诚欲讲富国之效，则向议一例三年起科者非也。田有不等，必新荒者三年起科，积荒者五年起科，极荒者永不起科，则民力宽而垦者众矣。"足见有识官员对起科年限的重要性还是很看重的。基于此，康熙年间对起科年限做了积极的调整。康熙十年（1672年）在三年起科的基础上准再宽一年，翌年令宽至六年，到康熙十二年（1673年），甚至敕谕户部，将起科年限放宽至十年。

十二年，谕户部：自古国家久安长治之模，莫不以足民为首务，必使田野开辟，盖藏有余，而又取之不尽其力，然后民气和乐，聿成丰亨豫大之休。现行垦荒定例，俱限六年起科。朕思小民拮据开荒，物力艰难，恐催科期迫，反致失业，朕心深为轸念。嗣后各省开垦荒地，俱再加宽限，通计十年起科。②

在康熙朝"起科"政策的基础上，雍正迈出了更大的一步。雍正元年（1723年），谕户部："嗣后各省有可垦之处，听民相度地宜，自垦自报，地方官不得勒索，胥吏亦不得阻挠。至升科之例，水田仍以六年起科，旱田以十年起科，著为定例。"③

起科年限的调整对于促进农民的生产积极性还是有很重要的作用的。如康熙十八年（1679年）安徽巡抚徐国相疏称："仰我皇上轸念小民竭蹶开垦，恐催科期迫或至失所之至意，普天之民无不欢欣鼓舞，咸思务本尽力畎亩。于是，康熙十二、十三、十四年分，臣属安、庐、凤三属荒田开垦至三

---

① 《清朝文献通考》，卷二，《田赋二》。
② 《清朝文献通考》，卷二，《田赋二》。
③ 《清朝文献通考》，卷三，《田赋三》。

千余顷。臣属如此，他省可知，皆蒙皇上宽限起科，培养民力之实效也。"①
起科年限的宽延增加了国家田地的开垦，在短期内似乎国家的赋税收入得不
到提高，但就长远而言，这一举措无疑会使田赋收入随着田地的日益增长而
增长。正是由于此，康熙年间才有能力推行"滋生人丁永不加赋"的政策，
并到雍正时最终实现了"摊丁入亩"。

（二）人丁编审制度的变迁

明万历年间和清初推行一条鞭法，在不同程度上把丁役、户役摊向地
亩，但是就整体而言，一条鞭法中的丁役银是单独存在的。这种丁役银仍然
是纳税户的一项重要负担。清初，为了筹集急需的军费，尽快把赋役收入总
额达到明万历年间的水平，清政府除了颁布一系列有关安定生产、招徕流亡
人丁地政策外，在人丁编审方面则制定了严格的编审办法，并制定了相应的
官吏考成则例，以尽可能地增加在册人丁的数量，从而增加赋税收入。

如据《大清会典事例》的记载，顺治及康熙年间所颁布的编审条例
包括：②

顺治五年题准：三年一次编审天下户口。顺治十一年覆准：每三年编审
之期，逐里逐甲查审均平，详载原额、新增、开除、实在、四柱、每名征银
若干，造册报部，如有隐匿捏报，依律治罪。顺治十三年覆准五年编审一
次。十四年定州县官编审户口，增丁至二千名以上，各予纪录。十五年议
准：各省编审人丁，五年一次造册具题，于编审次年八月内到部，如不照限
题报者，经管官照违限例议处；府州县编审年分，借名造册科派者，从重治
罪，督抚不行参究，一并议处。康熙二年定州县增丁二千名以上者，督抚、
布政司及道府俱准纪录。二十五年定：编审原限一年八个月，限期过宽，嗣
后限一年岁底造报，州县将新增之丁隐匿不报者，照例参处。二十六年覆
准：编审缺额人丁，令该抚陆续召来，于下次编审补足。

清初的这些政策和措施，对于恢复封建统治秩序，促使大批流亡人丁回

---

① 乾隆《江南通志》卷六八，《食货志·田赋》。转引自赵德馨：《中国经济通史》
（第八册），湖南人民出版社，2002 年，第 238 页。
② 光绪《大清会典事例》，卷一五七，《户部·户口·编审》。

到生产上来，起到了一定的作用。但是，这一制度的负面影响也随着时间的推移而日益显现。其一，官吏为逃避议处，一味追求增审人丁，使人丁编审成为贫苦农民的一项沉重负担。如康熙二十二年（1682年），直隶灵寿知县陆陇其在其《编审详文》中讲道："因编审者惟恐部驳，必求足额，故逃亡死绝者俱不敢删除，而摊派于现存之户。且又恐仅如旧额，犹不免于驳也，必求其稍益而后止。更复严搜遍索，疲癃残疾鳏寡孤独无得免者，汉中之瘠，犹是册上之丁。黄口之儿，已登追呼之籍。小民含辛茹苦，无所控诉。加以屡岁荒旱，上年又被水灾，现在强壮之民，饥寒切身，不能自给，而又责其包赔逃亡之粮，代供老幼之差。所以民生日蹙，闾井萧条。"① 其二，地主士绅为了逃避编审丁役，大多与寂吏勾结起来，通同作弊，放富差贫，坑害农民。如顺治十八年（1661年），户科给事中柯耸在给皇帝的疏文中谈道："浙省各属，有等奸顽富民，串通本里册书，每于编审之年，捏立鬼户，飞洒田数，少者四五亩、五六亩不等，多不及十亩而止，田数既已无多，重役便已漏脱，即至临审缺额，反将贫民瘠产，串立应冲，是田多者以花分而得卸担，田少者以愚实而役重差。"② 正由于此，大批贫苦农民因无法忍受丁银不均的负担，只好再次逃亡，使得实际增加人丁较之上报编审人丁缺额甚多。如直隶灵寿县"审定人数较之赋役全书之额，缺一千五百五十六丁"。③如此缺额，势必无法完成国家规定的丁银征收之额，钱粮亏空在所难免。清政府希望通过严格人丁编审来扩大国家赋税收入的想法自然是落空了。在此情形下，康熙五十一年（1712年）下达了"滋生人丁永不加赋"的诏令，以康熙五十年丁册为定额，嗣后凡滋生人丁，俱不再加征丁银。清初的人丁编审之制到此失去了它原本的效力与威严。康熙五十六年（1717年）题准，将州县官员议叙停止。乾隆三十七年（1772年），编审之例"永行停止"。④

清初的人丁编审制度之所以严格，是因为当时清朝面临内忧外困的极贫

---

① 《清经世文编》，卷三〇，《户政五》，陆陇其：《编审全文》。
② 《清经世文编》，卷三〇，《户政五》，柯耸：《编审厘弊疏》。
③ 《清经世文编》，卷三〇，《户政五》，陆陇其：《编审全文》。
④ 光绪《大清会典事例》，卷一五七，《户部·户口·编审》。

局面，国家用兵频繁，而赋税征收则因田土大量荒置而所收无几。严格编审之制，增加丁银收入是当时清政府所能采取的最为直接和有力的策略。事实亦证明这一政策还是起到了一定的作用。据《清朝文献通考》卷十九的记载：顺治十八年（1661 年）直省人丁总计二千一百零六万八千六百零九口；而到了康熙二十四年（1684 年）这一数字已增加到二千三百四十一万一千四百四十八口。二十四年间增加了二百多万，在当时的经济条件下，已很不容易。但随着时势的变迁，这一制度已无法适应时代的要求，其弊远远超出了其利，清政府在权衡利弊之后做出了停止编审制度的决定无疑是审时度势的正确选择。

（三）对重赋地区的赋税调整

清初，由于时间与能力的所限，在赋税征收上基本沿用明代旧制，所征税额也是在明万历年间的基础上稍做增减而制定的。因此，一些地区因历史和地理原因而征收较重税额的旧制也被沿用下来。后随着清政府的政治逐步稳定，经济发展也走上了一个良性发展的轨道，清政府适时地减免了一些重赋地区的赋税额度。虽然由于这些地区多处于农业发展重地，对国家赋税收入影响颇重，而在减免的额度上十分有限。但这种减免对纳税农户来说毕竟是一件有利的事情。如雍正年间对江南苏、松二府和浙江嘉、湖二府的赋税减免即属于此。

雍正三年（1725 年）管理户部事务的怡亲王允祥奏请酌减苏松浮粮，雍正帝下诏准将苏州府正额银蠲免三十万两，松江府正额银蠲免十五万两。雍正五年（1727 年），又谕：①

各省之中，赋税最多者莫如江南之苏、松二府，浙江之嘉、湖二府，每府多至数十万，地方百姓未免艰于输将。查苏松嘉湖赋税加重之出，盖始于明初洪武时，四府之人为张士诚固守，故平定之后，藉助富民之田以为官田，按私租为税额夫负，固之罪在张士诚一人，而乃归咎于百姓，加其赋税。此洪武之苛政也。明朝二百余年减复不一。我朝定鼎以来，亦照明例征

---

① 《清朝文献通考》，卷三，《田赋三》。

收，盖因陆续办理军需经费，实在未便遽行裁减也。我皇考圣祖仁皇帝常论及此。雍正三年，朕仰体皇考多年宽赋之圣心，将苏松二府额征浮粮豁免。彼时颁发谕旨甚明。本欲一体加恩于嘉湖，因浙江风俗浇漓，正须化导，不便启其望恩侥泽之心，故而暂止。今见浙俗渐次转移，将来可望改行迁善，朕心深慰。特沛恩膏，嘉兴府额征银四十七万二千九百余两，著减十分之一，计免银四万七千二百九十两零；湖州府额征银三十九万九千九百余两，著减十分之一，计免银三万九千九百九十两零。永著为例。

从此上谕中，我们可以了解到苏松嘉湖四府赋税畸重的缘由及清初沿用的状况，虽然此次减赋之后，这四府的赋税额度较之他府依然偏重（下章会有论及，此处不再赘述），但这种因时之减还是在一定程度上表明了清政府体恤民情的政策导向。

二、立法的因地制宜

清朝疆域广大，"东极三姓所属库页岛，西极新疆疏勒至于葱岭，北极外兴安岭，南极广东琼州之崖山"[1]。如此大的疆域在地理、气候、物产方面都会有极大的差异。再加之民族甚多，风俗习惯各不相同。因此在立法上的因地制宜显得尤为重要。应当说，清王朝在这一方面做的还是极其成功的，为维系其二百多年大一统的统治奠定了良好的基础。而在赋税立法上，统治者也注意到了这一点，根据地区的不同制定了不同的赋税征收标准。

（一）依据地区特点制定税则

我们在前文中一直没有论及一个概念，那就是何为"赋税"？中国古代的"赋税"一词究竟包含怎样的意义？我们之所以没有论及，是因为随着社会经济的发展，赋税的演变已非它原本的含义，而人们通常也将其理解为国家税收之总称。实际上"赋税"之真正含义并非这么简单。据《汉书·食货志》记载："税谓公田什一及工、商、衡虞之入也。赋共车马、兵甲、士徒之役，充实府库、赐予之用。税给郊、社、宗庙、百神之祀，天子奉养、百

---

① 《清史稿·志二十九·地理一》。

官禄食庶事之费。"而《通典·食货四·赋税上》亦言："其所以制赋税者，谓公田什之一及工商衡虞之入，税以供郊庙社稷、天子奉养、百官禄食也，赋以给车马甲兵士徒赐予也。"可知古人所说之赋税中的"税"乃为田赋及工商杂税，而"赋"则指车马、兵甲、士徒等劳役，实则就是后世所讲的徭役。我们在前文中并未太多论及清代的徭役，只是在介绍赋税体系时一带而过，主要是因为清代的徭役大多已折色为银，摊入地亩征收。如《大清会典》中论及"役"时只是简单地记载："役有均徭（原编军徭法，在官人役皆于所属民人内签当，是为力差；后改征力差银，令输银以助力，后复摊征于地粮，为均徭银；役皆募充，以均徭银给役食）；有支驿（原编驿站系由民支，后改官支，编征为驿站银）。"①

但是清代疆域广大，各地因自然环境的不同，土地的收入亦有不同，如果一概改折征银，显然是不合理的。因此清朝在立法时，对田赋职役根据地区不同进行了不同的规定："大率东南诸省，赋重而役轻，西北赋轻而役重。"② 这一规定显然是很符合清代地域特点的。东南诸省适宜粮食耕种，一年两熟或两年三熟，农民常年劳作于田地，并无多少空闲时间承担差役。而西北地区则气候较为恶劣，一年基本一熟，甚至不宜耕种，农民至少有半年的时间空闲，召募差役不会耽误农活。东南诸省既然产出较多，赋稍重亦不会苦累百姓，而西北地区产出较少，赋稍轻则会舒缓民困，可谓一举两得之策。当然，这一政策在实际运用的过程中，也并非毫无弊端。如《清史稿》中所记载的"直隶力役之征，有按牛驴派者，有按村庄派者，有按牌甲户口科者，间亦有按地亩者。然富者地多可以隐匿，贫者分釐必科，杂乱无章，偏枯不公。其尤甚者，莫如绅民两歧。有绅办三而民办七者，有绅不办而民独办者，小民困苦流离，无可告诉"。但这并非是政策本身的问题，而是在具体适用的过程中，由于科则的不统一和地方绅衿的隐匿作弊造成的。因此，当道光二年（1822年），有官员"议仿摊丁于地之例，减差均徭，每

---

① 光绪《大清会典》，卷十八。
② 《清史稿·食货二·役法》。

亩一分，无论绅民，按地均摊"时，直隶总督颜检坚决认为不可以，并谓：
"如议者所言，每地一亩，摊征差银一分，其意在藉赋以收减差之实效，不
知适藉差而添加赋之虚名，累官病民，弊仍不免。"① 道光帝对此"摊派差
银之议"亦持否定态度，在其上谕中称：②

前据直隶藩司屠之申奏，直隶差务殷繁，议请于每地一亩摊征差银一分
以均徭役。当经批示：俟颜检到任后妥议，奏闻再降谕旨。兹颜检查明，据
实覆奏，该藩司减差徭役之说实不可行，所论极是。赋役之制，东南则赋重
役轻，西北则赋轻役重，立法至为深厚。若如该藩司所奏，是欲役重而赋并
重，其意何居？嗣后直隶办理差务着颜检严饬该管道符仍遵旧章，各就地方
情形斟酌妥办。该督仍随时查察。该州县如有能体恤民艰，公平允协之员，
据实保举。其有听信书役任意浮派苛累者指名纠参治罪。若有劣衿藉端包揽
刁民串通妄控者，立即审明，按律严惩，则吏治自肃而民生可期日裕矣。至
屠之申未能体察情形，冒昧陈奏，意在藉赋以收减差之实效，不知适藉差而
添加赋之虚名，累官病民。其弊不可胜言。屠之申着交部严加议处。

（二）对边远及少数民族地区采取怀柔政策

清代边远地区多处于气候地理较为恶劣的地区，地多贫瘠，且少数民族
较为集中，因此清朝对这些地区普遍采取轻赋的政策，以体现其怀远的统治
方略。

对少数民族地区的轻赋政策。清代对少数民族地区大多采取轻赋政策，
这一方面是由于少数民族聚居区地多贫瘠，不适耕种，另一方面则是为了稳
定民心，保障政治安定。如湖北省的长乐县和施南府均系由土司改土归流后
设置的，原定税额皆由土司征解，因地理环境较差，物产极薄，因此所征甚
少。该县之后，如若按照内地科则一并征收，势必会增加当地土民的负担，
因此最终都依据原本赋额制定了较为低的征收额度。而云南整欠、孟艮地区
的赋税则是由当地土司量地土之广狭认纳钱粮，比照普洱边外十三土司之

---

① 《清史稿·食货二·赋役仓库》。
② 同治四年《户部则例》，卷五，《田赋一上》之《禁止摊派差银》。

例，酌中定赋。① 而在《大清会典事例·免科田地》中记载的嘉庆九年（1804 年）所制定的对巴尔楚克地区回民所垦渠地免于征科的规定更是凸现了清统治者对边远地区少数民族的体恤之情。（详见前"赋税减免"）

对边远地区的轻赋政策。直省偏远贫瘠之地，清政府也是赋税从轻，重在安定。如甘肃省府厅州县系卫所改设，从前未经裁并之始，各有一种屯军名色，或系召募应差，或系充发到配，养赡无出，量给荒土使其耕稼，免其承粮以资糊口。后来，当地居民，见其田不输赋，暗将本身地亩以多作少，给予微租，诡寄军户名下，规避正赋，转相效尤。甘肃巡抚黄廷桂在乾隆八年上奏请求清查此项欺隐地亩。乾隆在朱批中提出了处理意见，他说："盖遥省穷壤之地，宁可留有余于小民，不可为钱粮起见，况所加者不过太仓一粟九牛一毛哉。"② 在此，乾隆之所以不同意黄廷桂的意见，无非是为了稳定边疆地区的政治统治罢了。而且这些地区原本就田土无多，即使按亩科征，也不会使国家整体赋税收入提高多少，不如采取轻赋政策，借以安抚民心。

第二节　法律适用的严肃性与灵活性

清代在加强赋税立法的同时，大力倡导依法征税，除在《大清律例》中对贪污索贿行为制定严厉的刑事处罚外，为确保法律适用的严肃性，对所发生的贪污案件亦严惩不贷。另外为了加强民间对征收官吏的监督，又多次立法要求将税则公示于众，与民知晓。在强调法律适用严肃性的同时，清政府对于在赋税征收中出现的具体问题也采取了较为灵活的应对措施，充分考虑到情势的发展，既有利于国家赋税的征收，又起到了安抚民心的积极作用。

---

① 参见何平：《清代赋税政策研究》，第 149～150 页。
② 甘肃巡抚黄廷桂奏为查办兰州军户隐占地粮请奏折（乾隆八年十月二十五日）。转引自何平：《清代赋税政策研究》，第 150 页。

一、法律适用的严肃性

（一）奖廉惩贪，严肃法纪

清初入关，在尚无完善赋税立法的情况下，仍对赋税征收官员的行为做出了规范。顺治元年（1644 年）七月，摄政王多尔衮在蠲免明季加派的谕令中明确指出，"如有官吏朦胧混征暗派者，查实纠参，必杀无赦。倘纵容不举，即与同坐。各巡按御史作速叱驭登途，亲自问民疾苦，凡境内贪官污吏，加耗受赇等事，朝闻夕奏，毋得少稽。若从前委理刑官查盘，委府州县访恶，纯是科索纸赎，搜取赃罚，名为除害，实为害民，今一切严行禁绝。州县仓库钱粮止许道府时时亲核，衙蠹豪恶止许於告发时从重治罪，总不容假公济私，朘民肥己，有负朝廷惠养元元至意"①。不过，由于顺治年间兵乱不断，百姓流亡严重，国家财政掣肘之处甚多，因此对苛征加派的处罚力度还不十分理想。至康熙年间，随着战事的逐步平息、社会经济秩序的逐步恢复，康熙在奖廉惩贪上亦做出了实实在在的事迹。

康熙二十年（1681 年）十月，延续八年之久的"三藩"之乱被平定，两年后台湾又得统一，清王朝在全国的统治逐步稳固，阶级矛盾、民族矛盾渐次缓和。在这种情况下，康熙开始花大力气惩治贪污，一方面抓住大案要案对贪官污吏进行严厉惩处，另一方面不遗余力地表彰和提拔清官廉吏。

康熙加大了惩贪的宣传，声明"治国莫要于惩贪"，"治天下以惩贪奖廉为要"。消灭噶尔丹叛乱势力以后，他又向全国宣布："今噶尔丹已平，天下无事，惟以察吏安民为要务"，"朕恨贪污之吏更过于噶尔丹，此后澄清吏治如平噶尔丹，则善矣"②。康熙提倡重典惩贪，认为只有施以严刑峻法，贪官污吏才能有所警俱。康熙二十四年（1685 年）广东、云南秋审后，康熙表示："凡别项人犯尚可宽恕，贪官之罪断不可宽！此等人藐视法纪、贪污而不悛者，祗以缓决故耳。今若法不加严，不肖之徒何以知警？朕意欲将今岁

---

① 《清世祖实录》，卷六，顺治元年七月壬寅。
② 《清圣祖实录》，卷三四。

贪官概行处决。"① 次年大计，他又严饬有司"摈斥贪残"，"重惩贪酷，余俱如例降革"。② 为了揭发官吏，尤其是高级官吏中的贪污犯，康熙甚至下令广开言路，恢复清初以来一直禁用的"风闻参劾"之例，即允许言官等以风闻之事上疏纠劾。康熙认为，如此则"贪官似有畏惧"。在此思想的指导下，康熙对所发生的贪污科派案件进行了严惩。如康熙二十六年（1687 年），湖北巡抚张汧勒索属员出银抵补亏空，并向盐商科派银两，贪污九万余两，被判处绞监候。总督徐国相、侍郎王遵训均以滥行保举张汧升任巡抚被免除职务。次年，刑部侍郎塞楞额因审办张汧贪污案徇顾情面而审案不实，回京汇报案情又隐情欺罔而被判处绞监候。此案中，不仅当事官员受到严惩，监督及审案官员也受到牵连，被处以重刑，可见康熙帝惩贪的决心还是很大的。在康熙年间，曾有多名一、二品官员因贪污私派而被重处。如康熙五十年（1711 年）四川布政使卞永式、巡抚能泰私自加派，贪污银两被判绞监候；康熙五十一年（1712 年）原任甘肃巡抚鄂奇、丁忧布政使阿米达、原任布政使觉罗伍实贪污火耗银被判处革职；同年，福建提督兰理霸市抽税，贪污甚巨被判死刑立即执行，但康熙念其军功，免死入旗为民；康熙五十三年（1714 年），两江总督噶礼贪赃枉法赐令自尽。③ 康熙在加强惩贪力度的同时，亦提拔了多名清官廉吏，以肃清吏治，严肃执法。两江总督于成龙、两江总督傅拉塔、河道总督于成龙、两江总督张鹏翮、广东巡抚彭鹏、湖广总督郭琇等皆以清廉而由县令等低级官吏"洊历部院封疆"。④

　　继康熙之后的雍正帝向以用法严猛著称。即位之初，即"谕户部、工部，嗣后奏销钱粮米石物价工料，必详加覆实，造册具奏。以少作多、以贱作贵、数目不符、覈估不实者，治罪。并令各督抚严行稽查所属亏空钱粮，限三年补足，毋得藉端掩饰，苛派民间。限满不完，从重治罪"⑤。雍正期间

的这次清查钱粮、严惩贪官，从元年到九年前后，才大致告一段落。其经历时间之长，规模之大，都是清代所仅见。雍正严厉督促下，惩治了大批贪官污吏。仅雍正元年（1723 年）被革职的就有湖广布政使，湖南、广西按察使，江苏巡抚、布政使等。雍正二年（1724 年）湖南在一年之内，州县官六十五人中更换了二十余人；其他如山西、湖北、河南、福建等省情况亦相类似。在打击贪官污吏的同时，雍正亦极力提倡官吏廉洁奉公的德行操守，戒饬官吏要"以循良为楷模，以贪墨为鉴戒"，提出"操守清廉乃居官之大本。故凡居官者，必当端其操守以为根本，乃可以勉为良吏"。雍正在提拔李卫时说："朕取其操守廉洁，勇敢任事，以挽回瞻顾因循、视国政为膜外之颓风耳"，要各级官吏竭力效法。在雍正朝，那些操守廉洁、秉公执政的官员都能得到提拔和重用。①

乾隆年间，虽然吏治有所下滑，但在惩贪之上还是下了一番功夫，查处了一批大案要案。《清史稿》中称："高宗谴诸贪吏，身大辟，家籍没，僇及于子孙。凡所连染，穷治不稍贷，可谓严矣！"② 如乾隆四十六年（1781 年）发生的浙江巡抚、原甘肃布政使王亶望贪污捐监、冒赈等项银两案，涉案人数高达 210 多人，皆受到了不同程度的惩处，甘肃道府以上官员几乎为之一空。虽然此案是乾隆后期吏治严重腐化的真实反映，但乾隆敢于查处，一查到底的做法还是反映了他对贪污行为予以严惩的思想。

正是由于清代统治者对贪污科派行为的严惩不贷使得清前期的吏治处于一个相对清明的阶段，人民也得以休养生息，社会经济得以迅速恢复并有了较大程度的发展，从而造就了所谓的"康乾盛世"。这与清前期统治者严肃执法的态度是分不开的。

（二）公示税则，加强监督

为了防止征收官吏在征收过程中的营私舞弊，清政府在赋税科则的公示方面也做了大量的努力。凡有新的赋税法规或诏令下发，即要求明示晓谕，

---

① 黄云：《简评雍正的吏治整顿》，载《福建师专学报》，2000 年 8 月，第 20 卷，第 4 期。

② 《清史稿·列传一百二十六》。

使民知晓，借民间之力监督官员的征收行为。

　　顺治元年（1644 年），天下初定，钱粮征收无所依据，山东巡抚方大猷及御史宁承勋均提出刊刻易知由单，"使民易晓"①。及至顺治六年（1649年），户科右给事中董笃行"请颁刻易知由单，将各州县额征、起运存留、本折分数、漕白二粮及京库本色，俱条悉开载，通行直省，按户分给，以杜滥派"②，易知由单既是清政府颁发给纳税农户的征税凭证，也是清政府征收赋税的法律依据。由于易知由单上刊刻有相应的起征额数，农民可以以此为依据监督征收官员的征收行为。如果有官员私征滥派，农民可以拒绝交纳并去官府告发。顺治十一年（1654 年）又再次颁谕规范了易知由单的格式："由单之式，则每州县开列上中下地正杂本折钱粮，末编总数，刊成定式。每年开征一月前给散花户，使民通晓。"③ 其后，于顺治十五年（1658 年）在由单中加增"申饬私派之令"；于康熙六年（1667 年）加增蠲免流抵一项。清政府颁性易知由单并屡次加增内容，其目的不过是想通过易知由单的通行以使民知晓国家征收赋税的额度，借助民间的力量来约束官吏的私派贪污行为。后随着时势的发展，易知由单于康熙二十六年（1687 年）停刊。为了防止因为由单的停发而产生的官吏侵贪，康熙三十年（1691 年）下令"直省各州县卫所照赋役全书科则勒石公署门外，使民知晓"。④ 雍正六年（1728 年）亦就"官不将完欠细数显示于民，故胥吏得以作奸，而官民并受蒙蔽"，而要求州县官"每年令各乡各里书手将所管欠户各名下已完银粮若干，尚欠若干，逐一开明呈送县官查对，无差即用印出示，各贴本里，使欠粮之民家喻户晓"。⑤

　　清政府对田赋征收之外的其他赋税亦采取了积极的公示态度，以使民知晓，杜绝加派。如康熙五年（1666 年），议准："刊刻关税条例，竖立木榜

---

①　《清朝文献通考》，卷一，《田赋一》。
②　《清世祖实录》，卷四六，顺治六年九月甲戌。
③　《清朝文献通考》，卷一，《田赋一》。
④　《清朝文献通考》，卷二，〈田赋二〉。
⑤　《清朝文献通考》，卷三，《田赋三》。

于直省关口、孔道，晓谕商民。"①

我们姑且不论清政府如此行事的效果如何，但就这一行为的本身而言，还是表明了清政府依法征税的目标取向。

二、法律适用的灵活性

清代立法虽对赋税征收制定了严格的征收原则，但并非一成不变，在遇到特殊情形时亦会相应做出调整。如对于因水冲沙压而造成的田亩减少的情况，乾隆五十六年（1791 年）就规定："成熟田亩或因水冲沙压变为硗薄者，准其随时查明取结，造册题报减则。日后或培植复熟，亦即随时确切取具册结题报，仍按原则征收"。② 这是针对自然灾害所采取的灵活性应对措施。不仅如此，在面对经征官吏自行调整赋税征收额度的问题上，清政府亦根据具体情况采取了灵活的应对措施。乾隆元年（1736 年）对于福建建阳县田赋案的处理就是很好的例证。③

福建省建阳县田赋征收中存在的问题，首先是由福建巡抚赵国麟发现并于雍正十二年（1734 年）十一月报部的。其核心内容是：康熙二十五年（1686 年）任建阳县知县的李六成，因见民间钱粮历年拖欠，前官多致挂误，于是遍访舆情，发现阳邑民田皆系下则，明朝初年每亩只征银五分一厘，后加至七分三厘一丝五忽，赋重田硗，民力难完，以至积逋累累。李六成遂将建阳县已经开垦照则征收钱粮的六百九十五顷荒田的垦复情况不予上报，私自将建阳县的田赋征收标准从每亩七分三厘一丝五忽，减免一分一厘六毫，下调至每亩六分一厘四毫。用以前曾上报为荒田而现已开垦为成熟之田现在征收的田赋，来弥补因为降低每亩征收标准所短缺的赋税数额。与此同时，在上报给户部的赋税册籍内，仍然记载着该县有荒田六百九十五顷零。李六成的这种做法显然严重违反了清政府严格按照赋税则例征收赋税的管理规

---

① 《清朝文献通考》，卷二十六，《征榷一》。

② 光绪《大清会典事例》，卷一六二，《田赋科则》。

③ 关于本案例的详细内容请参见何平：《从乾隆建阳田赋案论清代的赋税管理》，载《清史研究》，2004 年第 2 期。

定，不仅减少了政府的赋税收入，而且将已开垦的田地归入未垦荒地也为以后的劝垦及纳税带来隐患。那么，对于如此严重的违法行为，清政府又是如何处理的呢？乾隆元年（1736 年）十月二十八日，主持户部事务的大学士张廷玉等经密议后在奏折中提出了处理意见：清朝中央政府放弃已垦荒田 695 顷余的田赋收入，将向中央上报的奏销册改为每亩征银六分一厘四毫，使其与李六成在康熙二十五年（1686 年）私自减则以来的该县实征册科则相符。同时删去本不存在的荒田 695 顷的记载。并且将该县存在的虚粮八百余两中无从征收的 631 两余予以豁除。乾隆帝批准执行。同时针对李六成自行减则及其在赋税征收问题上引起的混乱，决定"其历任该管官员，不行查出，均应罚俸一年"。①

从此案中，我们可以看到，虽然李六成所犯错误相对于赋税征收的严肃性来说是很严重的，但清政府仍采取了相对宽松的处理方法，对李六成等官员仅罚俸一年，而且还将建阳县的赋税科则从此减为每亩征银六分一厘四毫。为什么呢？福建巡抚卢焯在其奏折中道出了原委："建阳地瘠民贫，每亩科则七分三厘，民力维艰。况完六分一厘，民已相沿为例，似属应减。况该县实征册开载减额六分一厘，而达部奏销册又开载旧额七分三厘，不特蹈欺妄之愆，而亦无以取信于百姓。"②此案原发于康熙二十五年（1686 年），于雍正十二年（1734 年）方被纠参，到乾隆元年（1736 年）最终定案，其间经历了 50 年，李六成所定的赋则早已成为百姓征纳的标准，如若增加势必会引起民众的不满。况且，建阳之地本就贫瘠，征收高额赋税根本不可能完纳，在此情况下，莫若做个顺水人情，既不得罪老百姓，亦能保证国家赋税收入。这是清政府在赋税征收上做出的合理让步，也是其法律适用灵活性的突出表现。

---

① 《清高宗实录》，卷六。
② 《建巡抚卢焯为复清丈建阳县田亩事奏折》（乾隆元年六月初五日），中国第一历史档案馆藏乾隆朝军机处录副奏折。转引自何平：《从乾隆建阳田赋案论清代的赋税管理》，载《清史研究》，2004 年第 2 期。

第三节 执法监督的严格性与全面性

虽然通过税则公示制度可以在一定程度上约束赋税征收管理的行为，但毕竟相对于拥有绝对权力的官吏而言，普通老百姓的力量是微乎其微的。因此，要约束官吏的行为，首先要有严格的立法，其次则要有有力的监督机制。前文我们已介绍了清政府的赋税立法情况，在这里，我们再来论述一下清政府赋税监督机制的完备性。

一、执法监督的严格性

清朝的中央监察机构为都察院，下设六科、十五道分掌监察职能；地方上则以督抚按兼掌监察事务。清政府对监察工作十分重视，视科道官员为其耳目，因此屡下诏谕申令严格职守。为确保执法监督的有效进行，清政府制定了严格的监察法规，对监察部门执法中的每一环节都做出了严格的规范，从立法角度为执法监督提供了切实的保证。

（一）户科的监察

都察院六科中的户科为清政府赋税钱粮征收的最高监察机构，地方监察官员的监察情况最终均须汇总到户科一并清查。《大清会典事例》中对钱粮征收各环节的监察工作均作出了规范，包括：直省钱粮奏销、直省钱粮交盘、易知由单、秋成分数、漕粮奏销、漕粮全单、奏缴粮斛册、奏缴漕白粮册、盐科考核、户关领批、户关考核、稽核解送户部批文。我们仅就其中的直省钱粮奏销作一摘录，借以说明清政府在执法监督方面的严格性。①

顺治初年定，凡直省解户部钱粮完欠，及田赋、杂税、兵马钱粮各项奏销册，有蒙混舛错者，由户科指参。又议准：凡田赋、杂税奏销，由布政使司造册，呈巡抚转送；兵马钱粮奏销由提标协营造册，呈总督转送，均由户

---

① 光绪《大清会典事例》，卷一〇一五，《都察院·六科·直省钱粮奏销》。

科察核。每年于五月内送到。如不能依限，督抚题请展限，知会户科。十一年议准：直省钱粮，布政使司已给批收，即将解过款项数目，汇造清册，送户科磨对。十七年题准：直省钱粮，每岁终，该抚造具奏销册，开载田赋款项数目，并造具考成册，开列已未完数目，送户科察核。康熙十一年题准：州县奏销册开解支之数，由单列征收之款，每有册单总散数目不符，嗣后奏销册务与由单相符。至实征原额，起存完欠，藩司总数，务与州县细数相符。送户科察核。乾隆十七年奏准：江苏等省向例，奏销田赋皆有随本黄册，惟陕西、甘肃、广东、广西、云南、贵州六省，独无黄册。嗣后令各该抚一律造册送科。至册籍关系销算，不得任意迟延，随便邮递。嗣后奏销黄册务随本分送部科，以便核销。

由上，我们可以看出，户科对直省钱粮奏销的审核主要是借助于直省所上报的奏销册来进行。因此，法律特别对奏销册的内容和报部期限都做了相应的规定，以防止官员从中作弊，使奏销册与实征数额不符。

（二）各道的监察

十五道监察御史基本上是按省区划分地对地方实行分道监察的组织，其共同职掌为"弹举官邪，敷陈治道，各核本省刑名"。① 另外，各道对都察院、六部、翰林院等中央部院亦有监察职责。十五道按省划分，分为京畿道、河南道、江南道、浙江道、山西道、山东道、陕西道、湖广道、江西道、福建道、四川道、广东道、广西道、云南、贵州等道。在《大清会典事例·都察院·各道》中涉及赋税征收的内容主要包括：盐政考成、巡仓、巡漕、巡盐、抽查漕粮等。清代对漕粮和盐税的征收十分重视，因此在建立各道巡视制度上，亦就此两项进行了严格规范。我们以巡漕御史为例加以说明。

清初，沿明制设巡漕御史，顺治七年（1650 年）裁巡漕御史，由粮道分程押运。雍正七年（1729 年），以粮船过淮抵通，多有陋规，遣御史四人，分赴淮安、通州稽察。乾隆二年（1737 年）定巡漕御史四人，一驻淮安，巡

---

① 《清史稿·职官二》。

察江南江口至山东界;一驻济宁,巡察山东台庄至直隶界;一驻天津,巡察至山东界;一驻通州,巡察至天津。① 巡漕御史的职责为"专司稽察,不许官吏人等向旗丁额外需索,以致扰累"。② 巡漕御史每年出巡一次,巡视漕粮事务,纠察违法征收、运解行为。清政府对巡漕御史的行为寄予了很大期望,因此一旦有官员徇私枉法、不行监察之责,则必严惩不贷。如乾隆三十五年(1770年),驻扎通州的巡漕御史汪献芝巡视通漕完毕,回京复命,恰逢此时发生了东省运解平籴麦石,仓场侍郎办理不善,致京仓监督任听花户等勒掯迟延一案,麦石久不上仓,各船留滞河下。而汪献芝述职之时并未提及此事,乾隆帝深为恼怒,申饬道:"该御史往来巡察,不得委之毫无见闻,何以并不据实参奏?岂专以漕艘为已责,而于别项运麦备籴,遂谓非己事耶?且科道职司言事,汪献芝即仅以御史在京供职,闻有此等情事,尚当白闻纠弹,况在本地查漕,尤属应行劾奏之事。而竟委为莫不关涉,默无一言。又安用此巡漕御史者为耶?汪献芝著交部严加议处。"③ 可见,清政府对巡漕御史的要求甚严。

对地方监察官员,清政府则制定了严格的考核和考成制度,加以规范。我们在前文中已有所介绍,此处就不再赘述了。

二、执法监督的全面性

清政府在执法监督上的完备性还表现在其执法监督的全面性上,主要包括监督立法的全面性和监督内容的全面性两部分。

(一)监督立法的全面性

清政府不仅对赋税征收的各个环节制定了严格的监督法规,而且为了确保监察活动的顺利有效进行,清政府对监察官员本身亦制定了严格的法律规范,通过规范监察官员的行为来达到有效监督赋税征收的目的。这主要反映在清政府所制定的《钦定台规》和《都察院则例》两部法典上。《钦定台

---

① 光绪《大清会典》,卷六。
② 光绪《大清会典事例》,卷一千二十七,《都察院·各道·巡漕》。
③ 光绪《大清会典事例》,卷一千二十七,《都察院·各道·巡漕》。

规》是中国古代监察制度史上第一部以皇帝名义编纂和颁行的监察法规，也是我国封建监察史上最完整的一部监察法规。乾隆八年钦定后，根据实际情况变化多次增修，光绪十八年（1892年）始成现在之定本。《台规》主要分为"训典""宪纲""六科""各道""五城""稽察""巡察""通例"八个部分，主要内容为确定皇帝对监察活动的绝对控制权，规定了监察机构的职权、监察对象、基本任务和监察官应遵守的纪律和奖惩办法以及对科道官任免的规定等。继《台规》颁布后，都察院又汇总了以往制定的若干则例，汇编为《都察院则例》。《则例》对都察院实施监察的行为准则做了进一步详细的规定，是对《台规》的补充。《钦定台规》和《都察院则例》的制定，有效地制约了监察官权力的滥用，使清代的监察官只能在法律许可的范围内行使职权，是清代对监察官员进行再监督的有力武器。

为进一步制约监察官员的行为，清政府对监察官员违反法律的行为制定了从重处罚的规定。如《大清律例》中规定："凡风宪官吏受财，及于所按治去处，求索借贷大财物，若买卖多取价利，及受馈送之类，各加其余官吏罪二等。"对于监察官员徇私舞弊，纠参不实的行为亦规定了严格的处罚条例。如顺治十一年（1654年）规定：监察官"若缄默苟容，颠倒黑白，徇私报怨，明知奸恶，庇护党类，不肯纠参，而诬陷良善，驱除异己，混淆国是者，定行重惩"①。康熙九年（1670年）又进一步规定："言官列款纠参贪婪官吏，有一二事审实者，免议。若审问全虚……或不据实回奏……皆降二级调用"，十五年（1676年）改为降一级调用，科道官若"回奏不实，或凡事不按实陈奏，或并无可据，称风闻具题者，降一级调用"②。清廷采取的这一措施，有效地打击了监察中的诬告陷害之风，使监察官有所警诫而不致胡作非为。

（二）监督内容的全面性

清代对于赋税征收的监督工作涉及赋税征收的各个层面。以《户部则

---

① 光绪《大清会典事例》，卷九九八，《都察院一·宪纲》。
② 《钦定台规》卷十。

例》为例，田赋中涉及监督内容的有钱粮期限、造送书册、钱粮考成、耗羡考成、杂赋考成、奏销期限及奏销考成等；漕运中有粮运程限、稽查催儹、奏报考成等；盐法中有盐政考成、场员收盐考成、各官引课考成、杂款缴引考成、搀和官盐考成、两浙课税考核、南沙盐务考核、闽省官帮考核、闽省杂款处分、广东盐员考核、稽查遗失引票、巡缉私盐事例等。在茶法、参课、关税中亦定有相关考成和稽查制度。清政府在制订监督立法时，充分考虑到了赋税征收的方方面面，从而形成了一个非常详备的赋税监督体系。

同时，对于在赋税征收中出现的违法征收行为，清政府亦制定了相关的处分例。除在《大清律例》中规定了相应的刑事处罚外，还在《大清会典》《六部处分条例》《吏部处分条例》等行政法规中规定了相应的行政处罚。从科罚手段上，反映了执法监督的全面性。

综上所述，清政府在赋税立法上所做的努力还是十分卓越的，这对于维系清政府的政治稳定起到了很好的促进作用，是清政府之所以能够统治中国长达二百多年历史的重要原因之一。

第十章

清代赋税法律制度的弊病及其原因分析

从前文的介绍中，我们已经知道，清代的赋税法律制度是中国封建发展史上最为完备的，无论在制度的建设上，还是对民情的体恤上都远远超过前代。但这并不意味着清代赋税法律制度就无懈可击，在前面的论述中，我们已经就一些制度存在的弊病进行了简单的分析，本章将从清代赋税法律制度的整体框架入手，分析其存在的弊病及原因。

第一节 立法中的弊病及其原因分析

清代赋税法律制度在立法中，尽管较前朝已有了极大提高，但仍存在着一些弊病，这些弊病有些是封建专制集权的必然，有些则是历史遗留问题。同时，作为一个少数民族政权，还存在着不可弥补的民族歧视的原因。

一、弊病

（一）名为轻赋，实行重赋

清初入关，即颁布了"废除明季三饷"的谕令，以此来彰显其实行轻徭薄赋的立国之心。而且清王朝的历代统治者也不时地标榜自己"轻赋役，省刑罚"的治国理念，将轻徭薄赋作为赋税立法的基本指导思想。然而在实际的立法活动中，虽有这样的指导思想，却仍然无法改变清王朝明征暗派的重赋行为，这既是封建专制集权制度下的必然产物，亦是清代严峻的社会经济形势的必然趋势。在立法中，清王朝所实行的重赋政策主要表现在以下三个方面。

1. "辽饷"与"练饷"的加征

"辽饷"与"练饷"本属明末三饷的范畴，是清在入关之初明令废止的，然而该谕令下发后没有多久，即通过诏令的形式重新征收"辽饷"，到顺治十八年（1661 年）时，又开始征收"练饷"。两项本已被政府以法令形式禁止征收的赋税项目被清王朝以同样的形式重新起征，凸现了封建王朝对法令严肃性和普通百姓权利的漠视。

（1）"辽饷"的加征

"辽饷"在清代被称之为"九厘银"。光绪《江西通志》卷八三《经政略》云："万历末年议加辽饷，江西加三十六万一千有奇，初议亩加三厘五毫，续加五厘五毫，通为九厘，今称加增九厘地亩银者也。"道光《宝庆府志》卷八四《户书》云："九厘饷者，起自明季万历四十六年增辽饷……前后九厘，遂为定额……本朝因之，谓之九厘饷。"①

"辽饷"本在清初废除之列，但留存至今的档案表明，辽饷加派在清初仍实施着。如江西巡按王志佐顺治六年（1649 年）奏报江西的情况时称：

案查明季万历四十八年间，江西布政司奉文每田一亩加派辽饷九厘，共该银三十六万一千零三十六两四钱四分四厘。……至顺治三年归附之后，据布政司通行造册奏报，谓此三饷俱在蠲免之列矣。后奉部文通行省道内开，派征钱粮照万历年间则例，其天启、崇祯年加增尽行蠲免。盖以前项辽饷在万历年间加派，故复照旧派征耳。②

在皇帝的诏令中也显示了这项加派的重征，如顺治四年（1647 年）二月，以浙东福建平定，颁诏天下："今浙东八府并福建全省，俱自顺治四年正月初一日起，俱照前朝万历四十八年则例征收，天启崇祯时加派，尽行蠲

---

① 参见陈支平《清代赋役制度演变初探》，厦门大学出版社，1988 年版，第 25～26 页。

② 《清代档案史料丛编》第 1 辑，第 152 页。

免。"① 而辽饷恰恰是明朝万历末年所开征的加派，这便自然被排除在蠲免范围之列。至顺治十四年（1657年）颁行全国性赋役全书时，明确规定："钱粮则例俱照万历年间……至若九厘银，旧书未载者，今已增入。"② 至此，"辽饷"从明末的苛征加派而演变为清代的法定赋税科目。

(2)"练饷"的加征

"练饷"作为明末的苛征，清初曾明令废止，然而到了顺治十八年（1661年），又开始重新加征。户部尚书车克题于顺治十八年七月初九日的题本就练饷的加征缘由写道：

奉御前发下红本，该议政王、贝勒、大臣、九卿、科道等官会同议得，本年不敷五百七十万有奇银两，今各省镇兵丁仍给操赏银两，应将明季所增练饷，照旧例暂增，于顺治十八年为始起征，俟钱粮充足之日，该部题请停止等因。具题奉旨：依议。钦此。即应遵此通行。③

当时的"练饷"所定的征收税率为"每亩一分加征"，其目的就是为了应对入不敷出的兵饷。其时的清朝经济尚未进入正轨，统一战争仍在继续，大量的军费支出使清王朝重新启动了已被废止的明末苛派，亦使得清初最重要的德政——"废除明季三饷"成为一纸空文。所幸的是"练饷"的加征只维系了一年，到康熙即位后即行停止了。④

2. 火耗归公

火耗在清初是严令禁止的私征项目。顺治元年（1644年）七月，天津总督骆养性启请豁免明季加派钱粮，但征正额及火耗，每两加火耗三分，遭到了摄政王多尔衮的训斥："官吏犯赃，审实论斩，前谕甚明。所启钱粮征纳，每两火耗三分，正是贪婪积弊，何云旧例？况正赋尚宜酌蠲，额外岂容多取？著严行禁革。如违禁加耗，即以犯赃论。"⑤ 同年十月，清世祖颁即位诏

---

① 《清世祖实录》，卷三〇，顺治四年二月癸未。
② 《清世祖实录》，卷一一二，顺治十四年十月丙子。
③ 《清代档案史料丛编》，第4辑，第1页。
④ 顺治十八年十二月十八日《阿思哈题缴回康熙元年停止征收练饷上谕事本》，见《清代档案史料丛编》第4辑，第40页。
⑤ 《清世祖实录》，卷六，顺治元年七月甲子。

书，令有司征收钱粮时，但取正额，凡分外侵渔、秤头火耗，俱重科甲罚。其巧取民财者，亦严加禁约，违者从重治罪。康熙四年（1665年）正月，康熙帝因闻守令贪婪，于征收钱粮时暗加火耗，或指公费科派，或向行户强取，籍端肥己，献媚上司，故令道官察访纠参。①

然而火耗加派始终未绝，除了没有正项征收的名分外，已成为地方政府必不可少的征收项目②，以至于对此曾明令禁止的康熙帝亦无奈地对官员说道："如州县官止取一分火耗，此外不取，便称好官。"③ 基于此，有官员提出将耗羡归公以弥补地方用度的不足。康熙六十一年（1722年）川陕总督年羹尧和山西巡抚噶什图上疏称："秦省火耗每两有加重二三钱、四五钱者，请酌留各官用度，其余俱捐出，弥补（亏空）。"但康熙帝恐担加派之名，而下谕："断不可行。"④ 雍正二年（1724年）山西巡抚诺敏、布政使高成龄再次提出将火耗归公，雍正帝在权衡利弊后，下谕将火耗归公，用于地方养廉。谕曰：

州县火耗，原非应有。因地方公费、各官养廉，不得不取给于此。且州县征收火耗，分送上司，以至有所藉口，肆其贪婪。上司瞻徇容隐，此后来积弊也。与其州县存火耗以养上司，何如上司拨火耗，以养州县乎!⑤

但以雍正帝的本意，火耗归公只是权宜之计，一旦将来财政状况好转即可削减⑥，始终未将火耗视为正项钱粮。然而到了乾隆年间，却逐步成为正项钱粮并收归户部统管，其后所编纂的《大清会典》与《户部则例》亦明文规定了耗羡的征收额度，遂将这一加派转变为清代正式的赋税征收项目。

---

① 《清圣祖实录》，卷一四，康熙四年正月壬辰。
② 关于清代火耗征收的缘由，从制度角度而言，学者多归结为清代的低俸制度和地方存留减少所导致的地方财政匮乏。参见何平《清代赋税制度研究》（中国社会科学出版社，1998年）以及郑学檬《中国赋役制度史》（山海人民出版社，2000年）。
③ 《康熙起居注》第三册，第2463页。
④ 王庆云：《石渠余纪》，卷三，《纪耗羡归公》。
⑤ 王庆云：《石渠余纪》，卷三，《纪耗羡归公》。
⑥ 雍正二年（1724年）七月丁未雍正帝在其上谕中称："今提解火耗，原一时权宜之计，将来亏空消除，府库充裕，有司皆知自好，则提解自不必行，火耗亦可渐减。"（《清世宗实录》卷二二）

3. 改折所增加的农民负担

前文我们已经介绍过，清代赋税征收已大多实现货币化原则，除漕粮及一些特定税种外，其他赋税均折价为银征收。据何平的考证，清代的改折工作是在顺治年间完成的，除漕粮和军米等仍征收本色外，其余一律折银征收。征之于农的各种农产品大多普遍折银，而折色的标准是依顺治时价。由于清初经过明末以来的长期战乱，经济凋敝，物资匮乏，物价上涨处于高峰时期，其以时价折征的赋额必然高于明代实征赋额的价值银额。以此订立应征赋额，便使其较之明的水平有所抬升。① 时人曾感慨"赋役之弊莫甚于折色"，并列举折色之五害及征实之五利，从而使我们对折色所造成的农民负担一目了然。

> 折色用银，银非民之所固有，输纳艰难，一害也；轻宝易匿，便于官役侵欺，二害也；银非贸易不可得，人多逐末，三害也；银不制之于上，如泉府之操其柄，又不可产之于下，如布帛之可衣，菽粟之可食，而偏重在银，使豪猾得擅其利，四害也；银虽多，非国之本货，一旦有急，京边空虚，五害也。夫民之所有者力也，土之所生者粟麦也、布帛也，取其所有所生，而不贵之所无，民不苦，课不逋，一善也；税粮科则各有原额，数目易晓，不得借端挪移，上下其手，二善也；输纳不用银，银不足贵，人多不逐末而务本，田地皆辟，三善也；务本则勤俭，勤俭则人心思善，风俗易成，四善也；所虑者，本色重滞，难于起运，然通漕之处，漕运事例可照，不通漕之处，酌量道里于都会要害之地建仓收贮，从其长便，数年间京边要地，本货充牣，军国之需裕，富强之形成，五善也。②

虽然赋税的货币化是赋税征收的基本趋势，但在以自然经济为主的封建社会，折色为银对于一辈子面朝黄土背朝天的农民而言，无疑是一种新的负担，而不肖官员更是借助收银之际，加征火耗，更加增加了农民的负担。

从以上几点我们可以看出，清代不仅将其明文规定废除的明末"三饷"

---

① 参见何平《清代赋税制度研究》，第 78～85 页。
② 《清经世文编》，卷二九，《户政四》，任源祥《赋役议下》。

中的两项相继加征，而且还通过改折为银的征收方法变相增加了农民的纳税负担。更有甚者，在顺治年间还一度实行过田赋预征的政策①。这使得清代的赋税总额较之明万历年间有增无降②，农民的负担更加沉重。而这些只是清代明确纳入立法范畴内的加征项目而已，除此之外官吏所征收的法外加征则不胜枚举。

（二）赋税征收的不均衡

1. 重赋浮粮

重赋浮粮是赋税科则远高于一般地区而形成的不合理的高赋税额，这种不平等是在赋税立法上明确规定的，而非由法外加派所导致，是一种法定的高额赋税。而这种高额赋税最突出的地区莫过于江苏的苏、松地区。依据清初拟定之《赋役全书》，苏州需交纳税粮二百五十余万石，每亩科至三斗七升与三斗四升不等；松江则需交纳税粮一百二十余万石，每亩科至三斗六升五合不等。③ 而“苏松之田居天下之八十五分之一，而所出之赋任天下一十三分之二，比之他省，不均之甚”④。这种过高的赋税征额远远超过了当地农业生产者的负担能力，以至于苏、松地区“顺治二年至康熙元年，岁岁压欠，积逋之数，动盈千万。守令之铨授斯土者，往往席未暇暖，褫削旋加，日怀参奏处分之惧，莫展催科抚字之长。百姓之生于其地也，茕茕仅存皮骨，衣食不谋，惨受追呼敲扑之苦，而无安土乐生之心”⑤。可见，这种过高

---

① 田赋预征是明末的一项弊政，其加征理由为应付军费紧张所带来的财政困难，清初以相同的理由“沿袭未革”。明末只是预征三分，至清初已是预征五分，到了顺治七、八年（1650.1651年）等年，则又预征来年的全部额赋，从而导致各地土民“纷纷称苦”。到顺治九年（1652年）曾明令禁止预征，但遇到军需紧张的情况，仍有预征事例。（赵德馨《中国经济通史》第八卷（上册），第146～148页。）直到康熙四年，方最终停止了田赋预征行为。（《清朝文献通考》卷二，《田赋考二》，康熙四年条。）

② 关于清代赋税的增加可参见何平《清代赋税政策研究》，第83～85页及陈支平《清代赋役制度演变新探》第页。

③ 《清经世文编》卷三二，《户政七》，韩世琦《苏松浮粮疏》。

④ 《清经世文编》，卷三二，《户政七》，沈德潜《浮粮变通议》。

⑤ 《清经世文编》，卷三二，《户政七》，韩世琦《苏松浮粮疏》。

的赋税额度不仅是农民的负担，亦是征收官员的负累。清统治者亦认识到了这一点，于是在康熙四十四年（1705 年）曾定例"酌改江苏经征各官处分"，其缘由即是"苏松常镇四府赋税繁重"，故而"不能全完者，量为轻减焉"①。

苏、松重赋源于明代，据史料记载，乃是朱元璋因为该地为张士诚所占据而实施的惩罚措施。② 然而这一理由至清代早已不复存在，为何清在拟定赋役全书时仍依旧制沿用呢？这与清初所标榜的"轻徭薄赋""均赋恤民"的政策显然不符。而且历朝均有官员上疏请求减轻苏、松重赋，但除了雍正三年（1725 年）减免苏州府正额银三十万两，松江府正额银十五万两，乾隆二年（1737 年）减免苏、松额征银二十万两外，③ 再无大的调整。究其原因，雍正帝的一份上谕道出了其中玄机。

苏、松之浮粮当日部臣从未陈奏，常厪皇考圣怀，屡颁谕旨，本欲施恩裁减，乃彼时大臣以旧额相沿已久，国课所关綦重，数以不应裁减，固执覆奏。凡国家大事，因革损益，必君臣计议画一，始可举行，若皇考远众独断，既非询谋佥同之义，且恐一时减免，倘后来国用不足，又开议论之端，是以从众议而中止。然圣慈轸念苏松，诞敷渥泽，屡蠲旧欠，以纾民力，其数较他处为多，是亦与减正额无异也。

虽然在这道谕旨中，雍正将苏、松重赋不予减免的责任推到了大臣身上，然而其中一语"旧额相沿已久，国课所关綦重"却道出了浮粮不能减免的真正原因，更何况皇帝仍担忧减免税负会导致"国用不足"，更不愿轻言减除了。正是在这道谕旨中，雍正下令蠲免了苏、松两府共计四十五万两的正赋额，但较之苏松本身的重赋，这不过是杯水车薪。统治者为了维护其统治的稳定，并不会过多考虑法律的公平性，他们对官员的负累尚可存在一些抚恤之心，而对于百姓的疾苦却只是流于形式上的关心而已。

2. 赋税缴纳中的特权化

清代作为封建专制集权的朝代，其阶级性是十分鲜明的，因此在赋税的

---

① 《清朝文献通考》，卷二，《田赋二》。
② 《明史·食货志》。
③ 《清史稿·食货二·赋役仓库》。

征收上亦带有明显的阶级性。皇室宗族自然是不用缴纳赋税的，而所谓"绅衿"等级也可以享有一定程度上的优免政策。① 另外，清代作为少数民族执政的政权，其在赋税立法上同样不可避免地存在民族倾向性，其中最突出的表现是旗人田地的免于赋税。

清入关之后，依旧沿用入关前旧制，对满族军民实行八旗管制，称之为"旗民"或"旗人"。但大量的旗人涌入关内，土地该如何解决呢？清统治者采取了暴力的手段，一方面实行强行圈占，即剥夺原来土地主人的所有权，将其土地改为旗地。虽然有"拨补"的规定，但由于所拨土地或遥远、或荒瘠、或属有主之地，又产生了新的矛盾和问题，有名无实；另一方面则收受带地投充，在暴力圈占形势的威胁下，一部分土地所有者岌岌可危，被迫带地投充到旗人名下，争取获得庇护，这样，虽然身份有所下降，并失去对土地的所有权，但能保持对土地的使用权。虽然后来这两项政策相继被废止，但旗地圈占已基本完成，废止对原有土地的所有者并没有带来什么真正的实惠。而对于旗地，清代法律是明文规定不予科赋的。但旗人大多不善于耕种，因此旗地通常是租佃与汉族农民耕种，旗人坐收租息。租息的负担较之田赋征收有过之而无不及。如《良乡县志》中有这样一段记载：②

田赋一事，关系民间生计綦重。良乡虽弹丸小邑，而地近京畿，差徭繁重。民力久不能支。由前清入关之初，膏腴之田，尽被圈入，竟将阖县民粮，全行撤销，而民间每年交纳之旗租，至数十万之多，至今民困未苏，职是故也。

因此，清代的田赋征收仅是对民田而言的，再加上沉重的租息负担，人民的压力可想而知。这种赋税征收的特权化充分显示了清政府的民族倾向性，是一种公开的民族歧视政策。

另外，在赋税征收的管理方面，清政府亦坚持倚重满臣而轻汉臣的政策，所有征收环节皆由满臣把持大局，汉臣只起辅助作用，亦凸现了清政府

---

① 详见前文"绅衿优免"一节。
② 《良乡县志》，卷之3，页6。转引自《清代的旗地》，中华书局，1989年，第88页。

的民族差异。

二、原因分析

在前面我们已经谈到，清代作为中国封建时代的终结者，其制度的构建充分吸取了前代的经验教训，是中国封建制度的集大成者，赋税法律制度自然也不例外。但为什么依旧存在如此严重的弊病呢？笔者认为，其原因既要从清代自身的发展变化来分析，亦要从其专制制度的根源来分析。

（一）封建立法的主旨决定了赋税立法的方向

中国古代一直十分注重成文法的制定。历朝历代建立之初都积极制定与颁布各种法典。清代在这方面更是有过之而无不及，制定并颁发了各种法典，除《大清律例》外，更有《大清会典》及各部则例等多种行政法规，从各个方面显示了清王朝对立法的重视。然而清代如此不遗余力地开展立法工作，其目的是要建立一个真正的法治国家吗？当然不是。张晋藩先生在其《中国法律的传统与近代转型》一书中谈到，历代统治者之所以重视成文法的制定，更多时候是为了通过颁行成文法来显示君主至高无上的权力和向世人昭示其统治的合法性。这样的立法主旨就决定了法不过是统治者驾驭臣民的工具，是"为方便君主的统治而实施的自上而下的法统制"①。清朝作为中国传统法律的集大成者，自然也跳不出这一藩篱。在这样的立法主旨之下出台的赋税立法难以避免地成了政治的附庸，而非经济的保障。

1. 赋税立法随政治的波动而波动

既然赋税立法亦不过是统治者维系其统治的工具而已，自然就无法摆脱随国家政治环境的波动而波动的命运。

清初，统治者最为关注的是大一统江山的建立，因此连绵的战争占据了顺治朝的全部和康熙朝的近半，这就使得清初一直被军费紧张的窘境困扰着。顺治九年（1652年），户部尚书噶达洪等在题本中引礼科给事中刘余谟

---

① ［日］刘得宽：《中国的传统法思想和现代的法发展》。转引自张中秋：《中国法律
　　形象的一面——外国人眼中的中国法》，法律出版社，2002年，第83页。

题本文称:"钱粮每岁如数一千四百八十五万九千余两,出数一千五百七十三万四千余两。见在不敷银八十万五千余两。其中,各省兵饷一年该银一千三百余万,各项经费不过二百余万。是国家财赋大半尽于用兵,即使天时无警,止供不亏,而军士嗷嗷待哺,民力已竭矣。"① 然而统一的大业是不可能停止的,唯一的办法就是通过加征赋税来维系战争的巨大开销,因此清初不惜推翻其入关之初公布的"废除明季三饷"的法令,而相继复征"辽饷"与"练饷"。"废除明季三饷"意图收买人心,而加征"辽饷""练饷"则是为了满足帝王的统一大业,如此大业相对于民众的疾苦在帝王心目中的地位自是没有可比性,因此朝令夕改也是在所难免的。

2. 赋税立法的重点在于稳定帝王的统治

在以赋税收入为国家最主要的财政收入的封建制王朝,重视赋税立法的目的不过是为了稳定帝王的政治统治。只有在不危及其政治统治的前提下,才会适当地减免赋税,在一定程度上起到安抚民心的作用,使其统治更长久地延续下去。清代也不例外。

对于苏松重赋而言,清政府虽承认有不公平之处,但仅做了有限让步,其原因亦不过是担心减税会危及国家的整体赋税收入。如雍正十三年九月二十二日漕运总督顾琮奏请将苏松二府钱粮量加蠲免,乾隆帝在朱批中称:"因国家经费须当量入为出,通盘计算,兼之求之不可太速,一时未可轻举。"② 从《大清会典》的规定中,我们可以发现所列出的十五项支出中,仅有"赏恤之款"中的"收养鳏寡孤独残疾诬告之人"一项与普通民众有些干系,其他或者为皇室享用支出,或者为官吏科考、薪俸所用,或者为拨补军饷所用,③ 皆是与维护统治者统治地位有关的内容,与我们今天常说的税收"取之于民,用之于民"的理念大相径庭。

---

① 《明清史料》丙编,第四本,"户部题本,顺治九年九月十五日",维新书局本第8册,第326页。刘余谟疏并见《清经世文编》第三四卷,《户政九》,文字稍有出入。
② 漕运总督顾琮奏请核减苏松二府粮额折(雍正十三年九月二十二日),第一历史档案馆藏朱批奏折财政类。
③ 参见光绪《大清会典》,卷十九。

同时，清代作为少数民族统治的王朝，其政权是在推翻汉族的统治后建立起来的，虽然统治者一再强调"满汉一家"，但实则对汉臣始终持谨慎选用的态度，康熙就曾告诫子孙："汉人人心不齐，如满洲蒙古数千万人皆一心，朕临御多年，每以汉人为难治，以其不能一心之故。国家承平日久，务须安不忘危。"① 因此清代的军政大权一概由满臣把持，紧要职务的"官缺"，如理藩院、宗人府及掌握钱粮府库、火药库等重要机构的职官，各省驻防将军、都统、参赞大臣，盛京五部侍郎等全部为满洲专缺。地方督抚司道梯度总兵虽满汉各半，但近畿和要隘多用满官。康熙时汉人任督抚的"十无二三"，乾隆时巡抚满汉各半，总督大都是满人。在赋税立法上自然也会倾向于满人，不仅免一切赋税，而且通过"圈占"和"投充"等暴力手段满足满人的土地需求，其目的不过是安抚满人，稳定统治的基础罢了。

（二）官吏的特权化使赋税立法倾向性明显

在封建专制制度下，君主为了有效地运用权力控制国家和社会，并将其旨意付诸实施，势必要通过一个权力媒介，这个权力媒介就是官。② 因此君主深知官吏对于其统治的重要性，在立法上一方面通过严法治吏对官吏形成威慑，另一方面则通过颁行特权法拉拢官吏，以使其更好地为君主服务，如赋税立法中的绅衿优免制度即是典型的例证。而对于清赋税立法而言，"火耗归公"政策的实施也表明了清代统治者对官吏所采取的怀柔拉拢政策。

"火耗"一项在清初始终作为法外加派而被严加禁止，但却是屡禁不止，愈加愈多。即便是持坚决反对态度的康熙帝亦只能睁一眼闭一眼。康熙二十八年（1689年）九月十二日，新任浙闽总督兴永朝觐见。"上问曰：'湖南所收火耗如何？'兴永朝奏曰：'臣严禁裁革，已减七八分矣。臣焉敢欺皇上？若断绝外官火耗，则外任实不能度日'。上曰：'然'。"③ 康熙六十一年（1722年）十月，当山西巡抚噶什图上疏请求提取耗羡以弥补亏空时，康熙亦说："火耗一项，特以州县官供应甚多，故于正项之外，略加些微，以助

---

① 《东华录》（康熙朝）卷九八。
② 张晋藩：《中国法律的传统与近代转型》，法律出版社，1997年，第163页。
③ 《康熙起居注》第3册，第1899页。

常俸所不足，原属私事。"在此，康熙帝亦承认地方加派火耗的存在，只是担心"听其加添，则必致与正项一例催征，将肆无忌惮矣"①，遂驳回了噶什图的疏请。即使在雍正决定在全国推行"火耗归公"之时，亦有官员持否定态度。如《清稗类钞》中记述了这样一段插曲。②

沈端恪公尝争耗羡。盖耗羡归公之议，轫自田文镜、诺岷。世宗已许行，而犹召九卿议之。众以上意所向，不敢争，沈独争之，力严禁曰正项以外，更添正项，他日必耗羡之外，更添耗羡，他人或不知，臣起家县令，故知其必不可行。世宗曰："汝为令，亦私耗羡乎?"沈曰："非私也。非是，且无以养妻子。"世宗曰："汝学道人，乃私妻子乎?"沈曰："臣不敢私妻子，但不能不养妻子，若废之，则人伦绝矣。"世宗笑曰："朕今日乃为沈近思所难。"是日，众皆为沈危，然上虽不用其言，亦不怒也。

沈端恪公然反驳皇帝之意，雍正只是一笑了知，并不予以追究，不过是因为他亦知道沈所说的确属事实，只是在当时的情势下，推行"火耗归公"更有利于迎合官吏的心态。与其让他偷偷摸摸地加派，不如给他一个合法的名分，倒也有利于进行监督。归公后的耗羡一部分用于弥补亏空，一部分则用于外官的养廉，这就是所谓"养廉银"的由来。清政府期待通过"养廉银"的设立促使官吏安分守己，依法征税，然而事与愿违，其结果正如沈端恪所说的那样，"耗羡之外更添耗羡"，普通民众的负担非但没有因此"养廉银"的存在而减轻，反倒更加沉重了。清政府在官民利益相冲突的情形下选择了官的利益，其结果势必将自己推向灭亡的泥淖。

另外，清代皇权的极端化亦破坏了立法的严肃性。清代作为中国封建制度的最后一个王朝，皇帝的权力较之历朝都更加集中和绝对。乾隆帝曾在上谕中公开说：此"乃本朝家法，自皇祖皇考以来，一切用人听言大权，从无旁假，即左右亲信大臣，亦未有能荣辱人，能生死人者"③。"辽饷""练饷"的加征、"火耗归公"政策的实施最初都是以皇帝谕令的形式颁发的，其后

---

① 《清圣祖实录》，卷二九九，康熙六十一年十月甲寅。
② 《清稗类钞》之《度支类》，《沈端恪力争耗羡归公议》。
③ 《东华录》（乾隆朝）卷二八。

才渐渐被纳入法律明文规定之中。皇帝为了其统治地位的稳固，不惜多次推翻既定的法律规定，严重破坏了立法的严肃性。① 因此有学者称"尽管中国传统社会有着一个引人注目的庞大的成文法体系，但它仍然不是一个法律本位的社会"②。"法律仅仅是君主的意志而已"。在这种情况下，"即使君主是英明的，官吏们也没法遵从一个他们所不知道的意志；那么官吏当然遵从自己的意志了"③。既然皇帝可以以意断法，那官吏又何须在乎法律的威慑力呢？

第二节　执法中的弊病及其原因分析

清朝统治者始终强调依法征税，并制定了严密的监督体制来约束征税官员的行为，但仍无法改变官员肆意加派和侵吞钱粮的现实，甚至是愈演愈烈，较之前朝有过之而无不及。

一、弊病

（一）法外加派屡禁不止

在前文我们已经介绍过，清代法律对法外加派是严行禁止的，但在现实中经征官吏往往借助各种名目加征赋税，依法纳税早已变为一纸空文。康熙十九年（1679 年）给事中许丞宣曾上疏"请禁赋外之赋、差外之差、关外之关、税外之税，以苏农困，以拯商病"④。在其疏中痛陈法外之加派，几乎无赋不多加，无税不多敛，民商共愤。

第一，赋外之赋。如江南扬州府属国家正赋，平均每亩纳银四、五分，

---

① 张晋藩：《中国法律的传统与近代转型》，法律出版社，1997 年，第 232 ~ 233 页。
② ［美］德克·博德：《传统中国法律的基本观念》，摘自张中秋：《中国法律形象的一面——外国人眼中的中国法》，法律出版社，2002 年，第 8 页。
③ 孟德斯鸠：《论法的精神》（上册），商务印书馆，1997 年，第 66 页。
④ 《清经世文编》，卷二八，《户政三》，给事中许丞宣：《赋差关税四弊疏》。

固有定则，然船厂炮厂须用铁则赋，筑河堤须用夯木则赋，决口卷扫须用稻草则赋，下桩须用柳则赋，扎埽须用白麻则赋。这些物资，如为本地所产，尚属易办，若用铁于不产铁之乡，要麻于不产麻之地，则不能不倍价购入以为供，或干脆纳钱以求免。岁凡数供，疲于奔命。

第二，差外之差。国家赋役全书定为经制，是赋之中已兼有役。但如扬州府江都县，每岁一里，贴浅夫工食银二十四两，则田已役其二矣；及至河流溃决，复按亩起夫，则田已役其三矣；挑河工之外，又有帮工夫，则田已役其四矣。四役之外，又有庄差，庄差取之于耕田之贫农，贫农代人出力以耕田，其所耕之田，即里地已起差之田，在里地既已起差，今又起庄差，是两次起差，即令田系农夫所自由，而田既在里地起差，若更加庄差，亦系重复起差。在庄差之名一起，则有供土船之害，有供土箩土基之害，有供车辆之害，卖妻鬻女，尚不足以应其求，敲骨抽筋，惟恐不获其役，只有转死沟壑而后已。

第三，关外之关。国家设关，通天下凡十三处，皆相隔三、四百里，船不抵关，货不抽税，料亦如之。但后有攒典之设，各踞口隘，横行村落，处处皆关，即处处有税与料。后于顺治十八年（1661年）被裁撤，然而其名虽去，其实犹存。例如监督诸臣，借查税名色，私用家人及专役，散布各方，重抽税料。即如扬有扬关，淮有淮关，其中一线漕堤，有何渗漏，而于邵伯又加拦阻。邵伯乃商贾卸载之地，自南而北者扬关已税之，自北而南者，淮关已税之，已税之货，已税之船，今又加以拦阻，无非要留难勒索，重重剥征。又如浒墅关于无锡地方，亦私立老人关，置设水栅，拦截河干，又用两橹快船，遍历乡村，昼夜巡逻，遇物索诈，商贾风雨停樯，典贸衣囊以输税，

第四，税外之税。国家立关，有税货之关，有抽料（船料）之关，大小各有定制，轻重悉载成书。顺治二年（1645年）奉旨，凡民间米麦税课，概行禁革。今则农夫小艇，一米一豆，莫不征税，甚至乡民驮背肩挑，不免悉索。又有货本无多，而所税之数反过其本数倍，至愿弃其货以逃而不可得。又，若船料各关不同，扬州钞关满料不过二两六钱七分，浒墅关不过十两五

钱。今正数一倍，纳至四、五倍，而于正数之外，又名曰加仓，一仓至十仓，任其增益，莫敢如何。且既税船，则不税货，而又有落地之税，有寄钞之税，是兼船与货而两税之。商贾之力几何，而堪此朘削耶？

许丞宣所述虽为康熙年间的情形，但终清一代，法外加派始终未能得到清厘。其实以许丞宣所处的年代，尚属清代政治较为清明的时期，而康熙帝亦算是严法治税的典范，经征官吏依旧有恃无恐，清代依法征税的情形着实令人担忧。许丞宣在其疏的最后部分如此写道：

伏读康熙十八年恩诏一款，各处官差将不应纳税之物额外横征，差役四出把守关隘扰害商民者，该部严行察禁，一有觉发，从重治罪。仰见圣虑渊微，无暇不瞩。又屡经部议，凡滥派小民钱粮差役，俱有处分。及督抚亦曾行文申饬，不啻再三。而积习难破，病实日深。

可见，再有严格的法规禁令，执法者熟视无睹，仍不过是纸上谈兵而已。

（二）苛索盘剥无处不在

法外加派抑或尚有名目可查，而经征官员在正赋之外加征的各种手续费则纯属非法的苛索盘剥，更有不肖官吏在征收钱粮时上下勾结作弊，侵吞税银。这其中，尤以直接经手赋税征收工作的胥吏的盘剥勒索为甚。

胥吏是州县官之下协助州县官办理地方事务的低级政府官员，包括书吏、衙役、长随、幕友等，由于大多为不入流的官员，因此国家并不发放俸禄给这些人，而州县事务繁杂，又必需胥吏的协助，于是这些胥吏在日常的事务工作中，想尽办法克扣百姓，从中渔利，而最容易侵吞的自然是赋税收入。瞿同祖先生在其《清代地方政府》一书中非常详尽地介绍了清代胥吏的贪赃行为。如书吏通过在秤上作弊、用不足量的银包调换足量的银包、篡改税务票据、勒索纳税人等形式进行贪污；衙役则通过代纳税人交纳税金而收取高息以及在斗斛上做手脚实现贪污；长随通过包庇书吏、衙役而收取贿赂，并伙同书吏、衙役共同盘剥纳税人进行贪污；而幕友这一被称之为君子的州县官辅佐师爷也会勾结书吏、衙役收取"陋规"，盘剥百姓，甚者有时会伙同州县官做假账以欺瞒上级。总之，胥吏之盘剥勒索较之上级官员是有过之而无不及。

有学者曾对清代嘉兴地区胥吏衙蠹在经济事务中的盘剥活动进行过研究，我们在此摘录一二，以示一斑。①

第一，有意制造麻烦，强行勒索。在农民缴纳漕粮时，胥吏往往"零派数单"，使得农民不得不多处交纳，从而为监守粮仓的"仓夫"增加了敲诈的机会。而在税银投柜之时，衙蠹除"侵盗钱银"外，还有"收银不报之弊，有完多报少之弊"，农民血汗所获，横遭侵没。

第二，巧立名目，雁过拔毛。胥吏衙蠹对法外的"陋规"② 照取不误外，还要农民增加种种杂贴，其名色不一，五花八门，如嘉、秀二县的"开天窗""卖水次"等。

第三，借漕米、南粮本米折钱的机会，浑水摸鱼，进行剥削。由于米、谷、钱、银的比价涨落不一，官府有规定的市价进行折兑，但书吏却任意私定折兑标准，欺蒙乡民，借机盘剥。

第四，故意将漕粮的征纳安排到农忙季节催兑，借青黄不接，强迫农民折色倍纳粮银。

第五，涂改田赋册籍，借机贪污钱粮和敲诈农民。

赋税征收弊端就作弊主体而言，几乎从征之于民的经承直至解送到省藩库中的各个环节的相关人员都有。雍正六年（1728 年）贵州提督杨天纵上疏指出贵州胥吏在田赋征收中的作弊行为。他说："从前各该地方官，每年钱粮皆签委胥役催征，名曰排年，又名催差。此役到乡，不管正供之有无，必先需索手钱、鞋脚钱。此催差之弊也。至征收条马等银，明加之外，又有暗加。且多置大柜横栏库门，重等称收，民莫能窥。又复勒取票钱，稍有诘

---

① 具体内容参见任道斌：《清代嘉兴地区胥吏衙蠹在经济方面的罪恶活动》，载《清史论丛》第六辑，第 123~134 页。

② 陋规，是指在官府衙门中历代相沿的一种成例。尽管它是不合法的，但因因循已久，亦已变成了一种惯例，被各级机关认可，几乎无处不在，无事不有。而在赋税征收中存在的"陋规"有火耗、耗羡、平余、帖规、照规、批回费、结费、契税规、屠宰规、丈规、当规、牙规、柜规、军粮折价规、荒规、灾规等，名目极其繁多。这种陋规的存在，本身就是官吏苛索人民的表现之一。

问，即劈而掷还，不行收纳。民虑守候需要盘费，又畏比责难堪，只得任其称收。及至交官，则又止照正额轻等封入。余即分肥私橐，此库吏之弊也。征收米谷正耗之外又有高收者、私折者，此仓书斗级之弊也。"① 清朝官吏在赋税征收中的舞弊行径渗透在各个环节，无时不有，无处不有。

（三）钱粮亏空愈演愈烈

钱粮亏空是清代赋税征收中的一大难题，虽然《大清律例》对钱粮亏空规定了严格的科罪条例，《大清会典》中亦对其行为规定了相应的行政处罚，但仍无法遏制亏空之势。

康熙年间实行宽仁之政，对钱粮亏空亦多实行减免之制②，导致了康熙后期库银的严重亏空。雍正即位后，实行严猛之制，"令各督抚严行稽查所属亏空钱粮，限三年补足，毋得藉端掩饰，苛派民间。限满不完，从重治罪"③。稍稍抑制了亏空之势，国库亦得以充实。但亏空问题并未从根源上得以解决，乾隆年间，亏空之案频频发生。如据《清史稿·高宗本纪》记载的亏空之案就包括：十二年（1747 年）六月辛未，霍备以不查劲州县亏空褫职，发军台效力；十八年（1753 年）十一月庚辰，安徽池州府知府王岱因亏空褫职，潜逃拒捕，处斩；三十一年（1766 年）二月辛亥，和其衷以弥补段成功亏空，褫职逮问，夏四月丙午，和其衷论斩，段成功处斩；五十一年（1784 年）夏四月乙酉，浙江学政窦光鼐奏嘉兴、海盐、平阳三县亏空各逾十万，郡县采买仓储，俱折收银两，以便挪移，命曹文植等严查覆奏。至嘉道年间，亏空更为严重。仅山东州县从嘉庆二年至十八年，亏欠新旧六百余万两，一县有亏至六万余两。④

清代对钱粮征解、入库的期限都有严格的法律规定，并派员督导，为何仍无法保证钱粮征纳的顺利完成，其原因虽难免康熙所言之南巡或用兵等特

---

① 《贵州提督杨天纵密奏黔省田赋情弊折》，雍正六年三月初六日。
② 如康熙四十九（1710 年）年，免江南钱粮亏空数十万两，并将亏空原因归结为皇帝南巡，地方挪用所致。可见康熙的用法倾向。（《清史稿·圣祖本纪三》）。
③ 《清史稿·食货二·赋役仓库》。
④ 《清史稿·食货二·赋役仓库》。

殊情形，也不可避免灾荒所带来的积欠等，但真正的原因，我们从田文镜在雍正六年（1728年）的一份奏折中或者可以找到答案。

至于或火耗太重，正项不完者，其故何在？臣查东省耗羡，统系加一分，内除解费添平并存县办公银两外，悉行解司。而州县则征加二、加二五、加二七八不等，耗重而民力不支，是以艰于输纳……从来大法则小廉，上行而下效，州县之加耗加派，其利全不入州县之手，其罪全不在州县之官。自巡抚布按两司道府直隶知州同知通判，皆不得而辞其责也。山东州县不论大小，每州县给养廉银一千两，而上司陋规每年却用至三四千两，断不可少。即有上司不得而归公者，亦有上司不收而纵容书役家人索取者。如州县进见一次，必索门包，巡抚衙门必得十六两，布按两司必得八两，粮道衙门必得十二两，驿道衙门必得五两，兖宁道衙门必得八两，巡道衙门必得五两，本府本州衙门必得十六两，同知道判每衙门必得三四两，此各州县谒见上司之难。及解丁地钱粮，则有鞘费、部费、敲平、饭食、验色、红簿、挂牌、草簿、寄鞘、发鞘、劈鞘、大门、二门、内栅、外栅、巡风、付子、实收投批投文茶房等名色，每征银一千两，约需银三十两不等。又解黄蜡、牛角、弓面、轻赍席幕盐钞、临仓使费、河银解费、驿站使费、起解夫马小建、闰月裁减各役小建等银，添搭奏销部费册费、稿房册费、粮盒部费、外房使费册费、本府封筒民壮帮贴、本府更夫炮手听差厨役水火轿伞等夫起解课程、按察司刑名部费，以上各项约得二三千两不等。上司需索不已，则各属之供应实难，不能不向小民而加耗加派。①

可见，钱粮亏空的真正原因是官吏于法外的加派科索。这些加派科索一部分被经征官员私吞，绝大部分则被用于官场逢迎，打点环节。相对于仕途攀升，钱粮亏空自然算不了什么大事了。

（四）贪污大案频频出现

贪污是封建王朝不可避免的痼疾，虽然历朝都以严法禁之，但收效甚微。而贪污最多的莫过于对国家赋税的侵吞，或据为己有，或辗转挪移，其

---

① 《宫中档雍正朝奏折》卷11辑，第285页，田文镜奏折。

结果势必造成国家赋税的严重亏空。清代亦然，乾隆中期以后，几乎每查办一桩督抚为首的贪贿大案，即必有一番查办该省亏空之案；而只要从州县查办亏空入手，则该省督抚则鲜能逃脱法网。乾隆四十六年（1781年）甘肃通省亏空系由查办该省折捐冒赈案而起，经查，"皋兰等三十四厅州县亏短仓库确数共少银八十八万八千九百九十余两，又亏空仓粮七十四万一百一十余石"。四十八年（1783年）查出浙江亏空银一百三十万余两也是因王亶望曾任该省巡抚，陈辉祖以闽浙总督兼浙江巡抚而起。而山东巡抚国泰贪纵案和乾隆末闽浙总督伍拉纳、福建巡抚浦霖受贿案则都是从查办州县亏空败露的，结果山东"通省各州县亏空库项竟有二百万两之多"，福建"亏空银二百五十万两以上，仅省城两厅两县即短少银七万八千余两、粮五万三千余石"。当然，各省仓库普遍亏空的原因极其复杂，但当时人们一致以为亏空与官场中无所不在的贪贿关系最大。乾嘉之际累任大学士、军机大臣的王杰指出，乾隆四十年（1775年）以后，督抚"以缺兮之繁简，分贿赂之等差"，州县"直以国帑为夤缘之具"，"一县如此，通省皆然；一省如此，天下皆然"。更有甚者，竟出现州县本任原无亏空而要"做亏空"的怪事，以致嘉庆也诧为"实属从来未有之创举！"①

有学者对清代一二品官员经济犯罪案件做了一个总结和整理，因前文已谈到乾隆朝时的一些贪污大案，而雍正年间因吏治严格，贪污钱粮案件相对较少，因此我们特将其中康熙年间涉及赋税征收的部分摘抄列表，以对清代官员贪污有一更加直观的认识。②

---

① 参见郭成康：《18世纪后期中国贪污问题研究》，载《清史研究》，1995年，第1期。另见郑宝凤：《乾隆后期侵贪特征》，载《中国青年政治学院学报》，1994年第4期。

② 参见牛创平、牛翼青：《清代一二品官员经济犯罪案件实录》，中国法制出版社，2000年。

表3　康熙年间一二品官员涉税犯罪案件汇总表

年代	涉案人员	涉案事由	处理结果
康熙二十六年十二月二十一日	湖北巡抚张汧	勒索湖北属员出银抵补亏空,又向盐商科派银两,共九万余两贪污入己	死刑监候
康熙四十九年五月初七日	江苏布政使宜思恭	兑收钱粮时勒索假手,又收受各属员馈送	死刑监候
康熙五十年九月十七日	四川布政使卞永式、巡抚能泰	卞永式在收取公粮时,每银一两加收一钱二分,所加收的银两卞永式贪污二万七千四百两,送交巡抚能泰二万零二百两	卞永式应判死刑,因已病故,不再议处;能泰判处死刑监候,秋后处决
康熙五十一年九月二十日	原任甘肃巡抚鄂奇;丁忧布政使阿米达;原任布政使觉罗伍实	鄂奇在署布政使任内贪污火耗银三千三百余两;阿米达贪污火耗银六千七百余两;觉罗伍实在任内贪污银六千七百余两	三大员均是旗人,依法判处革职并处枷刑
康熙五十一年十一月初六日	福建提督兰理	霸市抽税,贪污累万两,被害人家并非一家,流毒已极	被依法判处死刑,立即执行,康熙帝旨令:兰理本应处死,因有战功,从宽免死,入旗为民
康熙五十三年四月十九日	两江总督噶礼	贪污并谋害母亲(其贪污一款中包括贪污山西征收公粮火耗四十余万两)	被判处死刑,赐令自尽
康熙五十三年六月二十九日	都统朱麻喇、大学士芭格	冒领并贪污库银均在三千两以上	死刑监候
康熙五十六年九月二十日	河南巡抚李锡	因贪虐科敛,加重农民负担,造成矛盾激化,阌乡县农民亢珽聚众拒征并抗拒官兵,亢珽等被缉拿,多人处死,亢珽在山中自杀	李锡被判处死刑监候,于康熙五十七年三月二十六日被流放青海;李锡以下官员,多名分别受到处分

二、原因分析

（一）腐败是专制制度下的必然产物

所谓绝对的权力必然产生绝对的腐败，当一个政府的权力已到了无所约束的地步，那它的腐败也就是不可挽回的了。清王朝作为中国封建专制制度的极端代表，其权力的集中已达到了空前的地步，在皇权极度膨胀的情形下，各级官吏的权力也在无止境地膨胀。这种膨胀使得腐败成为自上而下的一种风气和时尚，在帝王家则收受"进贡"，在官吏间则"陋规"横行。

1. 进贡与官吏腐败

臣工进贡是皇帝与臣子间物质、感情交流的一种形式，它源于朝贡，是清代皇权制度的产物。清初，臣工进贡处于萌芽状态，进贡人只限于皇帝的亲近王公贵族。后渐渐扩展到中央各部院臣工及总督、巡抚等地方大吏，并逐步制度化、法律化，成为官员向皇帝表示衷心的绝好方式。

进贡之制到乾隆时盛极一时。作为诗人、书画家、收藏家与鉴赏家，乾隆帝所拥有的艺术品位以及追求异国情调的西洋旨趣驱动其对字画、古玩玉器、西洋奇珍等有强烈追求。臣工为迎合乾隆帝的口味，可以搜求，攀比进贡，满足其追求享乐的天性，从而严重败坏了官僚整风，使乾隆时期的侵贪大案频频发生，尤以督抚侵贪引人注目。① 乾隆期间发生的恒文、国泰、李侍尧、陈辉祖贪污受贿案皆因进贡勒索所发，其中国泰、李侍尧一向以进贡见长，乾隆帝也承认两人所进献的贡品"较他人为优"。李侍尧因进贡勒索下属而获罪，终因"勤劳永著"而被乾隆帝免死。而山东巡抚国泰为了进贡，疯狂用各种手法勒索属员物品、银两，派累婪索，贪纵不法，致使通省各州县仓库存银亏空二百万两之多，被降旨"赐令自尽"于牢中。二人虽罪行极恶，但乾隆仍念旧情，从轻发落，与其进贡甚优不无关系。正是皇帝的贪婪无度助长了官吏的侵贪之风，而官吏又借助进贡之名肆意勒索加派，可

---

① 参见王春瑜：《中国反贪史》（下册），四川人民出版社，2000 年，第 1199 ~ 1210 页。

谓"既不负皇恩浩荡，又不亏一己私利"。最终受害的还是普通老百姓，因为督抚勒索司道，司道即勒索府厅，府厅复勒索州县，州县官员能够勒索的只有普通老百姓，其方式方法自然少不了巧立名目，法外加派。

进贡所导致的官吏侵贪在乾隆朝的发展已到极致，作为乾隆晚年政治的见证人嘉庆帝深知其弊，故亲政不久，即予严禁，他说："外省备进贡物，名为奉上，其实借以营私，每次未收之件，即可分馈权要，又可归入囊。而属员等竞事逢迎，则以帮贡为词，借端派累，层层巧取，以致小民朘削难堪。大抵进奉一节，最为吏治之害，此朕深悉弊端而必加严禁者也"，令再有进贡者，"不但照违例革职，必当重治其罪决不姑宽"。①

2. "陋规"与官吏腐败

孟德斯鸠曾经说过："专制的国家有一个习惯，就是无论哪一位上级都不能不送礼物，就是对君主也不能例外。"②这种习惯在君主就是进贡，而在官吏间就是无所不在的"陋规"。关于"陋规"，瞿同祖先生在其《清代地方政府》中是这样解释的：③

通过每一个可以想象的场合收费，中国官僚体系每一层级的成员们都能补充他们的收入。虽然这种惯例是"不正常的""贱鄙的"，正如"陋规"一词本身所表示的；但它仍然被确立和承认，并成为广泛接受的事实。因此，它也在法律的默许之内。但是，我们不要把它与贿赂或别的形式的贪污腐败混淆，后者是非法的、被禁止的。然而，在某些情形下，在收取"陋规"和贪贿之间并没与一个明确的分界线。

在这里，瞿同祖先生认为"陋规"并非是非法的、被禁止的，而只是"不正常的""贱鄙的"，却被法律所默认的惯例。然而正是由于这些"陋规"的存在使得下级官吏肆无忌惮地搜刮民众，而上级官吏则极尽祖护之责，以便共同维系这样一条不成文的法律。对于赋税征收来说，法无明文规定之征收皆应属于非法的行为，虽然"陋规"早已成为官吏间行事的潜规

---

① 《清仁宗实录》卷三七。
② 孟德斯鸠：《论法的精神》，第67页。
③ 瞿同祖：《清代地方政府》，法律出版社，2003年，第47页。

则，但并不能说它的存在就是合法的。而且，"陋规费"最终的承担人依然是普通老百姓，"陋规"的存在使得他们不得不承受双重负担——政府征收的常规税费及州县官或其衙门职员索取的陋规费。而百姓的收入毕竟是有限的，再重的苛敛也是有限度的，因此，有时官吏不惜以亏空正项钱粮的方式来满足"陋规"的需求。所以，"陋规"的存在既使人民的负担逐年增加，亦使国家赋税收入陷入连年亏空的怪圈。因此，清政府对于"陋规"多次采取禁止、取缔的措施，但都效果不佳。① 至道光帝登基不久，曾想通过立法的方式将陋规一项规范化，但遭到了官员的反对，遂取消了成命。② "陋规费"即作为一项游离于合法与非法之间的赋税加派，也成为官吏侵贪的非法却合理的借口。常有这样一句话被用来描述清代地方官员："三年清知府，十万雪花银"，以知府微薄的薪俸收入和有限的养廉银，又怎能在短短三年的时间积攒如此多的财富，陋规收入无疑是最大的进项。

（二）清代的官僚体制是产生腐败的温床

清代的官僚体制是与其高度集中的封建专制统治相统一的，从中央到地方分级管理，下级政府在上级政府的监督和控制下进行行政管理，而作为最高级别的各部院则处在皇帝的直接掌控之中。这种分级管理使得下级官员的命运往往掌握在上级官员的手中，因为对下级官员的考核与监督均由其直接上级负责，逐级上呈，经由吏部最终到达皇帝的手中。而清代疆土如此之大，官吏众多，皇帝不可能事必躬亲，亲自考核每一位官吏的政绩，尤其是对督抚以下的地方官员的考核几乎全部依赖于督抚官员与吏部，是否能够得到提拔主要依靠督抚官员的荐举。

康熙六十一年，世宗嗣位。谕曰："知人则哲，自古为难。朕临御之初，简用人才，或品行端方，或操守清廉，或才具敏练，诸大臣密奏所知。勿避嫌徇私，沽名市恩，有负谘询。"又以道、府、州、县，亲民要职，敕总督举三员，巡抚举二员，布、按各举一员，将军、提督亦得举一员，密封奏

---

① 如《清史稿》中就记述了清政府在不同时期对田赋、漕粮、盐税、关税征收中陋规的裁撤。

② 参见瞿同祖：《清代地方政府》，第 49 页。

闻。雍正四年，以各省所举未能称旨，诏切责之。令各明举一人，不得雷同。时荐贤诏屡下，帝综覈名实，赏罚必行。七年，以督、抚、布、按，为全省表率。命京官学士、侍郎以上，外官藩、臬以上，各密保一人，不拘满、汉，不限资格，即府、县中有信其可任封疆大僚，亦许列荐剡。①

可见荐举是道、府、州、县官员能否获得提升的关键，逢迎上级自然在所难免，这也是清代各级官吏间"陋规"横行的原因之一。

同时，清代的科举制度依旧沿用刻板的"八股取士"之法，士大夫们为进入仕途，整日沉迷于四书五经之中，与世事几乎隔绝。一旦考中入仕，于刑名钱粮之事往往一无所知。而且清代实行严格的回避制度，官员任职之地往往远离家乡，于人情世故一概不知，甚至连当地的语言都听不懂。在这种情况下，只能事事依靠书吏，因为所有书吏都是在其服务的本省内招募的，而且往往任职多年，于是，"州县地方政府便形成了一种特殊格局：不断更替且缺乏经验的州县官们'领导'着一帮久据其职久操其事且老于世故的当地书吏"②。我们在前文已经介绍过胥吏蠹役在赋税征收中的横征暴敛，监察官员也意识到了蠹役对国家财赋的危害③，但并未改变清代胥吏蠹役横行的状况，其根本原因就在于此。更有甚者，清代屡屡实行捐纳制度，这种公开的钱权交易所带来的后果可想而知。既然权力是用金钱换来的，那一定要再将此权力转化为金钱，贪污科索自是难以避免。

（三）百姓在赋税征收上的轻讼态度使官吏侵贪行为更加放纵

赋税征收本是关系民生的一件大事，征敛过重势必会使百姓生活无依。因此，清政府屡次颁布法令要求官吏将所征赋税之额度晓谕民知，其目的自然是希望通过这种税则的公开化来约束官吏的行为，但百姓对其又是如何反

---

① 《清史稿·选举四》。

② 瞿同祖：《清代地方政府》，第65页。

③ 如顺治十五年（1658年）十月，江西道御史许之渐疏言："财赋之大害莫如蠹役。有蠹在收者，有蠹在解者，有蠹在提比者，有蠹在挪移支放者，所侵累万盈千。有司恐此蠹一毙，无从追捕。至本官以参罚去，而此蠹历久尚存。前无所惩，后无所戒。"深切地道出了蠹役的无所不在和肆无忌惮。（《清世祖实录》卷一二一，顺治十五年十月壬辰）

映呢？我们从乾隆六年（1741 年），乾隆在针对浮收所下达的谕令中可见一斑，他说，乡民"即有自核算者，又以浮开为数无几，不肯赴官控告，结怨吏胥。且恐匍匐公庭，废时失业，往往隐忍不言"①。百姓轻讼的态度一目了然。笔者认为，这种轻讼的缘由可归结为两个。

第一，不堪为讼所累。在封建社会，一经立案，便会遭到讼师、差役、幕吏的种种勒索，面临因讼累而破产的威胁。因此，在民众心里产生了极强的"厌讼"情绪。清代自然也不例外。清代名幕汪辉祖在其《佐治药言》中就曾这样写道："如乡民有田十亩，夫耕妇织，可给数口。一讼之累，费钱三千文，便须假予钱以济，不二年必至鬻田，鬻田一亩则少一亩之人，辗转借贷不七八年而无以为生。其贫在七八年之后，而致贫之故，实在准词之初。"② 清代州县衙门陋规横行，在诉讼中所收取的费用自是名目繁多，百姓选择"隐忍不言"自然是更为明智。

第二，不愿结怨官府。赋税征收之讼是以民告官，在封建专制的社会中，官场上下回护，官官相护，"督抚以司道为外庖，司道以府厅为外庖，府厅以州县为外庖，而州县等官又总以督抚司道府厅之为外庖"③，普通老百姓以怎样的能力才能撼动得了如此官吏的地位呢？康熙年间，就曾有平遥百姓郭明奇等联名上告山西巡抚噶礼贪污害民，虽然所述为实，但郭明奇最终却落了个"下刑部治罪"的结果。④ 因此，沉默成为大多数人的选择。

然而百姓的这种轻讼态度却在无形中使征收官吏的侵贪行为更加放纵，只要其打点好上下级的关系，就不用担心有人对其行为进行揭发和参劾，百姓的利益对他而言自然无足轻重了。

---

① 《清朝文献通考》，卷四，《田赋四》。
② 转引自张晋藩：《中国法律的传统与近代转型》，法律出版社，1997 年，第 299 页。
③ 《中国反贪史》（下册），第 1139 页。
④ 《清史稿·列传六十五·噶礼》。

第三节 审计监督中的弊病及其原因分析

清代的监察机制是中国封建史上最为完善和细密的，但在封建专制集权极端的统治之下，再严密的监察体系也不过是粉饰太平的摆设而已，皇权的恣意干涉和整体腐化的官僚体系使得监察机构形同虚设。

一、弊病

（一）监督机构疲软无力

清代，在中国封建社会走向穷途末日的大趋势下，审计监督也逐渐走向衰败。有清一代涉税经济大案屡惩不绝，涉及面之广、金额之大，与监察机关在赋税征收上的审计监督不力是大有关系的。

1. 审计工作偏失

对于赋税征收的监督，很大一部分在于对征收过程中的会计账簿的审计。而有的监察官无专门的审计知识，哪怕在眼皮底下的经济案件，也毫无察觉。当时就有人指出："钱粮数目繁琐，头绪牵杂，非精于核算、洞悉款项、熟知卷案者，万难得其要领。司官专司其事，设或稍欠精详，便为吏胥蒙蔽，况堂官不过总其大概，止据说堂数言，安能备知底里？"① 不仅如此，对赋税征收负有直接监督责任的督抚官员亦对赋税审计工作漫不经心，不行应尽之监督义务。如乾隆五十五年（1790年）发生的句容县粮书侵用钱粮一案，乾隆就在其上谕中申饬道：

句容县粮书历年侵蚀银三千七百余两，漕米八百余石之多，此项钱粮例应年清年款，详解报司。该书吏等又何能侵蚀如已？必系官吏通同，以完作欠。至钱粮一项按额交完，漕有短缺即不能足数兑收，又何以侵蚀至八百余万石之多。明系斛面浮收，上下渔利。此等情节，该督抚漫无觉察，一任蠹

① 《清经世文编》，卷二六，《户政一》，靳辅：《苛驳宜禁疏》。

书侵欺舞弊，而总督藩司驻扎江宁，竟同聋聩。该省官吏作奸犯科之事竟至上下相蒙，毫无顾忌，恐不止此矣。书麟久任封疆，受朕恩眷，最为深重，乃竟坐拥廉俸不思正己，率属一味养尊处优，任听地方诸事废弛。若不严加惩治，何以肃吏治而儆官方。①

2. 监察官员徇情舞弊

清代赋税监督之责主要在地方，中央户科之监督亦主要经各省督抚转呈，因此督抚及科道官员在赋税监督中有着至关重要的地位。而这些官吏官据一方，对下属官员的行为往往徇情包庇，再加之清代无处不在的"陋规"使得几乎无官能够做到真正的清廉，在监察中自然是睁一眼闭一眼。康熙帝（1668年）对此积弊深有感触：

督抚原为察吏安民而设，布政使职司钱粮，厘剔奸弊乃其专责，道府各官于州县尤为亲切，州县如有私派滥征，枉法婪赃情弊，督抚各官断无不知之理。乃频年以来，纠参甚少，此皆受贿徇情，故为隐蔽。即闻有纠举，非已经革职，即物故之员，其现任贪恶害民者反不行纠举。甚至已经发觉之事，又为朦混完结。此等情弊深可痛恨。②

3. 监察官员裹足不前，难行监察之职

清代官吏侵贪已成积弊，其盘根错节，势力日盛，有时仅凭一两个秉公的监察官员之参劾，并不能将其绳之以法，弄不好反被其噬。而且对官员的最终处置权在皇帝手中，一人独断朝纲，其好恶往往决定着案件的审理结果和监察官员的命运。如雍正四年（1726年），御史谢济世特参河南巡抚田文镜贪赃害法，但彼时雍正对田文镜印象颇好，认为其"秉公持正，实心办事，乃天下督抚中所罕见者"③，因此认定谢济世乃为诬告，遂"夺济世官，遣从军"④。但田文镜真如雍正帝所认为的那样清廉公正吗？其实不然。高宗继位之后，遂下谕称："河南自田文镜为督抚，苛刻搜求，属吏竞为剥削，

---

① 《清朝续文献通考》，卷一，《田赋一》。
② 《清朝文献通考》，卷二，《田赋二》。
③ 光绪《大清会典事例》，卷九九八，《都察院·宪纲·谕旨一》。
④ 《清史稿·列传八十一·田文镜》。

河南民重受其困。即如前年匿灾不报，百姓流离，蒙皇考严饬，遣官赈恤，始得安全，此中外所共知者。"① 监察官员的地位如此岌岌可危，自然使得其裹足不前，明哲保身。"今科道于内外官员，亦有明知其不善者，或其人有所倚仗，或其人素有声势，不可摇动，遂莫敢参劾。"②

（二）监察官员监守自盗现象严重

监察官为风宪之官，"弹纠不法，百僚震恐，官之雄峻，莫之比也"③。监察官的特殊职能和地位，决定了其自身素质的优劣，直接影响到吏治的清浊和国家的长治久安。清代涉税案件频发的另一重要原因即是监察官员的监守自盗。清代作为封建专制制度的没落王朝，其官吏的贪污腐败已到了无可救药的地步。雍正帝虽以整饬吏治而著名，但是面对"总督属员已参劾多员，若再题奏，恐致无人办理"④ 的局面，他也无能为力。乾隆帝在晚年也承认"各省督抚中廉洁自爱者谅不过十之二三，而防闲不峻者，亦恐不一而足"。⑤ 督抚乃地方的最高行政长官，其负有监察下属工作的重大职责，而自身尚不能保持清廉，又如何约束得了下属。在上文我们列举的康熙及乾隆朝贪污大案皆属官吏的监守自盗，监察职能早已名存实亡。

嘉庆年间发生的巡漕御史英纶贪污嫖娼案即是监察官员监守自盗、以身试法的典型案例。嘉庆十三年（1808年），都察院题请嘉庆帝选派巡漕御史，嘉庆帝在召见都察院官员时，钦点了四位监察御史为巡漕御史，其中一人名叫英纶。嘉庆帝当面对他严加训诫，要求其务必尽职尽责。英纶上任后不久就给朝廷打报告，请求离任养病。嘉庆帝认为英纶年力正强，可能是故意称病作假，于是委派赵佩湘接替，并且命令赵佩湘调查英纶在执行巡漕公务中的所作所为。赵佩湘很快就调查出英纶贪赃索贿，声名狼籍。嘉庆帝接到赵佩湘的报告后，另派官员对英纶的违法行为进行复查。复查的结论是：英纶

---

① 《清史稿·列传八十一·田文镜》。
② 光绪《大清会典事例》，卷一千三十。
③ 《通典·职官六》。
④ 肖奭：《永宪录》卷三。
⑤ 中国第一历史档案馆藏上谕档乾隆六十年八月初七日。

索贿赃证确凿，实属目无王法。其犯罪事实为：每当运粮船到了英纶巡察的境内，他就借故恐吓船上的丁役，勒索银两。运粮船上的粮食交卸官仓后，船上的丁役若不给银子，英纶就不给签发收据，拿不到收据丁役们回去无法交差，而且耽误了运粮规定的期限也负不起责任。因此，船丁们被迫无奈只得凑银子给他。有时，为了勒索银子，英纶甚至捆打船丁。巡漕御史本来是对漕粮运输进行审计监督的官员，而像英纶这样行事却干扰了漕粮运输的正常秩序，他的这种以权欺诈勒索行为，实在令人难以容忍。此外，英纶在所巡察地段的码头上住宿，竟将妓女叫到住处和他住宿。此案一发，嘉庆帝震怒，在上谕中申饬英纶的行为"卑鄙不堪"，虽然英纶为温福之孙，勒保之侄，旧家大族，但"贪污纵恣一至于此，实属法无可宥"，遂令立即处绞。同时由于英纶在巡漕时，常常捆打船丁，"是以朝廷之刑法为诈财之具"，应此名御前大臣会同刑部堂官，将英纶先重责二十板，然后再行处决，"以为奉差官员不念职守，败检贪婪，罔顾廉耻者戒"。①

二、原因分析

（一）皇权的恣意干涉使监察机制名存实亡

清代的监察制度，集历代监察制度之大成，组织严密，立法完善。但仍难免流于形式，名存实亡。其原因自是多方面的，但皇权的极端化无疑是其中很重要的原因之一。

清代是中国封建专制集权发展到顶端的朝代，所有军政大权皆由皇帝一人职掌。监察官员虽被赋予广泛的监察权，但其对百官的弹劾，必须由皇帝裁决，若所劾不实，或言有不当，则遭申饬。因此，监察官员的处境往往十分尴尬，不行纠参则被申饬疏忽职守，纠参不当则可能面临革职甚至判刑的处罚。而此处所说的纠参不当不仅指纠参的事实有误，还包括是否合皇帝的心意。有时即使所参为实，但皇帝有意偏袒，纠参官员也可能受到处罚。康

---

① 牛创平、牛翼青：《清代一二品官员经济犯罪案件实录》，中国法制出版社，2000年，第 245~246 页。另参见任德启：《清代审计二题》，载于《审计理论与实践》2002 年第 8 期。

熙年间两江总督噶礼贪污之案就是一个很好的例证。

噶礼，是清太祖起兵时的功臣何和喱的第四世孙，满洲正红旗人，自荫生授予吏部主事，升任郎中，康熙三十五年（1696年），跟随于成龙云送军粮，首先到达康熙帝的指挥部，康熙帝召见谈话，给了康熙帝非常好的印象，就提拔为户部理事官，一年多时间，三次升职，任命为内阁学士，康熙三十八年（1699年），任命为山西巡抚。山西地膺民穷，自然条件极差，明末以来又一直饱受战争之苦，百姓生活十分艰难。但是，清朝建立后，当地官员却全然不顾民生，大肆贪污搜括。康熙年间先后惩处过不少山西的贪官污吏。然而噶礼生性贪婪，到任后并不以前任的例子为戒，肆行贪污，"抚山西数年，山西民不能堪"①。潞安知府员缺，噶礼疏荐霍州知州李绍祖。李绍祖"使酒自刻"，噶礼竟匿而不报。九卿要求夺噶礼职，康熙帝令宽免。这是康熙帝第一次纵容和保护噶礼，使噶礼贪污罪行未能很快地被揭发出来。四十二年十二月，四川道监察御史刘若鼎疏参噶礼"贪婪无厌，虐吏害民，计赃数十余万"，并劾太原府知府赵风诏"为噶礼心腹，专用酷刑，以济贪壑"。有旨命噶礼明白回奏。次年正月，噶礼奏称，刘若鼎所参"贪虐各款，尽属诬陷"。康熙帝竟然不问，此事不了了之。但是，刘若鼎也未受到处分，可见康熙帝并不认为他"诬陷"了噶礼。这是康熙帝第二次纵容和保护噶礼，也是噶礼第一次被揭发有贪污罪行后未被追究和处理。噶礼并没有就此改弦易辙，收敛其贪婪行径，而是我行我素，继续贪污受贿。四十五年七月，山西平遥县百姓一百二十人赴京控告知县王缓加派火耗，并及巡抚噶礼。浙江道御史袁桥据以上疏，再次参列噶礼贪婪各款：全省钱粮每两银加火耗二钱，除贴补各处亏空外，入己四十余万两；以修解州祠宇，用巡抚印簿分给全省，勒捐入己；命家丁赴平阳等三府富家勒取银两；纵令属官侵冒分赃等。这次，康熙帝仍不派员往审，而是又下旨命噶礼明白回奏。八月，山西学政邹士聪受噶礼指使，首先"代士民具疏保留"。然后，噶礼仁疏回奏，仍称被参各款"皆属虚诬"。但是，噶礼贪污已是人所共知。邹士

---

① 《清史稿·列传六十五·噶礼》

聪上疏后，御史蔡珍即参其"身系学臣，职在衡文"，"乃借此代题，结交抚臣，将来朋比营私，势必无所不至"。噶礼回奏后，吏部提出，噶礼疏称"虚诬"，而袁桥疏称"各款俱有证据"，"事之虚实难以悬议"，应差大臣察审。应当说，吏部的建议是合情合理的，但是却遭到康熙帝的否决。他对大学士等说，"此事或有私情题参，或据实题参"。令九卿等官会同议奏。有关官员在京中对几份奏疏"悬议"后，于康熙四十一七年二月提出讨论的结果：袁桥所参各款，"既经噶礼辩明，应无庸议"；袁桥"以无凭据之事参奏，今又支吾巧供，应革职"；蔡珍参邹士聪"亦无凭据，应降一级，罚俸一年"。对此处理，康熙帝表示同意。这是康熙帝第三次纵容和保护噶礼，也是噶礼第二次被揭发有贪污罪行后未得追究和惩处。而噶礼在山西人巡抚十年之后被调任户部侍郎，随即被调任两江总督，依旧官运亨通。其在两江总督时，亦不改贪婪本性，于科举考试作弊，贿卖举人，收受大量贿银，虽经查实，也不过定了个革职了事。直到康熙五十三年，其母亲向皇帝告发其意欲谋害亲母之时，康熙才不得不对其进行惩处，贪污之事亦一并审理。然其本应凌迟处死，但康熙帝仍念旧情，只定了个自尽而已。①

从噶礼的案子中我们不难看出，皇帝在此案中所起的作用是至关重要的。按照正常程序，皇帝在接到监察官员的参奏后，应派专门人员进行调查取证，然后定罪量刑。但在此案中，康熙面对御史的两次参劾，都是命噶礼本人进行辩驳，最终亦根据噶礼的辩驳定案，甚至对民人的联名控状都不予理会。其原因不过是因为噶礼乃为康熙一手提拔的官员，且为康熙乳母之子，深得君心。即便有官员纠参，康熙也宁可信其无不可信其有，否则岂不有损他自恃清明的威严。

不仅如此，皇帝本人对贪污加派的态度也令监察官员无所适从。如康熙早年，对贪污加派深恶痛绝，声明"治国莫要于惩贪"，"治天下以惩贪奖廉为要"，借机科派、行贿受贿之案必严惩不贷。如康熙二十四年（1685 年）

---

① 牛创平、牛翼青：《清代一二品官员经济犯罪案件实录》，中国法制出版社，2000 年，第 29～32 页。另参见何孝荣：《康熙帝与噶礼》，载《历史档案》，1997 年，第 4 期。

九月，监察御史钱珏指实劾奏山西巡抚穆尔赛多加火耗、苛索属礼等。尽管由于察审官员瞻顾徇庇，穆尔赛承认赃数与所控告不符，康熙还是下令将其监候秋后处决。但在康熙中后期，对贪污加派的态度却大为转变。首先，不再严禁科派贿赂，反而公开宣布允许官吏有"些微""纤毫"的侵蚀；其次，要求督抚等官放松对属下贪污的追究；对于被揭发出来的贪污大案，康熙也多从宽处理。非但如此，对于监察御史的行为，康熙亦不再要求其严行职责，甚至申饬忠于职守的御史"苛刻""好生事端"。① 皇帝的态度如此多变，自令监察官员难把分寸，莫若缄口不言，或以鸡毛小事搪塞，即遭申饬亦不至丢官罢职。

（二）清代整体的吏治情况影响了监察机构的正常运转

正如我们在前面所讲到的那样，清代的整个吏治都已经堕落腐化到极点，几乎无官不贪，甚至皇帝本人亦贪婪无度。监察机构作为这个腐化整体的一部分，又怎能独善其身。以乾隆年间发生的王亶望冒赈贪污一案为例，涉案的官员达到 210 余人，贪污受贿总金额达三百多万两，被判处死刑的总督、巡抚、布政使 3 人，判处死刑的道府州县官员 66 人，判处杖刑、流放到三千里以外的边远地区服劳役的 6 人，另有发遣戍边的 50 余人，撤职并处罚银两的共 50 多人。如此多的官员被卷入此案，遍及甘肃的各个层面，督抚官员监守自盗，州县官员更是有恃无恐。在如此情形下，监察机构的工作又怎能开展。正如卢梭所说的："监察官制对于保持风尚是有用的，但是对于重建风尚却是绝对无用的。你可以乘着法律力量旺盛的时候设置监察官；然而一旦法律丧失了力量，一切就都告绝望了；只要法律不再有力量，一切合法的东西也就不会再有力量。"② 或许我们可以用此来解释清代监察机构日渐消沉的原因。

（三）地方官员行政与监察权力的一体化削弱了监察力度

在前文中我们已经谈到，清代地方监察之责主要由督抚兼掌，这就使得

---

① 何孝荣：《康熙惩贪述论》，载《清史研究》，1996 年第 1 期。
② 卢梭：《社会契约论》，商务印书馆，1997 年，第 168 页。

督抚成为身兼行政、司法、军事、监察权的"无事不包"的地方最高军政长官。这种集二重乃至多重身份职权于一身的现象，人为地造成了监察范围的死角，自然影响监察机构作用的正常发挥。虽然都察院对督抚负有直接的监督义务，但十五道监察御史均驻京城，虽分省监察，也是鞭长莫及，所谓"言官身在都门，焉能远视千里之外"①。更何况，督抚身兼右都御史、右副都御史之职，本身就是科道官员，科道在对他们行使监督之权时不能不有所顾忌。如顺治年间，工科给事中王命岳疏言："督抚本重臣，言官恐外转为属吏，参劾绝少。"② 这就使得督抚官员权倾地方，无所顾忌。更何况，督抚本身亦是贪污腐败的典型，又怎能依靠他们去实行监督？如康熙年间，御史李之芳疏言："（顺治）十八年以后，督抚率多夤缘而得，有恃无恐。勒索属员，扰害百姓。夫直省亿万之众，皆世祖留遗之群黎，我皇上爱养之赤子，何堪此辈朘削？自与受同罪之法严，与者不承，则言者即涉虚，非特不敢纠督抚，且不敢纠司道守令。有贪之利，无贪之害，又何惮而不怙恶自恣？"③清历代贪污大案中，负有地方督察作用的督抚往往正是案件中的幕后操纵者，如乾隆年间发生的甘肃冒赈案就是在总督王亶望的一手操纵之下进行的，如此的监守自盗又如何不使监察机构形同虚设呢？

同时清代之所以设置如此严密的监察体系，其更重要的原因并非是想监督官员依法治国，而是监察他们是否尽忠于皇帝，是否充分发挥了封建国家机关专政的职能。在皇帝的上谕中，我们经常可以看到"科道乃为耳目之官"的言辞。康熙帝在其编撰的《台省箴》的起首即写道："台省之设，言责斯专，寄以耳目。"何人之耳目呢？康熙帝亦给出了明确的答复："为我耳目，效彼股肱。"④ 因此，监察官员的首要职责是替皇帝督察官员的尽忠与否，民生疾苦反是次要。而这种忠心往往取决于皇帝的一己之见，有些官员

① 《皇清名臣奏议汇编初集》卷 19。转引自陈彬、阜元：《论清代监察制度的两个问题》，载《四川师范学院学报（哲学社会科学版）》，1997 年第 3 期。
② 《清史稿·列传三十一·王命岳》。
③ 《清史稿·列传三十八·李之芳》。
④ 光绪《大清会典事例》，卷九九八。

善于钻营，奉迎皇帝，便会得到皇帝赏识，即便为监察官员所核，亦能圆滑了事，监察官员反倒招致祸患。于是"贤者苦于掣肘而不得尽其长，不肖者便于推诿而藉以分其谤，事之举者转少"。①

　　由此，我们不难看出，再好的法律制度一旦放到了封建专制的制度下，就失去了它原本的光彩，肆意妄为的皇帝、贪污堕落的官吏都是法律制度的掘墓人。孟德斯鸠在其《论法的精神》中这样写道："人们曾经想是法律和专制主义并行，但是任何东西和专制主义联系起来，便失掉了自己的力量。"② 清代赋税法律制度的发展变化有力地佐证了这句话。

---

① 《清朝续文献通考·职官一》。
② 孟德斯鸠：《论法的精神》，第 129 页。

结　语

作为中国封建赋税法律制度的集大成者，清代的赋税法律制度达到了中国封建制度下所能达到的最为完善的形态。然而即便如此，清代的赋税征收状况仍漏洞重重。在对清代赋税法律制度的框架结构进行了全面的考察和分析之后，其中的利弊得失应当能为今天税收法律制度的建设提供一些有益的借鉴。

（一）赋税法律制度的变革与经济的发展和政治的开明息息相关

赋税收入对于一个国家而言，既是社会经济发展的晴雨表，也是政治统治稳定与否的度量衡。因此，作为赋税征收基本保障的赋税法律制度的变革既要考虑到社会经济的发展状况，亦需要开明的政治统治作为强大的后盾。清代赋税法律制度的变革为我们提供了一个鲜活的实例。

清代在赋税法律制度上的重大变革主要是康熙年间出台的"滋生人丁永不加赋"和雍正年间推行的"摊丁入亩"。正是这两项制度的实施终结了中国古代延续了两千多年的赋税征收模式，彻底打破了对人头征税的传统格局，只按照地亩的多少征收赋税。这对于以自给自足的小农经济为主要支柱的封建国家而言，毫无疑问是历史性的突破。而清王朝之所以能够放弃收益颇丰的人头税，与其经济的飞速发展是密切相关的。清初入关，对人丁的编审仍制定了相当严格的法律规范，其目的不过是希望借此来增加国家赋税的收入，这对于仍处于战乱的清政府而言，是十分必要的。到了康熙年间，随着战事的逐步停歇，社会经济有了较大程度的恢复和发展，国家赋税收入从入不敷出开始出现结余。这从康熙年间实行大规模的赋税蠲免中可见一斑。这也使得康熙帝在面对按丁征税的种种弊端时，敢于下达"滋生人丁永不加赋"的诏令，从而为"摊丁入亩"制度的全面推行奠定了良好的基础。到雍正年间，社会经济得到了进一步的发展，尤其是农业生产得到极大发展，而雍正帝整顿吏治、清厘亏空的政策也使得清政府的国库存银大大增加，为"摊丁入亩"的推行提供了物质保障。因此，当清政府在全国范围内实行"摊丁入亩"之制时，并未遇到大的阻碍。而历史的发展也证明了这一改革的正确性，雍正朝的国库存银从康熙末年的700万两增至5000万两，可见"摊丁入亩"之制的实行对国家赋税收入的提高还是很有促进作用的。

但是"摊丁入亩"之制毕竟是违背祖制的做法，康熙帝虽然进行了"滋生人丁永不加赋"的变革，但就官员提出的"摊丁入亩"的做法并未批准在全国范围内推行，只是在广东、四川两省实行。可见，康熙帝尚对改制更张有所顾忌。而承继康熙帝的雍正则是一位锐意进取、敢作敢为的皇帝，他继位之初即进行了大刀阔斧的吏治整顿，惩处贪污，治理亏空，使得国家吏治空前清明。在赋税征收问题上，他亦愿意听取大臣的建议，并斟酌取用，最终实现了"摊丁入亩"制度在全国范围内的实行。实际上"摊丁入亩"的做法早在明末就已经被一些地方采用，但当时腐朽的明王朝已无暇顾及赋税征收的细节问题。而充分吸取了明亡教训的清统治者对赋税的重视自入关之时就显现无遗，他们关注赋税立法，屡下诏书修订《赋役全书》，时时在谕令中警示官吏应依法征税，在清代赋税法律制度的构建中起到了良好的促进作用。这也是清代能够在赋税征收上实现如此重大变革的原因所在。

（二）赋税法律规范的全面性是赋税征收顺利进行的前提

清代赋税法律规范的全面性和细致性是前朝所无法比拟的，无论是《赋役全书》的征收数目规定，还是《大清会典》《户部则例》中征收原则、征收方法、催科起运、奏销考成的规定，抑或是《大清律例》《吏部处分则例》中有关赋税征收违法、违制的处罚规定，都力求全面而细致。这些规定为征税官员提供了依法征税的依据，亦为执法监督提供了切实可行的监察准则。而清代所创建的"自封投柜""三连串票""滚单催收"等征收方法在一定程度上起到了防止官吏乱行摊派的作用。同时，清政府出台了税则必须张榜公示的法律规范，为实现官民的共同监督提供了便利。赋税法律规范的全面性使得赋税征收的各个环节都受到法律的制约和监督，减少了征税官吏钻法律漏洞的机会，从而保证了赋税征收的顺利进行。清前期的经济繁荣、政治稳定与赋税征收的有序性是分不开的。也正是因为国家赋税征收的顺利进行，清王朝才实行了多次大规模的赋税减免，其力度是前朝所无法比拟的，没有强大的经济实力是很难做到这一点的。

（三）赋税法律制度实施的效果与征税官员的素质成正比

再好的法律制度也需要依靠执法官员来实施和维护，因此法律制度实施的效果与官员的素质是密切相关的。清代赋税法律制度虽然实现了封建赋税法律制度的集大成，但其实施的效果随着时间的推移仍是日渐衰败，个中原因当然不止一点，但征税官员整体素质的下降是其中很重要的原因。清前期严整吏治，尤其是雍正朝最为严厉，在一定程度上遏制了官吏的贪污腐化，因此雍正年间的国库存银是清朝历代中最高的。但到了乾隆以后，吏治逐渐腐败，贪污大案频频出现，而每一个贪污大案的背后都隐藏着严重的钱粮亏空，国家赋税征收的秩序已遭到严重破坏。以至于到了嘉庆年间，国库所余尚不如和珅一人所有。可见，赋税法律制度实施的效果与征税官员的素质是呈正比的，官员的素质高，法律制度实施的效果就好，赋税征收工作就能顺利开展，国库也会得到充实，反之则必然亏空难清。

（四）有效的赋税监督是赋税征收的有力保证

清代赋税法律制度的发展变化亦向我们证明了赋税监督的重要性。清代制定了中国封建史上最为完善的监察法律，赋税征收作为国家财政收入的重中之重，自然是监察官员的重要职责。然而清王朝的赋税法律制度并未因有完善的监察机制就得到了有效的运转，官吏侵贪、法外加派、钱粮亏空仍屡禁不止，究其原因，与监察机制的失效有很大关系。监察官员或与征税官吏同流合污、共同侵贪，或明哲保身、缄默不语，监察机构形同虚设，再完善的法律制度也无从实施。失去了有效的监督，征税官员自然有恃无恐，视法律如草芥，国家正常的赋税征收秩序很难得到维护，钱粮亏空成为无法消除的弊病。因此，只有确保法律监督的有效运转，才能切实督促征税官员依法征收，维护社会经济、政治秩序的良性循环。

"以古为鉴，可知兴替"。清王朝虽已在 20 世纪初就走向了它的终结，但它在赋税法律制度的构建和实施上的经验教训依然值得我们深思和反省。

参考文献

一、古籍典章类

[1]《史记》、《周礼》、《孟子》、《商君书》、《汉书·食货志》、《通典·食货志》、《隋书·食货志》、《旧唐书·食货志》、《新唐书·食货志》、《宋史·食货志》、《明史·食货志》、《文献通考》、《续文献通考》。

[2]《清世祖实录》、《清圣祖实录》、《清世宗实录》、《清高宗实录》、《清仁宗实录》，中华书局影印本。

[3] 徐珂：《清稗类钞》，中华书局，1984年。

[4]《清朝文献通考》，浙江古籍出版社，1988年。

[5] [清] 王庆云，《石渠余纪》，北京古籍出版社，2001年。

[6]《清朝通典》，浙江古籍出版社，1988年。

[7]《清史稿》，中华书局点校本。

[8] 光绪《大清会典》，《大清会典事例》，中华书局影印本。

[9]《清查赋役全书底册》，1918年，国家图书馆藏书。

[10] 李之芳：《赋役详稿》，中国政法大学图书馆藏书。

[11]《山西省赋役全书（雍正十二年）》，山西大学图书馆影印本。

[12]《河南省赋役全书（嘉庆二十五年至道光十五年)》，国家图书馆藏书。

[13]《赋役全书（嘉庆二十五年至道光十五年)》，国家图书馆藏书。

[14]《山东沂州府日照县现行简明赋役全书》，国家图书馆藏书。

[15]《钦定户部漕运全书（道光朝)，选自《清代各部院则例》，蝠池

书院出版有限公司，2004 年。

[16] 杨锡绂：《漕运则例纂》，选自《清代各部院则例》，蝠池书院出版有限公司，2004 年。

[17] 同治四年《钦定户部则例》，成文出版社印行。

[18] 田涛、郑秦点校：《大清律例》，法律出版社，1998 年。

[19] ［清］贺长龄、魏源等编：《清经世文编》，中华书局，1992 年。

[20] ［清］蒋良骐：《东华录》，林树惠、傅贵九校点，中华书局，1980 年。

[21] 故宫博物馆明清档案部编：《清代档案史料丛编》（第四辑），中华书局，1979 年。

[22] ［清］刘锦藻：《清朝续文献通考》，浙江古籍出版社，1988 年。

[23]《康熙起居注》，中国第一历史档案馆整理，中华书局，1984 年。

[24]《雍正朝汉文谕旨汇编》，广西师范大学出版社，1998 年。

[25]《清朝通志》，浙江古籍出版社，1988 年。

[26]《清代名臣奏议》，广文书局，1974 年。

[27] 中国第一历史档案馆编：《康熙朝汉文朱批奏摺汇编》，档案出版社，1984 年。

[28] “台湾中央研究院”历史语言研究所：《明清史料（上，下册)》，中华书局，1987 年。

二、中文著作

[29] 张晋藩：《清朝法制史》，中华书局，1998 年。

[30] 张晋藩：《中华法制文明的演进》，中国政法大学出版社，1999 年。

[31] 张晋藩：《中国法律的传统与近代转型》，法律出版社，1997 年。

[32] 张晋藩：《清律研究》，法律出版社，1992 年。

[33] 张晋藩主编：《中国法制通史》（第八卷·清），法律出版社，1999 年。

[34] 瞿同祖：《清代地方政府》，法律出版社，2003 年。

[35] 傅光明：《中国财政法制史》，经济科学出版社，2002 年。

[36] 魏向阳：《清代康雍乾时期经济立法概论》，中国政法大学出版社，

1991年。

　　[37] 牛创平、牛冀青：《清代一二品官员经济犯罪案件实录》，中国法制出版社，2000年。

　　[38] 何平：《清代赋税政策研究（1644~1840年)》，中国社会科学出版社，1998年。

　　[39] 陈支平：《清代赋役制度演变新探》，厦门大学出版社，1988年。

　　[40] 庄吉发：《清世宗与赋役制度的改革》，台湾学生书局，1985年。

　　[41] 梁方仲：《中国历代户口、田地、田赋统计》，上海人民出版社，1980年。

　　[42] 王志端：《中国赋税史》，中国财政经济出版社，1998年。

　　[43] 殷崇浩：《中国税收通史》，光明日报出版社，1991年。

　　[44] 王成柏、孙文学：《中国赋税思想史》，中国财经出版社，1995年。

　　[45] 郑仲兵：《中国古代赋税史料辑要》，中国税务出版社，2004年。

　　[46] 李文治、江太新：《清代漕运》，中华书局，1995年。

　　[47] 张德泽：《清代国家机关考略》，中国人民大学出版社，1981年。

　　[48] 王国平：《清代监察制度研究》，中国政法大学出版社，1988年。

　　[49] 彭新雨：《清代关税制度》，湖北人民出版社，1956年。

　　[50] 陈锋：《清代盐政与盐税》，中州古籍出版社，1988年。

　　[51] 张研：《清代经济简史》，中州古籍出版社，1998年。

　　[52] 陈振汉等：《清实录经济史资料（农业编)》，北京大学出版社，1989年。

　　[53] 孙翊刚，《中国财政史》，中国社会科学出版社，2003年。

　　[54] 吴兆莘：《中国税制史》，商务印书馆，1998年。

　　[55] 赵德馨主编：《中国经济通史》第八卷（上册），湖南人民出版社，2002年。

　　[56] 俞炳坤主编：《乾隆朝惩办贪污档案选编》，中华书局，1994年。

　　[57] 宋连生等编著：《乾隆惩贪秘档》，珠海出版社，2003年。

　　[58] 戴逸：《简明清史》，人民出版社，2004年。

［59］刘子扬：《清代地方官制考》，紫禁城出版社，1988 年。

［60］唐文基：《明代赋役制度史》，中国社会科学出版社，1991 年。

［61］王春瑜：《中国反贪史》，四川人民出版社，2000 年。

［62］曹鸿轩：《中国税法教程》，中国政法大学出版社，2003 年。

［63］樊丽明、张斌等著：《税收法治研究》，经济科学出版社，2004 年

［64］张中秋：《中国法律形象的一面——外国人眼中的中国法》，法律出版社，2002 年。

［65］孟德斯鸠：《论法的精神》（上册），商务印书馆，1997 年

［66］卢梭：《社会契约论》，商务印书馆，1997 年。

三、论文

［67］郭松义：《论"摊丁入地"》，载《清史论丛》第 3 辑，中华书局，1982 年。

［68］李华：《清代前期赋役制度的改革——从"滋生人丁永不加赋"到"摊丁入亩"》，载《清史论丛》第 1 辑。

［69］郭成康、郑宝凤：《论清代"不加赋"及其对社会经济的影响》，载《社会科学辑刊》，1995 年第 2 期。

［70］史志宏：《论清代的摊丁入地》，中华文史网，2005 年 10 月 25 日。

［71］邓亦兵：《清代前期税则制度的变迁》，载《中国史研究》，2003 年第 3 期。

［72］张松：《中国古代赋税制度发展史》，中国法律文化网。

［73］李三谋：《清代"摊丁入亩"制度》，载《古今农业》，2001 年第 3 期。

［74］侯绪庆：《中国古代赋税制度演进的基本线索》，载《湖南税务高等专科学校学报》，1999 年第 5 期。

［75］朱勇：《清代族规初探》，载《清史论丛》第八辑，中华书局，1991 年。

［76］张棋、王铮：《中国赋税史中对人征课制度探析》，载《滨州师专

学报》，1998年第1期。

[77] 孙清玲：《略论清代的税契问题》，载《福建师范大学学报（哲学社会科学版)》，2003年第6期。

[78] 祁美琴：《关于清代榷关额税的考察》，载《清史研究》，2004年第2期。

[79] 郭成康：《18世纪后期中国贪污问题研究》，载《清史研究》，1995年第1期。

[80] 何孝荣：《康熙惩贪述论》，载《清史研究》，1996年第1期。

[81] 任道斌：《清代嘉兴地区胥吏衙蠹在经济方面的罪恶活动》，载《清史论丛》第六辑，中华书局，1986年。

[82] 薛瑞录：《清代养廉银制度简论》，载《清史论丛》第五辑，中华书局，1984年。

[83] 何平：《从乾隆建阳赋税案论清代的赋税管理》，载《清史研究》，2004年第2期。

[84] 何平：《清代的时势变迁、官员素质与赋税征收的失控》，载《社会科学战线》，2004年第2期。

[85] 黄云：《简评雍正的吏治整顿》，载《福建师专学报（社会科学版)》，2000年第4期。

[86] 郑宝凤：《乾隆后期侵贪特征》，载《中国青年政治学院学报》，1994年第4期。

[87] 刘战、谢茉莉：《试论清代的监察制度》，载《辽宁大学学报（哲学社会科学版)》，2001年5月。

[88] 任德起：《句容县吏贪污税银案》，载《审计理论与实践》，2002年第6期。

[89] 任德起：《清代审计二题》，载《审计理论与实践》，2002年第8期。

[90] 陈彬、阜元：《论清代监察制度的两个问题》，载《四川师范学院学报（哲学社会科学版)》，1997年第3期。

后 记

　　此书即将出版之时，欣逢我的导师张晋藩先生执教六十周年和八十华诞，且将此书作为先生的贺礼，聊表寸心。先生从教多年，其治学的严谨态度和对后生晚辈的殷切关心时刻激励着我们不断进取。修改书稿之际，再度想起求学时先生的谆谆教导，感激之情难以言表。此次先生亦欣然为小书作序并寄予希望，当不辜负先生之教诲，孜孜以求，为中国法制史学的蓬勃发展添砖加瓦。

尚春霞